70 Key points in Labor Law

★ ★ ★ ★ ★

사장님과 직장인이 꼭 알아야 할

노동법 상식 70선

중앙노동위원회
생활노동법률 연구모임

중앙노동위원회
National Labor Relations Commission

박영사

인사말

　노동법은 분쟁 해결의 길잡이 역할을 합니다. 하지만 분쟁의 당사자들이 노동법을 잘 모르면 겪지 않아도 될 분쟁이 발생해 당사자 모두 손해를 볼 수 있습니다. 사회 전체로는 불신과 혼란이 커집니다. 노동법이 일반인에게는 복잡하고 어렵다 보니 이러한 문제가 생기기도 합니다. 디지털 시대가 되면서 고용 형태가 다양해지고 노동법이 확장되며 노동시장의 질서가 빠르게 바뀜에 따라 노동법 지식에서도 사각지대가 커지고 있습니다. 노동위원회에 신청된 사건은 노동조합과 사용자의 집단 분쟁에서, 해고·징계·괴롭힘 등 개별 근로자와 사업주 및 동료들의 분쟁으로 그 축이 이동하고 있습니다. 개별 고용 분쟁이 노동위원회에 신청된 사건의 90%를 이미 넘었습니다.

　분쟁이 다양해질수록 당사자들의 자율적 해결이 가장 바람직합니다. 당사자 자신들이 분쟁이 발생한 이유를 가장 잘 알고 자신들이 합의한 해법일수록 만족도가 높습니다. 노동위원회는 당사자들의 자율적인 분쟁 예방과 신속한 해결을 지원하도록 판례와 판정 등 노동법 지식을 일반 국민들에게 홈페이지 등을 통해 제공해 왔습니다. 최근에 노동위원회에 신청되는 사건의 숫자가 급증하고 취약계층들이 많아짐에 따라 이러한 노력을 강화할 필요성이 커졌습니다. 이에 노동위원회는 설립 70년을 기념해 직장인과 사업주가 노동관계의 생활 속에서 꼭 알아야 할 노동법의 핵심 정보를 찾기 편하고 이해하기 쉽도록 대중적인 책을 박영사에서 출판하기로 했습니다.

'사장님과 직장인이 꼭 알아야 할 노동법 상식 70선'의 발간에는 여러 분들이 수고해 주셨습니다. 출판의 의의를 살리고 책에서 다루는 주제와 내용의 정확도, 서술의 이해도와 활용의 편의성을 높이도록 출간 작업을 3단계로 진행했습니다. 먼저 사건을 접하는 노동위원회 위원과 조사관들이 의견을 모아 분쟁 빈도가 높은 주제를 정하였습니다. 다음으로 노동법 지식과 실무경험이 풍부한 전문가들을 중심으로 '중앙노동위원회 생활노동법률 연구모임'을 구성해 1차 집필하였습니다. 그리고 저명하고 권위 있는 노동법 교수들의 검토를 거친 다음, 최종적으로 다양한 연령과 직업의 각계각층으로 구성된 국민검증단이 원고를 읽고 이해하기 쉽게 쓰여졌는지 확인하고 그에 대한 의견을 내면 집필진이 다시 수정하는 방식으로 진행했습니다. 최영우 교수님, 한용현 변호사님, 안진수 노무사님, 박윤경 과장님(변호사), 김재훈 사무관님(변호사) 등 연구모임을 비롯한 참여진의 노고에 깊이 감사드립니다.

또한, 이 책은 AI 시대를 고려해 활용의 편의성을 높였습니다. AI 디지털 노동위원회를 구축함에 따라 노동법의 각 주제별 키워드를 설정하여 검색의 편의성을 높임으로써 누구나 노동법률 정보를 쉽게 활용할 수 있도록 구성하였습니다. 그리고 이 책은 70개의 주요 주제를 담고 있지만, 내용은 더욱 방대합니다. 각 주제별로 평균 3개 정도의 다양한 사례를 제시하여 이용자들이 자신이 처한 상황에 맞게 활용할 수 있도록 180여 개의 사례를 풍부하게 실었습니다.

노동위원회는 노동관계의 안정과 발전을 소임으로 하고 있습니다. 조정과 심판에 더해 조사연구와 교육·홍보가 주요 기능입니다. 이 책의 발간을 계기로 노동위원회는 노동법에 대한 조사연구와 교육·홍보 기능을 강화해 근로자나 사업주 모두가 노동법의 기초 지식을 알고 노동관계를 시작·유지하도록 지원하겠습니다. 분쟁의 효과적인 예방과 해결, 그리고 취약 계층의 권리보호를 위해 '사장님과 직장인이 꼭 알아야 할 노동법 상식 70선'을 계속 보완하고 보급하도록 하겠습니다. 관련 내용은 국민 누구나 볼 수 있도록 노동위원회 홈페이지에 '생활 노동법률 70선'이라는 이름으로 게시되어 있음을 알려드리고, 개선할 사항이 있으면 의견 주시기를 부탁드리며 인사말을 마칩니다.

2024. 12.

중앙노동위원회 위원장 김 태 기

국민검증단 추천사

1. 정재연(23세, 아르바이트생)

실생활에서 쉽게 접할 수 있는 사례를 주제로 정한 것 같습니다. 제가 나중에 일을 하면서 겪을 수도 있는 상황으로 내용이 구성되어 있어 도움이 많이 될 것 같습니다. 요즘 핫한 이슈인 직장 내 괴롭힘이 무엇이고, 괴롭힘을 낭하면 어떻게 해야 하는지 자세히 나와 있어서 유익했습니다.

2. 주승기(45세, 부당해고 구제신청자)

주제(노동분쟁 예방과 해결)가 적절하다고 봅니다. 특히, 징계위원회 구성의 적법성과 절차적 정당성을 다룬 부분은 실제 상황에서 발생할 수 있는 문제를 이해하는 데 큰 도움이 됩니다. 이런 내용은 회사와 근로자 모두에게 필수적입니다.

3. 명은희(32세, 육아휴직자)

딱딱한 표현이 배제된 친근한 문장으로 이루어져 있어 다소 긴 글임에도 읽기에 어려움이 없습니다. 또한 각 내용이 '문제제시 – 해결방안 – 요약정리'의 형태를 취하고 있어 전달하고자 하는 바가 명확히 드러납니다.

4. 박수진(44세, 파견직)

어려운 법률용어를 대체로 쉬운 용어로 변환하여 작성한 것 같습니다. 법률용어에 대하여 상세히 설명해주는 부분도 좋았습니다. 그리고, 해당 주제와 관련된 사례들도 같이 정리되어 있어서 내용을 이해하기가 수월하였습니다. 회사에서 사용할 수 있는 문서 서식이나, 최저임금보다 적게 받는지 계산하는 방법, 부당해고를 당했을 때 받을 수 있는 임금상당액 계산 방법 등 유용한 정보가 많아서 좋았습니다.

5. 최지훈(27세, 취업준비생)

당사자 간 구체적인 사례를 통해 실제 상황을 쉽게 이해할 수 있도록 하였고, 각 사례에 대한 법률적 해석을 추가하여 이론과 실제를 연결한 것, 관련 법률 조항과 판례를 명확히 제시해 구제이익의 개념과 적용사례를 명확히 해 준 점이 이해가 쉽도록 도움을 많이 주었습니다.

6. 이세희(50세, 자영업자)

경업금지약정은 자영업자인 저에게도 매우 중요한 주제입니다. 직원들이 퇴사 후 경쟁사에 취업해서 영업비밀을 유출하는 문제는 많은 자영업자들이 직면할 수 있는 현실적인 문제입니다. 그래서 이런 주제를 다루는 것은 노동분쟁을 예방하고 해결하는 데 매우 도움이 된다고 생각합니다.

차례

인사말 ··· 1

국민검증단 추천사 ·· 4

법령 약어표 ·· 13

01 CHAPTER 근로자성 인정 여부 등

1. (노동법 적용 여부) 위탁계약이나 프리랜서계약도 노동법의 보호를 받
나요?   17

2. (임원의 근로자성) 상무, 전무 등의 회사 임원은 언제든 해고할 수 있나요?   22

3. (인턴의 의미) 인턴으로 채용한다는데, 인턴이 뭔가요? (노동법의 보호
를 받을 수 있나요)   26

4. (취업규칙과 근로계약과의 관계) 취업규칙과 근로계약의 내용이 서로 다
르게 규정되어 있는데, 이럴 땐 어떤 것이 우선하나요?   30

근로계약의 체결과 변동

5. (근로계약서 작성 교부) 근로계약서를 작성할 때 이건 꼭 챙기자　37

6. (인사명령의 정당성) 팀장인데 팀원으로 발령이 났습니다. 정당한 인사
   명령으로 볼 수 있나요?　43

7. (육아휴직자 차별) 육아휴직 후 복직했는데, 다른 부서로 가라고 합니다.　47

8. (전직금지약정) "퇴직 후 3년 이내에는 동종업체에 취업하지 않겠다"라
   는 약정을 했는데요, 그럼 3년까지는 동종업체에 취업할 수 없나요?　51

근로계약의 종료(징계와 해고, 퇴직)

9. (수습기간 중 해고) 오늘이 수습 3개월 되는 날인데, 내일부터 나오지
   말래요　61

10. (채용내정) 회사로부터 합격통지서를 받고 첫 출근일을 기다리고 있었
    는데, 갑자기 출근하지 말라고 연락이 왔습니다.　66

11. (해고인지 아닌지) 홧김에 "당장 그만둬"라고 했는데, 해고라고 합니다.　70

12. (수습근로자 해고예고) 수습 3개월을 끝으로 해고했는데, 해고수당을
    지급해야 하나요?　76

13. (사직의 의사표시) 권고사직을 받아들여 사표를 제출해 놓고 해고되었
    다고 합니다.　79

14. (징계위원회 구성) 무자격자가 징계위원으로 참석한 경우 징계 효력이
    있나요?　84

15. (이중처벌) 대기발령을 시켜 놓고 다시 감봉처분을 했습니다. 이중징계
    아닌가요?　90

16. (징계시효) 3년 전에 발생한 일을 이제 와서 징계한다고 합니다. 징계가 가능한가요? **95**

17. (도급계약 해지) 도급계약이 중도에 해지된 경우 근로계약도 종료된 것으로 볼 수 있나요? **100**

18. (통상해고) 저성과자란 이유로 해고할 수 있나요? **104**

19. (경영상 해고) 회사가 어려워 직원을 줄여야 합니다. 어떻게 해야 하나요? **108**

20. (소명기회) 징계대상자는 징계위원회에 꼭 참석해야 하나요? **114**

21. (해고금지기간) 육아휴직을 신청했다는 이유로 근로자를 해고할 수 있나요? **118**

22. (입증책임) 근로자는 해고라고 주장하고 회사는 자진 사직이라고 합니다. 해고인지 사직인지에 대한 입증은 누가 해야 하나요? **122**

23. (해고예고와 해고수당) 해고수당은 얼마나 받을 수 있나요? **125**

24. (시용근로자 해고) 평가점수가 좋지 않아서 해고했는데, 부당해고라고 합니다. **130**

25. (대지급금) 회사가 폐업을 했는데 밀린 임금, 퇴직금은 어떻게 받을 수 있나요? **134**

26. (사직의사 철회) 사표를 제출해 놓고, 다시 돌려달라고 합니다. **139**

27. (미승인 연차사용) 승인하지 않은 연차휴가를 사용한 경우 징계할 수 있나요? **144**

28. (일방적 사표제출) 일방적으로 사표를 내고 출근하지 않습니다. 어떻게 처리해야 하나요? **148**

29. (사직처리) 연락도 안되고 출근도 안하는데 사직처리를 해도 되나요? **152**

30. (해고통지서 해고사유 기재) 해고통지를 받았는데, 해고사유가 뭔지 모르겠어요. **156**

31. (해고통지의 방법) 해고통지서를 근로자의 이메일로 보냈습니다. **160**

32. (감급의 한도) 감봉 3개월인데, 임금이 얼마나 삭감되나요? **165**

33. (당연퇴직사유와 징계사유의 중복) 취업규칙에서 동일한 사유에 대해 다른 처분의 사유로 중복 규정하고 있는 경우 어느 것을 적용해야 하나요? **169**

34. (구직급여) 회사 사정으로 그만뒀는데, 실업급여를 받을 수 있나요?　　173

35. (징계의 효력발생시기) 징계통지서를 발송했는데, 징계의 효력은 언제 발송하나요? (발송한 날?, 도달한 날?, 기재한 날?)　　180

04 CHAPTER 직장내 괴롭힘, 직장내 성희롱

36. (직장내 괴롭힘) 일 좀 잘하라고 독려했는데, 괴롭힘이라고 합니다.　　187

37. (직장내 괴롭힘) 직장 내 괴롭힘 행위자보다 직책이 높아도 직장 내 괴롭힘 피해자가 될 수 있나요?　　192

38. (직장내 괴롭힘) 직장내 괴롭힘 신고했는데, 사실관계 조사가 제대로 되지 않은 것 같습니다.　　196

39. (직장내 성희롱) 농담으로 한 말인데, 성희롱이라구요?　　201

05 CHAPTER 근로조건 보호(임금, 근로시간, 휴일, 휴가 등)

40. (연차휴가 일수) 1년을 근무하고 퇴직하면 연차휴가 미사용수당은 며 칠 분을 받을 수 있나요?　　211

41. (주휴수당) 지각, 조퇴, 외출을 3회 이상 하면 주휴수당을 받을 수 없 나요?　　217

42. (일용직) 편의점/물류센터 등에서 일하는 일용근로자는 주휴수당을 받을 수 없나요?　　221

43. (통상임금 산정방법) 연장근로, 휴일근로, 야간근로수당은 어떻게 계 산하나요?　　226

44. (휴일대체) 이번 주 휴일에 근무하고 다른 날 쉬라고 합니다. 휴일근무수당을 받을 수 있나요?   232

45. (임금체불) 임금을 받지 못했습니다. 임금체불로 신고하면 어떻게 처리되나요?   236

46. (포괄임금약정) 우리 회사의 근로계약서에는 모든 수당을 포함해서 월 300만 원만 지급한다고 적혀 있습니다. 이런 경우 야근해도 별도의 추가수당이 없나요?   240

47. (연장근로 여부) 연장근로는 1주 12시간을 초과할 수 없다고 하는데, 연장근로인지를 어떻게 판단하나요?   245

48. (최저임금 위반 여부 판단) 최저임금 위반인지 아닌지는 어떻게 알 수 있나요?   249

49. (최저임금 감액) 수습근로자는 최저임금을 감액할 수 있나요?   253

06 CHAPTER 비정규직 보호

50. (단시간근로자 초과근로) 하루 4시간 근무하기로 하고 5시간을 근무하면 가산수당을 받을 수 있나요?   263

51. (갱신기대권) 계약기간이 만료되어 재계약을 하지 않았는데, 부당해고라고 주장합니다.   267

52. (차별여부) 기간제 근로자에게 성과금을 지급하지 않았습니다. 차별 아닌가요?   272

53. (기간의 만료) 계약 기간이 종료되는 경우에도 한 달 전에 해고예고를 해야 하나요?   276

54. (파견근로자 직접고용) 파견근로자가 2년을 초과해서 근무하면 회사가 직접 고용해야 한다던데 이때 파견근로자를 기간제근로자로 채용해도 되나요?   281

55. (계약기간) 공사종료일을 근로기간 만료일로 정할 수 있나요?　　285

56. (계속 근로) 공개채용을 거쳐 계속 근무하는 경우에는 2년을 초과해도 되나요?　　291

57. (기간제한의 예외) 55세 이상은 기간 제한을 받지 않고 계속 고용할 수 있나요?　　295

58. (단시간 근로자) 1주 15시간 미만인 근로자는 연차휴가가 없나요?　　299

07 CHAPTER 노동위원회 구제제도

59. (상시근로자 5명 이상 판단) 부당해고 구제신청은 상시 근로자 수가 5명 이상인 사업장만 가능하다고 하는데, 상시 근로자 수 5명 이상 여부를 어떻게 판단하나요?　　305

60. (노동위원회 구제절차) 노동위원회에 구제신청을 하면 구제절차가 어떻게 진행되나요?　　310

61. (화해제도) 노동위원회에서 화해하라고 하는데, 화해를 하면 어떤 좋은 점이 있나요?　　316

62. (구제이익) 근무기간이 종료되었는데, 구제신청을 할 수 있나요?　　321

63. (소송) 노동위원회 판정(결정) 후 법원에 소송을 할 수 있나요?　　326

64. (이행강제금) 회사가 노동위원회 구제명령을 이행하지 않으면 어떻게 되나요?　　330

65. (비밀녹음) 몰래 녹음한 내용도 노동위원회에 증거로 제출할 수 있나요?　　336

66. (신청인 적격) 누구나 노동위원회 부당해고 구제신청을 할 수 있나요? (프리랜서, 일용직, 채용내정자, 회사 임원도 부당해고 구제신청을 할 수 있나요)　　341

67. (해고기간 임금상당액) 부당해고로 복직하려는 근로자가 있습니다. 해고기간 동안 지급해야 하는 임금상당액은 어떻게 계산하나요?　　346

집단적 노사관계

68. (노동쟁의 조정) 임금교섭이 결렬되어 노동위원회에 조정을 신청하려고 합니다. 노동위원회에서는 어떻게 조정을 해 주나요?　　355

69. (부당노동행위) 몇 년 전에 있었던 일을 가지고 이제 와서 징계한다고 합니다. 제가 노동조합에 가입해서 그런 것 같습니다.　　362

70. (복수노조 교섭절차) 회사와 노동조합 간 단체교섭은 어떻게 진행하나요?　　369

법령 약어표

근로자퇴직급여보장법 → 퇴직급여법

기간제 및 단시간 근로자 보호 등에 관한 법률 → 기간제법

남녀고용평등과 일·가정 양립 지원에 관한 법률 → 남녀고용평등법

노동조합 및 노동관계조정법 → 노동조합법

부정경쟁방지 및 영업비밀보호에 관한 법률 → 부정경쟁방지법

전자문서 및 전자거래기본법 → 전자문서법

파견근로자보호 등에 관한 법률 → 파견법

사장님과 직장인이 꼭 알아야 할
노동법 상식 70선

1. (노동법 적용 여부) 위탁계약이나 프리랜서계약도 노동법의 보호를 받나요?

2. (임원의 근로자성) 상무, 전무 등의 회사 임원은 언제든 해고할 수 있나요?

3. (인턴의 의미) 인턴으로 채용한다는데, 인턴이 뭔가요? (노동법의 보호를 받을 수 있나요)

4. (취업규칙과 근로계약과의 관계) 취업규칙과 근로계약의 내용이 서로 다르게 규정되어 있는데, 이럴 땐 어떤 것이 우선하나요?

CHAPTER 01

근로자성 인정 여부 등

CHAPTER
01

근로자성 인정 여부 등

1 (노동법 적용 여부) **위탁계약이나 프리랜서계약도 노동법의 보호를 받나요?**

회사에서 프리랜서로 일하기로 하였는데 계약서에 '사무실에 평일 오전 9시에 출근해서 오후 6시에 퇴근하고, 매주 업무 진행 상황을 기재한 업무보고서를 작성해서 제출'하라는 규정이 있습니다. 그리고 '회사의 가이드라인과 다르게 업무처리를 하면 그 사유를 소명해야 한다'고 합니다. 그런데, 회사에서 저는 프리랜서라서 근로기준법이 적용되지 않는다며 연차유급휴가를 줄 수 없다고 하네요. 프리랜서 계약을 체결하면 근로기준법의 보호를 받을 수 없나요?

근로기준법에서 정한 근로조건은 반드시 보장해야

근로기준법은 근로자를 강행적으로 보호하기 위한 법으로, 근로기준법상 근로자에게 적용됩니다. 즉, 회사는 근로기준법에서 정하고 있는 근로조건보다 낮은

조건으로 근로자와 근로계약을 체결할 수 없고, 근로기준법에 규정된 근로조건은 반드시 보장해주어야 합니다.

근로자 vs 프리랜서

근로계약이란 근로자가 회사에 근로를 제공하고 회사는 이에 대해서 임금을 지급하는 것을 목적으로 체결된 계약을 말하고(근로기준법 제2조 제1항 제4호), 프리랜서계약의 가장 대표적인 유형이 위임계약인데, 위임계약이란 당사자 일방(위임인)이 상대방(수임인)에 대하여 사무의 처리를 위탁하고 상대방이 이를 승낙함으로써 성립하는 계약을 말합니다(민법 제680조).

프리랜서는 근로자에 해당하지 않기에 근로기준법의 보호를 받을 수 없습니다. 그런데, 형식상 프리랜서로 계약을 체결했다고 하더라도 실질적으로 근로자에 해당한다면 근로기준법의 보호를 받을 수 있습니다. 근로자에 해당하는지 여부는 계약의 형식에 상관없이 실제로 회사에 임금을 목적으로 종속적인 관계에서 근로를 제공했는지에 따라 결정되기 때문입니다.

근로기준법상 근로자 여부 판단 방법

근로자가 회사와 종속적인 관계가 있는지는 ① 업무 내용이 회사에 의해 정해지고 취업규칙 또는 복무(인사)규정 등의 적용을 받으며 업무 수행 과정에서 회사로부터 구체적이고 직접적인 지휘·감독을 받는지, ② 회사에 의해 근무시간과 근무장소가 지정되고 이에 구속을 받는지, ③ 근로를 제공하는 사람이 스스로 비품·원자재나 작업도구 등을 소유하거나 제3자를 고용하여 업무를 대신 하도록 하는 등 독립하여 자신의 계산으로 사업을 영위할 수 있는지, ④ 근로 제공을 통한 이윤의 창출과 손실의 초래 등 위험을 스스로 안고 있는지, ⑤ 보수의 성격이 근로 자체의 대상적 성격인지, 기본급이나 고정급이 정하여졌는지 및 근로소득세를 원천징수하는지, ⑥ 근로 제공 관계의 계속성과 사장에 대한 전속성의 유무와 그 정도 ⑦ 사회보장제도에 관한 법령에서 근로자로서 지위를 인정받는지 등을 종합적으로 고려하여 판단하여야 합니다(대법원 2006.12.7, 2004다 29736).

정리하면

위 사례에서는 프리랜서로 계약을 체결했다고 하더라도, 근무시간과 근무장소가 정해져 있고, 매주 업무 진행 상황을 보고하고 회사의 업무 가이드라인에 따라 업무를 처리해야 하는 등 회사의 직접적인 지휘와 감독을 받고 있기에 실질적으로는 근로자에 해당합니다. 따라서 근로기준법이 적용되고, 당연히 연차유급휴가도 부여해야 합니다.

계약의 형식과 실질이 부합하지 않으면 이러한 사후적 분쟁이 발생할 소지가 높습니다. ① 지정된 업무시간·장소에서 구체적인 지시를 해야 하는 업무라면 근로계약을 체결하고, ② 일의 과정은 자율에 맡기되 결과물이 필요한 상황이라면 프리랜서 계약을 체결하여 운영하는 것이 타당합니다.

관련 법률

참고사례 ❶

은행의 텔레마케터가 근로자에 해당하는지

은행 텔레마케터가 회사와 근로계약이 아닌 위촉계약을 체결했지만 회사는 업무수행 중에 준수할 업무운용수칙 등을 배부하였고, 이는 업무수행의 내용과 방법 등에 관한 지침으로서의 성격을 가지고 있으며, 위반시 회사가 계약해지를 할 수 있는 규정을 갖고 있는 점 등을 종합하면, 은행 텔레마케터는 근로기준법상의 근로자에 해당합니다(대법원 2016.10.27, 2016다29890).

참고사례 ❷

야쿠르트 위탁판매원이 근로자에 해당하는지

법원은 다음의 이유들을 근거로 야쿠르트 위탁판매원이 근로기준법상 근로자에 해당하지 않는다고 판단하였습니다. ① 위탁판매원이 회사로부터 지급받는 각종 수수료의 금액은 기본적으로 각 위탁판매원의 판매실적에 연동되어 결정되는 것으로서, 위탁판매원들이 제공하는 용역의 내용이나 시간과 반드시 비례적 관련성을 가진다고 볼 수 없다. ② 회사가 위탁판매원에게 근무복을 제공하고 적립형 보험의 보험료 및 상조회비를 일부 지원하였다고 하더라도, 이는 위탁판매원의 판매활동을 장려하기 위한 배려 차원에서 이루어진 것일 뿐, 이를 두고 위탁판매원이 회사로부터 근무상의 어떠한 지시나 통제를 받은 것으로 평가할 수는 없다. ③ 회사가 위탁판매원들을 상대로 하여 실시한 매월 2회 정도의 교육은 위탁판매원들의 원활한 판매활동을 위하여 회사가 위탁자의 지위에서 행하는 최소한의 업무 안내 및 판촉활동에 대한 독려에 불과할 뿐, 이로써 위탁판매원들이 회사로부터 위탁판매계약에 따른 용역 제공 과정에서 구체적인 지휘·감독을 받았다고 볼 수는 없다. ④ 회사가 관리점 내에 일정표를 게시하고 위탁판매원들로부터 서약서를 징구하였다고 하더라도, 그 일정 및 서약서의 내용이 위탁판매원들에 대한 구체적인 업무지시와 감독에 관한 것이라고 볼 만한 아무런 사정을 찾을 수 없고, 오히려 이는 위탁판매계약상의 의무를 주지시키는 것에 불과하다고 보인다. ⑤ 위탁판매원들에 대하여는 회사의 일반 직원들에게 적용되는 취업규칙 등의 복무규정이 적용되지 않아서 위탁판매원들의 어떠한 의무 위반에 대하여 회사로서는 위탁판매계약의 해지에 따른 불이익만을 위탁판매원들에게 줄 수 있을 뿐, 복무규정에 따른 각종 제재를 부과할 수는 없다. ⑥ 위탁판매원들은 세법 및 사회보장제도에 관한 법령에서 근로자로서의 지위를 인정받지 못하고 있다(대법원 2016.8.24, 2015다253986).

참고사례 ❸

아이돌보미가 근로자에 해당하는지

대법원은 비록 아이돌보미가 원치 않는 조건의 가정을 배정받지 않을 선택권을 가지고 있었지만, 시간과 장소를 지정하는 최종 권한은 기관에 있었고, 아이돌보미가 정해진 근무시간 및 장소를 지키지 않는 경우 아이돌보미 활동을 제재할 수 있었던 점 등에 주목해 기관이 상당한 지휘·감독을 했다고 판단했습니다. 그 밖에 아이돌보미가 제3자를 고용해 업무를 대행하게 할 수 없었고 추가 이윤을 창출하거나 손실초래의 위험을 부담하지 않았던 점, 근로소득세를 원천징수하고 4대 보험에 가입시키고 퇴직금을 지급했던 점 등도 근로자성 인정의 근거로 설시했습니다(대법원 2023.8.18, 2019다252004).

#근로자 #근로자성 #위탁계약 #프리랜서 #텔레마케터 #근로계약 #위임계약 #근로조건

저는 회사에서 사장이라는 직함을 부여받아 일하고 있습니다. 하지만, 사실은 이름만 사장이었지 회장님에게 늘 업무 지시를 받았고, 회사 등기부등본에 제 이름이 올라가 있지도 않습니다. 저는 늘 9시에 출근해서 6시에 퇴근했고 급여도 다른 근로자들과 똑같이 받았는데요. 일하던 중에 회장님과 마찰이 있었고, 그 과정에서 회장님이 저를 일방적으로 해고하였습니다. 회사는 제가 임원이기 때문에 그냥 계약을 종료할 수 있다고 하는데요, 저는 임원이 맞는 것인지, 임원이면 언제든 해고할 수 있는 것인지 궁금합니다.

근로자의 의미

―

상무, 전무 등 회사의 임원이 되는 일은 많은 직장인의 꿈이라고 해도 과언이 아닙니다. 임원이 되면 연봉이 크게 오르고, 법인카드 한도도 늘어나게 됩니다. 전결 권한이 많아지며 개인 집무실이나 법인 차량이 제공되기도 하죠. 그렇다면 임원은 일반 근로자와 법적으로 어떤 차이가 있을까요?

우리가 일반적으로 생각하는 근로자는 회사와 근로계약을 체결하고 근로기준법상의 각종 보호를 받습니다. 하지만 임원은 근로계약이 아니라 '위임계약'을 체결한다는 점에서 근로자와 법적으로 다른 대우를 받을 수 있습니다.

임원의 근로자성 판단기준

그러나 임원의 명칭을 쓴다고 해서 모두 근로자가 아니라고 단정할 수는 없습니다. 판례는 임원의 근로자성을 판단할 때 계약의 형식과 관계없이 '실질적으로 회사에 종속되어 근로를 제공했는지'를 기준으로 보기 때문입니다. 따라서 상무, 사장 등 회사의 임원에 해당하는 호칭을 사용하더라도 실제로 업무 처리의 자유가 없고, 회장이나 대표이사 등의 지휘와 감독을 받아 사무를 처리하고 임금을 받는다면 그 임원은 근로자에 해당합니다.

특히, 판례는 회사 등기부등본에 임원으로 등기되어 있는지를 중요하게 봅니다. 등기임원은 상법상 권한과 책임을 가지며, 회사의 주요 의사결정기구인 이사회에 참석하는 권한 역시 가집니다. 따라서 등기된 임원은 특별한 사정이 없다면 근로자성이 부정될 가능성이 높습니다(대법원 2013.9.26, 2012도6537). 반면, 비등기임원의 경우에는 상법상 권한이 없고 주로 중간관리자 정도의 역할을 수행하므로 업무집행권을 가진 자의 지휘·감독을 받아 노무에 종사하는 근로자로 판단할 수 있습니다(대법원 2000.9.8, 2000다22591).

위 기준에 따라 (1) 임원이 근로자로 판단된다면 근로기준법에 따라 '정당한 이유'가 있어야 해고할 수 있습니다. (2) 반면 임원이 근로자가 아니라면 위임관계가 성립한 것이고, 위임관계에서 위임인은 위임계약 내용에 따라 계약을 해지할 수 있을 것입니다. 다만, 주식회사 등기임원의 경우 임원에 대한 해임은 상법상 주주총회의 권한 사항이고 이는 필수적으로 지켜야 하는 강행규정이라는 점에서 일방적으로 해고하기는 어려울 수 있습니다.

사례의 경우

위 사례에서는 ① 회사경영을 위한 의사결정에 참여함이 없이 회장에게 업무에 있어 구체적인 지휘·감독을 받았으며 ② 비등기임원이고 ③ 소정근로시간이 정해져 있었고 ④ 다른 근로자들과 동일하게 고정급을 받은 것으로 보입니다. 이러한 사정을 종합해보면 '사장'이라는 명칭을 사용하였더라도 근로자성이 인정될 가능성이 높으며, 근로기준법의 보호를 받으므로 해고의 정당한 사유를 회사가 입증하여야 할 것입니다.

결론적으로 (1) 사용자는 근로자가 아닐 가능성이 높은 임원, 특히 등기임원의 비위행위가 문제 될 경우, 도저히 위임관계를 지속하지 못할 사안이라면 사직에 대해 합의하거나 상법상 절차를 거쳐 해임하여야 할 것입니다.

(2) 자신의 지위가 형식상 임원에 해당하는 경우라도, 자신이 근로자에 해당할 여지가 있는지 따져보고, 필요한 경우 업무 지시를 받은 내역, 일정한 출퇴근시간, 독자적 권한의 부재 등을 토대로 근로자성을 입증한다면 근로기준법의 보호를 받을 수 있습니다.

관련 판례

근로기준법의 적용을 받는 근로자에 해당하는지 여부는 계약의 형식에 관계없이 그 실질에 있어서 임금을 목적으로 종속적인 관계에서 사용자에게 근로를 제공했는지 여부에 따라 판단해야 할 것이므로, 회사의 이사라 하더라도 회사로부터 위임받은 사무를 처리하는 외에 사장 등의 지휘·감독하에 일정한 노무를 담당하고 그 대가로 일정한 보수를 지급 받는 관계에 있었다면 근로기준법상 근로자에 해당한다고 할 것이다(대법원 2000.9.8, 2000다22591).

참고사례 ❶

상근임원의 근로자성 인정 여부

상근임원이라고 하더라도 직위 또는 명칭이 일반적인 이사와는 달리 형식적·명목적인 것이고, 실제로는 매일 출근하여 업무집행권을 갖는 회장·상근부회장 등의 지휘감독 아래 일정한 노무를 제공하고 그에 대한 대가로 보수를 제공받는 관계라면 근로기준법상 근로자라고 볼 수 있습니다(대법원 2019.4.25, 2019두31).

참고사례 ❷

부사장의 근로자성 인정 여부

부사장으로서 회사와 근로계약서를 작성하고 4대 보험에 가입한 사실이 있다고 하더라도 홍보 업무 전문가로 영입되어 특정 전문분야에 관한 업무 전반을 포괄적으로 위임받아 이를 총괄하면서 상당한 정도의 독자적인 권한과 책임을 바탕으로 업무를 처리하는 지위에 있었다고 보이는 점, 다른 임원들과 차별화된 연봉을 지급받은 점, 여느 직원과 달리 근무시간이나 근무장소를 엄격하게 통제받지 않았다고 보이는 점, 근로계약상 취업규칙 적용을 받도록 되어 있으나 실제로는 취업규칙 적용을 받은 사례가 확인되지 않는 점 등을 고려할 때 근로기준법상 근로자로 볼 수 없을 것입니다(대법원 2022.2.23., 2022두63775).

#임원 #상무 #전무 #등기임원

3 (인턴의 의미) **인턴으로 채용한다는데, 인턴이 뭔가요?** (노동법의 보호를 받을 수 있나요)

제가 취업하고 싶은 회사에서 직원모집 광고가 났는데요, "6개월 인턴"이라고 되어 있습니다. 요즘 채용광고를 보면 '인턴'이란 말을 많이 쓰는데, '인턴'이 무슨 뜻인가요? 노동법의 보호는 받을 수 있나요?

인턴?

요즘 채용광고를 보면 "채용 후 3개월은 인턴으로 한다", "인턴기자 모집", "채용형 인턴 모집" 등 '인턴'이란 단어를 자주 보게 되는데요, '인턴'이 무슨 말인지 궁금해 하는 사람들이 많습니다.

원래 '인턴'이란 병원에서 의사시험 합격 후 1년 동안 '수련의'로 일하는 사람을 가리키는 용어인데요, 이것이 최근에 일반 회사에서도 다양한 의미로 활용되고 있는 것 같습니다.

실습생

첫째, '실습생'이란 뜻이 있습니다. 예를 들어, 직업계고등학교 학생들의 현장실습인턴, 기업이 시행하는 인턴십 프로그램 등에서 사용하는 '인턴'이란 임금을 받기 위해 일을 하는 '근로자'가 아니라 '일을 배우게 해 준다', '취업을 도와주기 위해 연수를 시켜준다'는 의미입니다('일경험수련생'이라는 단어를 쓰기도 합니다).

이러한 실습생은 임금을 목적으로 회사에서 일을 하는 '근로자'와 구별됩니다. 그래서 노동법의 보호를 받을 수 없는 것이 원칙입니다. 그런데 실습생·견습생·일경험수련생·인턴 등의 명칭에도 불구하고 회사의 지시를 받고 근로를 제공한 것으로 인정되면 근로기준법상의 근로자에 해당할 수도 있습니다.

자원봉사자

둘째, 자원봉사자의 의미도 있습니다. 인턴업무 수행에 대한 대가없이 보수를 받지 않고 봉사하는 형태로서(무급 인턴), 일경험 수련의 하나로 볼 수 있습니다. 이런 '인턴'은 스펙을 쌓거나 일을 배운다는 명목으로 악용될 소지가 있는 관계로, 때로는 '열정 페이'로 비판받기도 합니다. 일을 시키면서도 임금을 주지 않으려고 하는 꼼수라는 뜻이지요. 자원봉사자는 근로자가 아니므로 역시 노동법의 보호를 받을 수는 없습니다.

'수습' 또는 '시용'

셋째, 인턴이 근로자에 해당한다면 '수습'(채용을 확정한 후 일을 좀 배운다는 의미) 또는 '시용'(일단 일을 시켜보고 평가를 해서 정식 채용 여부를 결정한다는 의미)의 의미로 사용하기도 합니다. 회사의 취업규칙이나 근로계약 등에서 '수습' 또는 '시용'이라고 표현해 오던 것을 최근에는 '인턴'으로 표현하는 경우가 많은데, '인턴'의 성격에 따라 '수습'인지 '시용'인지를 구분할 수 있습니다.

"채용 후 3개월은 인턴으로 한다", "인턴기자 모집"이라고 쓴 경우, 3개월 동안 근무태도와 업무능력을 평가한 후 정식채용 여부를 결정한다면 '시용'이란 뜻이고, 그런 내용이 없다면 정식업무를 맡기기 전에 준비과정을 거친다는 '수습'이란 의미로 볼 수 있습니다. '수습'이든 '시용'이든 근로자에 해당하므로 노동법의 보호를 받을 수 있지만, '시용'의 경우 평가결과가 좋지 않으면 정식 채용이 되지 않을 수는 있습니다.

기간제 근로자
—

마지막으로, '기간제 근로자'란 의미도 있습니다. 공공기관에서 '채용형 인턴 모집(6개월)'이라는 것을 많이 하고 있는데요, 이것은 6개월만 근무하고 그만둔다는 의미입니다. '채용형 인턴'이 기존의 '기간제 근로자'와 다른 점은 해당기간만 채용하고 그만두게 한다는 의미보다는 '인턴'을 통해 직무능력을 향상시켜 정규직 취업 가능성을 높인다는 점입니다.

경우에 따라 인턴기간이 종료되면 정식으로 채용되는 사람도 있는데, 채용을 하고 안하고는 기관의 필요에 따라 결정하는 것으로 반드시 채용해야 할 의무가 있는 것은 아닙니다. 최근에는 고령자를 인턴으로 고용하는 경우도 있는데요(시니어 인턴), 그동안의 경험과 노하우를 전수해 주는 역할을 하기도 합니다. 기간제 근로자로 근무하는 기간 동안은 노동법의 보호를 받는 것은 당연합니다.

'인턴'의 의미를 명확히 해야
—

이처럼 '인턴'의 법적 의미는 그 쓰임새에 따라 다를 수 있으므로, 회사는 직원을 채용할 때 인턴이 어떤 의미인지를 명확하게 제시해야 할 것입니다. 아울러 근로자도 '인턴'으로 입사한다면, 회사가 나를 어떤 식으로 채용한다는 것인지를 정확히 알고 있어야 할 것입니다.

참고사례 ❶

MBA 인턴십을 수행하는 인턴이 근로기준법상의 근로자에 해당하는지

귀 질의서에서 제시한 'MBA 인턴십'이 프로젝트에 투입되어 업무를 지정받고 업무수행 결과에 따라 정규직 채용 여부가 결정되는 점, 인턴십 기간 동안 프로젝트에 투입되어 프로젝트 팀원, 고객사 직원들과 함께 일을 하게 되므로 일정부분 출퇴근에 제약이 있다고 볼 수 있는 점, 인턴십을 수행하는 동안 일정금액이 지원 되는 점 등을 볼 때, 채용예정자가 인턴십 약정을 체결, 프로젝트에 참여하고 수행결과에 따라 별도의 정규직 채용계약을 체결하더라도, 실질적으로 동 인턴십 기간 중 근로를 제공하고 그 대가로 사용자가 임금을 지급하였다면, 이러한 인턴은 달리 볼 사정이 없는 한 근로기준법상 근로자로 보아야 할 것입니다(근로기준과-4521, 2009.11.03).

참고사례 ❷

고용노동부의 '중견인력 재취업 지원사업'에서의 인턴

고용노동부의 '중견인력 재취업지원 사업 시행지침'에 "인턴은 근로기준법상 근로자로서 4개월 이내의 단기계약직 근로자의 지위를 갖는다."고 규정한 점에 비추어 인턴기간 4개월은 근로계약기간으로 봄이 타당하고, 근로계약기간의 만료로 근로관계가 종료되었다고 할 것입니다. 따라서 이 경우 해고는 존재하지 않는다고 볼 수 있습니다(중앙노동위원회 2015.1.14, 2014부해1159).

#인턴 #인턴십 #시용 #수습 #자원봉사자 #기간제근로자 #실습생 #일경험수련생 #채용형인턴

(취업규칙과 근로계약과의 관계) **취업규칙과 근로계약의 내용이 서로 다르게 규정되어 있는데, 이럴 땐 어떤 것이 우선하나요?**

저는 입사한 지 얼마 되지 않은 신입사원입니다. 최근 휴가를 사용하려고 근로계약서도 다시 살펴보고, 취업규칙도 확인해보았는데요. 입사 시 작성한 근로계약서에는 휴가 일수 항목에 연 17일이라고 되어 있는데, 취업규칙에서는 연 15일로 정해져 있어 혼란스러워졌습니다. 이렇게 근로계약서와 취업규칙이 서로 다르게 규정하고 있을 때는 어떤 것을 기준으로 판단해야 하나요?

취업규칙, 근로계약이란

근로자의 근로조건 및 의무는 취업규칙, 근로계약, 단체협약 등에 의해 정해지며, 이들의 관계를 이해하는 것은 상당히 중요한 부분입니다. 먼저, (1) 근로계약은 회사와 근로자 간에 개별적으로 체결하는 계약이며, 특정 근로자의 직무, 임금, 근무 시간 등의 구체적인 근로조건을 규정합니다. (2) 취업규칙은 회사가 작성하여 고용노동부에 신고한 문서로, 해당 회사의 전체 근로자들에 대한 근로조건과 규칙을 정하는 내용을 포함합니다. 취업규칙은 모든 직원에게 공통적으로 적용된다는 점에서 근로계약과 차이가 있습니다.

규정이 서로 다르다면

—

문제는 취업규칙과 근로계약 사이에 충돌이 생길 때 발생합니다. 하나의 근로 조건에 대해서 여러 규정이 서로 다르게 정하고 있는 경우에는 어떠한 규정을 따라야 할지 혼란스러울 수 있습니다. 이러한 충돌을 해결하기 위해서 일정한 해석 기준이 있습니다.

먼저, 더 중요하고, 상위에 있다고 판단되는 규정부터 적용하게 됩니다(상위법원 우선의 원칙). 즉, 근로조건을 결정하는 규범 상호간에 충돌이 있는 경우 ① 법령, ② 단체협약, ③ 취업규칙, ④ 근로계약의 순서로 적용됩니다. 단체협약은 노동조합과 회사의 합의로 이루어지기 때문에 일반적으로 취업규칙이나 근로계약보다 강력한 법적 효력을 갖습니다.

유리한 조건 우선의 원칙

—

그러나 법원은 근로자 보호를 위하여 해당 규정의 우선순위가 낮더라도 근로자에게 유리한 내용이라면 유리한 내용이 우선적으로 적용되어야 한다고 봅니다(유리한 조건 우선의 원칙). 예를 들어 취업규칙보다 개별 근로계약에서 더욱 유리한 근로조건을 정하고 있는 경우에는 취업규칙이 근로계약보다 상위의 규정임에도, 근로자에게 더욱 유리한 개별 근로계약을 따라야 한다는 뜻입니다(대법원 2019.11.14, 2018다200709).

이에 더하여 대법원은 기존 취업규칙을 변경하여 별도로 지급하던 상여금을 기본급에 포함하여 지급하기로 정한 사안에서 취업규칙 개정 및 새로운 근로계약의 체결을 거부한 근로자들에게는 변경된 취업규칙이 적용되지 않는다고 보았습니다(대법원 2020.4.9, 2019다297083). 즉, 해당 취업규칙의 변경에 동의했거나 변경된 취업규칙의 내용에 따라 근로계약을 새롭게 작성한 근로자들에 한해서만 변경된 취업규칙이 적용되고, 동의하지 않은 근로자에게는 기존 근로계약이 그대로 적용된다고 본 것입니다.

사례의 경우

이러한 기준에 따라 위 사례 속 근로자의 휴가 일수를 판단해볼 수 있습니다. 근로계약서상 휴가 일수는 연 17일, 취업규칙상으로는 연 15일이므로 근로계약서의 규정에 따르는 것이 근로자에게 유리한 상황입니다. 따라서 근로자에게 가장 많은 휴가를 제공하는 규정인 근로계약서에 따라 17일의 휴가가 허용된다고 볼 수 있습니다.

이렇듯 취업규칙과 근로계약은 그 내용에 따라 기준이 되는 규정이 달라질 수 있으므로, (1) 근로자는 본인에게 유리한 규정이 무엇인지 잘 살펴야 합니다. 반면, (2) 회사는 규정 간 서로 상충하는 부분이 없도록 규정을 꼼꼼하게 정비하여야 하며, 특히 개별 근로계약 당시 기존 규정과 계약서의 내용을 동일하게 정하여 추후 분쟁의 소지가 없도록 해야 할 것입니다.

관련 법률

노동조합법 제33조(기준의 효력)
① 단체협약에 정한 근로조건 기타 근로자의 대우에 관한 기준에 위반하는 취업규칙 또는 근로계약의 부분은 무효로 한다.

② 근로계약에 규정되지 아니한 사항 또는 제1항의 규정에 의하여 무효로 된 부분은 단체협약에 정한 기준에 의한다.

참고사례 ❶

단체협약과 취업규칙의 관계

종전의 단체협약에서 상여금을 600%로 정하고 있었으나, 그 후 회사의 경영실적이 호전되어 취업규칙의 개정으로 상여금을 700%로 인상하였다면 취업규칙의 해당 규정이 단체협약의 상여금 규정에 위반한다고 하여 무효로 할 수 없다고 판단합니다(대법원 2014.12.24, 2012다107334).

참고사례 ❷

단체협약이 불리하게 변경된 경우

협약 자치의 원칙상 노동조합은 사용자와의 사이에 근로조건을 유리하게 변경하는 내용의 단체협약뿐만 아니라 근로조건을 불리하게 변경하는 내용의 단체협약도 체결할 수 있으므로, 그러한 노사 간의 합의를 무효라고 할 수 없고, 개정된 단체협약에는 당연히 취업규칙상의 유리한 조건의 적용을 배제하고 개정된 단체협약이 우선적으로 적용된다는 내용의 합의가 포함된 것이라고 봄이 당사자의 의사에 합치한다고 판단하였습니다. 즉, 기존 근로조건보다 불리하게 변경된 단체협약은 협약 자치의 원칙상 취업규칙상 유리 조건의 적용을 배제하고 새로운 협약을 적용해야 한다는 입장입니다(고용노동부 2013. 집단적 노사관계업무매뉴얼 제208면, 대법원 2002.12.27, 2002두9063).

#단체협약 #취업규칙 #근로계약서 #휴가 #근로조건 #징계

5. (근로계약서 작성 교부) 근로계약서를 작성할 때 이건 꼭 챙기자

6. (인사명령의 정당성) 팀장인데 팀원으로 발령이 났습니다. 정당한 인사명령으로 볼 수 있나요?

7. (육아휴직자 차별) 육아휴직 후 복직했는데, 다른 부서로 가라고 합니다.

8. (전직금지약정) "퇴직 후 3년 이내에는 동종업체에 취업하지 않겠다"라는 약정을 했는데요,
   그럼 3년까지는 동종업체에 취업할 수 없나요?

근로계약의 체결과 변동

CHAPTER
02

근로계약의 체결과 변동

출근 첫날 근로계약을 체결하기 위해 근로계약서에 서명해 달라고 하자 급여가 자기가 생각한 것보다 적다고 계약서에 서명을 하지 않은 채 하루만 근무하고 퇴사해 버렸습니다. 그런데 이 근로자가 노동부에 근로계약서 미교부로 신고했다고 합니다. 근로계약서를 교부 안하면 어떻게 되나요?

근로계약서는 꼭 교부해야

회사는 근로자를 채용할 때 반드시 임금, 소정근로시간, 휴일(주휴일, 공휴일), 연차유급휴가를 서면에 명시하여 근로자에게 교부해야 합니다(근로기준법 제17조).

이렇게 하지 않으면 500만 원 이하의 벌금이라는 형사처벌을 받을 수 있습니다.

대부분의 회사는 근로자를 채용할 때 회사가 가지고 있는 근로계약서에 임금, 근로시간 등을 기재해서 근로자의 서명이나 도장을 찍고 2부를 작성해서 1부는 근로자에게 교부할 것입니다. 이렇게 한다면 일단 특별한 문제는 없어 보입니다.

그런데 위의 사례에서처럼 근로자가 어떤 이유로 서명을 안하는 경우 대부분의 회사는 근로계약 체결이 안된 것으로 보고 계약서 교부를 못하는 상황을 보게 되는데요. 이런 경우 서명을 받지 못했더라도 계약서를 교부하면 문제는 없습니다. 관련법 조항을 보면 계약서에 꼭 서명을 받으라고 되어 있지는 않고, 명확한 근거를 남기기 위해 교부했느냐를 따진다는 것이거든요(물론 서명을 받으면 더 좋구요).

교부하는 방법

그러면 교부는 어떤 식으로 해야 할까요? 위의 사례에서처럼 근로자가 일방적으로 그만두는 상황에서 회사는 난감할 수밖에 없을 텐데요. 다행히 근로기준법 제17조에서는 이 경우 종이가 아닌 전자서면(이메일이나 문자메시지 등)도 종이로 본다고 되어 있기 때문에, 근로자에게 종이로 된 계약서를 직접 주지 못하더라도 이메일에 첨부해서 발송하거나 촬영한 사진을 휴대폰으로 전송하는 방법도 가능합니다.

교부했다는 근거를 남겨야

가끔 이런 일도 있는데요. 근로계약서를 싸인 받고 분명히 1부를 교부했는데,

나중에 근로자가 계약서를 받지 못했다고 주장하는 경우가 있습니다. 근로자가 회사를 괴롭히기 위해 일부러 거짓말을 할 수도 있겠지만, 서로 소통이 잘못되었거나 교부했는지가 분명하지 않아서 다투는 경우도 있습니다.

이런 경우를 대비해서 회사는 근로계약서 교부 근거를 명확히 해 두어야 합니다. 근로계약서 교부대장을 만들어서 수령확인을 받아 두거나, 그보다 더 간단하고 명확한 방법은 근로계약서 내용에 "계약서를 교부받았음을 확인합니다"라는 문구를 기재해 놓는 것입니다. 고용노동부에서도 '표준 근로계약서' 양식에 이런 내용을 넣어서 근로계약서를 작성하도록 권장하고 있습니다.

정리하면

---

(1) 먼저 회사는 근로계약서를 꼭 작성해서 교부하고, 계약서 내용에 '교부했다'는 근거를 기재해야 합니다. 근로계약서도 가능하면 종이로 된 계약서보다 전자계약서를 활용하는 것이 계약서의 작성과 보관, 추후 필요시 확인 등의 측면에서 더 유용할 수 있습니다.

(2) 근로자 입장에서는 취업할 때 회사에서 구두로 계약을 하려고 하면 이것이 근로기준법을 위반하는 것이라고 이야기하고 서면으로 해 달라고 요구해야 합니다. 이렇게 하는 것이 회사도 근로자도 둘 다 좋은 방법이니까요.

관련 법률

참고사례 ❶

반드시 근로계약을 서면으로 작성해야 채용된 것으로 보나요?

근로계약은 계약당사자간의 권리·의무관계를 형성하는 것이므로 서면으로 작성하는 것이 바람직합니다. 다만, 관련법에서 반드시 서면으로 작성하도록 하고 있지는 않으므로 구두계약이나 관행에 의해서도 근로관계가 성립될 수 있습니다. 즉, 사실상의 사용종속관계가 존재하는 경우(지시 관리를 받고 일을 하고 있는 경우)도 보호대상이 되므로, 반드시 요식행위를 요하는 것은 아닙니다(대법원 1972.11.4, 72다895). 다만, 사용자는 임금·소정근로시간·주휴일·공휴일·연차유급휴가 등 관련 규정에서 정한 주요 근로조건에 대해서는 반드시 서면으로 그 내용을 명시하여 근로자에게 교부하도록 하고 있습니다(근로기준법 제17조 제2항).

참고사례 ❷

> ### 근로계약서에 사인하면 무조건 그대로 효력이 발생하나요?
>
> 근로계약서에 서명이나 날인을 했다면 원칙적으로 그대로 효력이 발생합니다. 그러나 근로기준법에 정한 기준에 미치지 못하는 근로조건을 정한 근로계약은 비록 사인을 했더라도 그 부분은 무효가 되고 근로기준법에서 정한 대로 인정됩니다(예를 들어, 공휴일은 유급휴일인데, 임금을 받지 않겠다고 합의하더라도 무효)(대법원 1990.12.21, 90다카24496).

참고사례 ❸

> ### 근로계약을 전자계약으로 해도 되나요?
>
> 사용자와 근로자는 전자근로계약서를 작성하는 방법으로 근로계약을 체결할 수 있습니다. '전자근로계약'이란 근로계약을 종이로 하지 않고 컴퓨터 같은 정보처리 능력을 가진 장치를 이용하여 전자적 방법으로 계약한 것을 말합니다. 이 경우 근로계약에 관한 다툼을 사전에 예방할 수 있도록 가급적 당사자의 서명을 포함한 문서를 전자화하거나 「전자서명법」에 의한 전자서명을 하는 등의 방법으로써, 해당 계약당사자 쌍방의 의사가 합치하여 전자근로계약서에 명시된 내용대로 근로계약을 체결하였음을 명확히 해야 합니다. 또한, 계약서 작성 이후에 어느 일방이 임의로 수정할 수 없도록 위·변조 방지를 위한 장치를 마련해야 합니다(근로기준정책과-5455, 2016.9.1, 전자근로계약서 활성화를 위한 가이드라인 참고).

#근로계약 #근로계약서 #근로계약체결 #근로조건명시교부 #전자문서 #전자근로계약서

표준근로계약서 양식

표준근로계약서

_____(이하 "사업주"라 함)과(와) _____(이하 "근로자"라 함)은 다음과 같이 근로계약을 체결한다.

1. 근로계약기간:　　　년　　월　　일부터　　　년　　월　　일까지
※ 근로계약기간을 정하지 않는 경우에는 "근로개시일"만 기재
2. 근 무 장 소:
3. 업무의 내용:
4. 소정근로시간:
5. 근무일/휴일: 매주 ___일(또는 매일단위) 근무, 주휴일 매주 ___요일
6. 임　금
　　- 월(일, 시간)급: _____원
　　- 상여금: 있음 (　　) _____원, 없음 (　　)
　　- 기타급여(제수당 등): 있음 (　　), 없음 (　　)
　　　　• _____원, _____원
　　　　• _____원, _____원
　　- 임금지급일: 매월(매주 또는 매일) ___일(휴일의 경우는 전일 지급)
　　- 지급방법: 근로자에게 직접지급(　), 근로자 명의 예금통장에 입금(　)
7. 연차유급휴가
　　- 연차유급휴가는 근로기준법에서 정하는 바에 따라 부여함
8. 사회보험 적용여부(해당란에 체크)
□ 고용보험　　□ 산재보험　　□ 국민연금　　□건강보험
9. 근로계약서 교부
　　- 사업주는 근로계약을 체결함과 동시에 본 계약서를 사본하여 근로자의 교부요구와
　　　관계없이 근로자에게 교부함(근로기준법 제17조 이행)
10. 기　타
　　- 이 계약에 정함이 없는 사항은 근로기준법령에 의함
　　　　　　　　　　　　　　년　　　　월　　　　일
(사업주) 사업체명:　　　　　　　　　(전화:　　　　　　　　)
　　　　　주　　소:
　　　　　대 표 자:　　　　　　　　(서명)
(근로자) 주　　소:
　　　　　연 락 처:
　　　　　성　　명:　　　　　　　　(서명)

---

6 (인사명령의 정당성) **팀장인데 팀원으로 발령이 났습니다. 정당한 인사명령으로 볼 수 있나요?**

저는 제조업에서 생산팀장으로 근무하고 있는데요. 오늘 다른 팀의 팀원으로 인사명령이 났습니다. 인사권은 회사의 권한이라고 하지만, 사전에 아무런 협의도 없이 일방적으로 관리자인 팀장을 팀원으로 인사를 해도 되는 건가요? 이건 '강등'에 해당하는 징계조치라고 생각합니다.

인사명령은 '정당한 이유'가 있어야

사례에서 언급하고 있는 대로 '인사권'은 회사의 권한이므로, 업무변경이나 부서이동, 근무지를 바꾸는 등의 인사명령을 내릴 수 있습니다. 그렇지만 인사명령을 회사 마음대로 할 수 있는 것은 아니며, 그럴 만한 '정당한 이유'가 있어야 합니다.

사례에서처럼 관리자인 '팀장'을 '팀원'으로 발령 내는 경우 근로자 입장에선 정당한 인사명령으로 받아들이기가 쉽지 않기 때문에, "인사가 부당하다", "팀장을 팀원으로 보낸 것은 징계처분에 해당하는데, 징계절차를 거치지 않았으므로 부당하다"라고 다투는 경우가 많습니다.

인사명령의 정당성을 판단하는 방법

이런 다툼이 있을 경우 인사명령이 정당한지 여부는 어떻게 판단할까요?

먼저, '업무상 필요성'이 있는지를 확인합니다. 다른 부서로 보내거나 팀장을 팀원으로 보낸다면 그렇게 한 이유가 있어야 한다는 뜻입니다. '결원이 발생하여 그 일을 할 적임자가 이 사람이다', '현재 하고 있는 업무에서 문제가 있기 때문에 다른 부서로 보냈다', '팀장의 관리능력에 문제가 있어서, 더 이상 팀장역할 수행이 어렵다'는 등의 이유가 존재해야 합니다.

두 번째로 근로자의 '생활상 불이익'이 어느 정도 인지 확인해서 '업무상 필요성'과 비교합니다. 즉, '업무상 필요성'이 있다고 하더라도 인사이동으로 인해 근로자가 받는 피해가 너무 크면 안된다는 뜻이지요. 예를 들어, 출근거리가 늘어나면 출·퇴근시간과 교통비가 증가한다거나, 팀장이 팀원이 되면 팀장일 때 받던 직책수당이 없어진다거나 하는 것을 따져보게 됩니다. 인사명령으로 인하여 근로자에게 생활상의 불이익이 일부 발생하더라도(통근시간, 통근비용의 증가 등) 이것이 근로자가 통상 감수해야 할 정도를 현저히 벗어난 것이 아니라면, 부당하다고 보기 어렵습니다(대법원 1997.7.22, 97다18165).

마지막으로 해당 근로자와 사전에 의논했는지를 확인합니다. 인사이동의 필요성과 배경, 이유 등을 설명하고 양해를 구했는지를 말합니다.

인사명령과 징계처분은 다르다

이처럼 '징계처분'이 아닌 '인사명령'의 정당성 여부는 3가지 사항을 가지고 판단하는데요(대법원 2009.4.23, 2007두20157), 인사명령으로 인해 근로자의 생활상의 불이익이 일부 존재하거나 해당 근로자와 협의를 제대로 하지 않았다고 하더라도 '업무상 필요성'이 확실히 존재하면 대부분의 인사명령은 정당한 것으로 판단합니다. 회사의 인사권을 존중해 주는 것이지요.

위의 사례에서 근로자는 팀장을 팀원으로 발령한 것은 징계에 해당하는 강등이라고 주장하지만, 직급은 그대로 유지한 채 단지 팀장 직책을 부여하지 않은 것이라면 징계처분이 아닌 인사명령으로 봐야 합니다. 그렇다면, '업무상 필요성'이 있는지를 따져봐야 하고, '업무상 필요성'이 인정된다면(예를 들어, 팀장으로서 관리능력에 문제가 있다. 징계를 받아서 더 이상 그 업무를 수행하기 어렵다. 부서 개편으로 팀 숫자가 줄어들었다 등) 정당한 인사명령으로 볼 수 있습니다.

다툼을 예방하기 위해서는

─

정리하면, 인사권은 회사의 권한이지만 회사 마음대로 할 수 있는 것은 아니므로, 인사를 해야 하는 명확한 이유가 존재해야 합니다. 아울러 인사명령으로 인한 근로자의 불이익이 있다면 이를 감소시켜주기 위한 조치(예를 들어, 이사비용, 교통비 등의 지원)와 근로자와의 면담을 통해 이해를 구하는 것도 필요합니다. 이러한 절차를 거침으로서, 인사명령으로 인한 다툼을 예방해야 할 것입니다.

참고사례

어떤 경우에 '업무상 필요성'이 인정되는지(업무상 필요성이 인정된 사례)
① 경영실적이 좋지 않은 상황에서 신규인력 채용에 제한을 받고 있었고, 인력수급 불균형을 해소할 필요성이 있는 경우(대전고등법원 2015.6.25, 2015누10191) ② 조직개편으로 부서간 근무인원 조정이 필요한 경우(서울고등법원 2012.5.24, 2010누41781) ③ 동료 근로자들과의 불화를 해결하기 위한 경우(서울고등법원 2011.5.24, 2010누26164)

#인사이동 #인사명령 #인사권 #강등 #부서이동 #업무상필요성 #생활상불이익 #징계처분

7 (육아휴직자 차별) **육아휴직 후 복직했는데, 다른 부서로 가라고 합니다.**

저는 4년 동안 ○○사업장에서 구매담당 매니저로 근무했었습니다. 육아휴직 후 복직했는데 제 자리에 대체근무자가 근무하고 있다는 이유로 한 번도 해본 적 없는 서비스 담당으로 발령받았습니다. 기본급여는 이전과 같지만, 이제는 매니저가 아니기에 월 50만 원의 직책수당을 받지 못하고, 인사평가 권한도 없습니다. 회사의 지시가 정당한건가요? 저는 어떻게 해야 하나요?

근로자가 육아휴직 신청하면 회사는 거부할 수 없어

임신 중인 여성 근로자와 만 8세 이하 또는 초등학교 2학년 이하의 자녀를 양육하려는 근로자는 육아휴직을 시작하려는 날의 전날까지 회사에서 6개월 이상 근무했다면, 회사에 육아휴직을 신청하여 사용할 수 있고, 회사는 이를 거부할 수 없습니다(남녀고용평등법 제19조 제1항).

육아휴직 후 복직한 근로자의 근로조건은?

회사에서 육아휴직 사용 후 복직한 근로자에게 휴직 전과 전혀 다른 업무를 시킨다거나 급여를 줄인다면 근로자가 육아휴직을 사용하고 싶어도 자유롭게 사용하기 어려울 것입니다. 그리하여 회사는 육아휴직을 마친 근로자를 휴직 전과 같은 업무 또는 같은 수준의 급여를 지급하는 직무로 복귀시켜야 합니다(남녀고용평등법 제19조 제4항).

그렇다면, 회사는 근로자에게 육아휴직 전과 동일한 금액의 임금을 지급하기만 하면 휴직 전과 다른 업무를 시킬 수 있을까요? 회사의 조직체계나 근로환경 등의 변화로 인해 육아휴직을 사용한 근로자에게 휴직 전 업무를 시킬 수 없다면, 이와 다른 업무를 시킬 수 있습니다. 다만, 이로 인해 근로자에게 실질적인 불이익이 생겨서는 안 되기에 새로운 직무로의 인사발령이 업무상 필요한 것인지, 새로 부여받은 업무의 성격과 내용·범위 및 권한·책임 등에 불이익이 있는지 여부 및 정도, 휴직 전과 다른 직무를 수행하게 됨에 따라 기존에 누리던 업무상·생활상 이익이 박탈되는지 여부 및 정도 등을 따져보아야 합니다(대법원 2022.6.30, 2017두76005 등).

정리하면

___

회사는 근로자를 육아휴직 전 직무에 복귀시키지 않아도 근로자에게 실질적인 불이익이 없다면 동일한 금액의 임금을 지급하는 다른 직무로 복귀시킬 수 있습니다. 하지만 사례에서는 근로자가 육아휴직 전에 했던 구매담당 매니저 업무에서 서비스 담당 업무를 하게 되면서 월 50만 원의 직책수당을 받지 못하게 되었고, 인사평가 권한도 상실하게 되었습니다. 소속 직원을 지휘·감독하고 평가하는 관리자의 업무에서 상이한 업무의 실무 담당자로 변경된 것은 업무의 성격과 내용이 같다고 보기 어렵습니다. 대법원은 유사한 사례에서 근로자가 육아휴직 전과 같은 직무로 복귀했다고 볼 수 없다고 판단했습니다. 이 경우 근로자는 노동청에 남녀고용평등법 위반을 이유로 진정을 제기하거나 노동위원회에 부당전직 구제신청을 할 수 있습니다.

한편, 최근 중앙노동위원회는, '규정상으로는 성차별적으로 보이지 않으나 여성의 육아휴직 사용 비율이 남성에 비해 현저히 높고, 육아휴직 사용자들이 업무능력 부족 평가와 승진 탈락이라는 불리한 처우를 받게 되는 경우'를 남녀차별로 인정하였습니다(중앙노동위원회 2023.9.4, 2023차별15). 이처럼 남녀고용평등법상 남녀차별이 발생한 경우에도 노동위원회 차별시정 신청을 통해 구제받을 수 있습니다.

현실적으로 육아휴직 이후 복직자에게 휴직 전과 완전히 동일한 업무를 부여하기 어려울 수 있습니다. 하지만 부여받은 직책의 권한과 근로조건 상의 불이익이 있다면 정당한 복직처분으로 보기 어렵습니다. 육아휴직자 복직시에는 고용평등과 일·가정 양립의 취지에 따라 근로자에게 부당한 불이익이 없도록 직무를 부여해야 할 것입니다.

관련 법률

> **남녀고용평등법 제19조(육아휴직)**
>
> ③ 사업주는 육아휴직을 이유로 해고나 그 밖의 불리한 처우를 하여서는 아니 되며, 육아휴직 기간에는 그 근로자를 해고하지 못한다. 다만, 사업을 계속할 수 없는 경우에는 그러하지 아니하다.
> ④ 사업주는 육아휴직을 마친 후에는 휴직 전과 같은 업무 또는 같은 수준의 임금을 지급하는 직무에 복귀시켜야 한다. 또한 제2항의 육아휴직 기간은 근속기간에 포함한다.

참고사례 ❶

육아휴직기간 중 근로계약기간이 만료되면 육아휴직도 종료되는지

기간제 근로자가 근로계약이 만료되는 시점에 육아휴직을 쓸 경우, 이를 이유로 근로계약기간이 자동연장 되지는 않으며, 회사가 재계약을 하지 않는다면 육아휴직은 자동 종료됩니다(여성고용정책과-2173, 2015.7.23).

참고사례 ❷

육아휴직자에게 해고사유가 발생한 경우 해고할 수 있나요?

사업주는 육아휴직을 이유로 해고 기타 불리한 처우를 해서는 안되며, 육아휴직기간 동안은 그 근로자를 해고할 수 없습니다. 다만, 사업을 계속할 수 없는 경우에는 해고할 수 있습니다(남녀고용평등법 제19조 제3항). 만약 육아휴직자에게 해고사유가 발생한 경우 육아휴직이 끝난 후에 해고할 수 있습니다.

참고사례 ❸

성과평가 기준에 따라 임금인상률을 결정하는 방법이 육아휴직자 차별에 해당하는지

통상적인 인사관행으로서 확립된 성과평가 기준이 근속기간이 아닌 실근무일수에 따른다고 명시되어 있는 등 육아휴직 후 복귀한 여성 근로자의 성과평가 결과가 육아휴직에 따른 불리한 처우라고 볼 수 없는 합리적인 이유가 있는 것으로 인정된다면「남녀고용평등법」위반이라 할 수 없습니다. 그러나, 성과평가 기준에 실근무일수 외에 다른 지표가 없거나 미미하고, 육아휴직자 외에 일반휴직자가 없는 등 육아휴직 여성근로자만 현저하게 불리한 평가를 받을 수밖에 없다면「남녀고용평등법」상 차별로 볼 수 있을 것입니다(여성고용정책과-2640, 2013.12.10.).

#육아휴직 #육아휴직급여 #차별 남녀고용평등 #전직

(전직금지약정) **"퇴직 후 3년 이내에는 동종업체에 취업하지 않겠다"라는 약정을 했는데요, 그럼 3년까지는 동종업체에 취업할 수 없나요?**

사장: 김 부장이 퇴사하고 우리 제조공법을 이용해 사업을 하고, 큰돈을 벌고 있다고요?

전무: 네. 우리 경쟁사에 납품하고 있다고 합니다.

사장: 김 부장은 전직하지 않는다는 약정을 하고 나가지 않았나요?

전무: 네. 맞습니다. '퇴직 후 2년 이내에는 우리 회사와 경쟁 관계에 있는 회사에 취업하거나 회사를 운영하여 직·간접 영향을 미쳐서는 안 된다'라는 규정이 있습니다.

사장: 그에 대한 대가를 줬던가요?

전무: 대가는 없었습니다.

사장: 그럴 경우 어떤 조치가 필요한지 알아보세요.

위 대화 속 사건은 '손톱깎이 회사'의 공장 부장이 경쟁 관계에 있는 중개 무역 회사를 설립한 사건입니다. 이 사건에서 대법원은 경업금지약정을 무효로 봤습니다. 하지만 경업금지약정을 통해 영업비밀 유출 시 손해배상액을 예정한 경우 퇴사자가 손해를 배상하는 경우도 심심치 않게 있습니다.

이직의 자유와 경업금지의무

━━

회사 입장에서는 떠나는 근로자가 걱정됩니다. 영업비밀을 잘 알고 있는 직원이 경쟁회사로 이직한다면 영업비밀이 유출될 수 있기 때문입니다. 그래서 회사는 근로자에게 보안 서약서를 쓰게 하고, 경업금지약정(또는 전직금지약정)을 합니다. 경업금지약정을 하면 근로자는 퇴직 후 오랜 기간 일한, 자신의 가치를 가장 높게 평가받을 수 있는 동종업체에서는 당분간 일할 수 없기 때문에 다른 업종의 회사에 들어가거나 다른 일을 새로 시작해야 합니다. 이처럼 경업금지약정은 "모든 국민은 직업선택의 자유를 가진다"라는 헌법 제15조 규정과는 거리가 있습니다.

위 질문에서 "퇴직 후 3년 이내에는 동종업체에 취업하지 않겠다"라는 약정은 경업금지약정에 해당합니다. 경업금지의무에 관해 (1) 재직 중과 (2) 퇴직 후를 나눠 보겠습니다.

(1) 재직 중에는 경업금지(겸직금지) 의무가 있고, 특별한 약정이 없더라도 동종 회사에의 이중 취업은 사용자와 근로자 사이의 신뢰관계를 파괴하는 행위로서 징계사유가 될 수 있습니다(서울고등법원 2011.7.14, 2010누36499: 대법원 확정, 대법원 2012.9.27, 2010다99279).

(2−1) 그런데 퇴직 후의 전직금지약정이 없는 한 전직금지의무라는 것은 원칙적으로 인정될 수 없습니다. 근로자의 직업선택의 자유를 직접적으로 제한하기 때문입니다. (2−2) 다만 퇴직 후 전직금지약정이 없더라도 매우 특별한 경우 영업비밀보호를 위해 부정경쟁방지법을 근거로 영업비밀과 관련된 업무에 종사하는 것을 금지하도록 사용자의 전직금지청구권을 인정하고 있습니다(대법원 2003.7.16, 2002마4380).

그렇다면 앞에서 말한 전직금지약정이 있는 경우 그 효력은 어떻게 될까요.

"보호할 가치 있는 사용자의 이익"이 있는지 여부

이때는 전직금지약정이 유효한지를 살펴보아야 합니다. 그 판단 기준에 관해 대법원은 "경업금지약정이 헌법상 보장된 근로자의 직업선택 자유와 근로권 등을 과도하게 제한하거나 자유로운 경쟁을 지나치게 제한하는 경우에는 민법 제103조에 정한 선량한 풍속 기타 사회질서에 반하는 법률행위로서 무효이다."라고 전제하면서, 전직금지약정의 유효성에 관한 판단은 ① 보호할 가치가 있는 사용자의 이익 ② 근로자의 퇴직 전 지위 ③ 경업 제한의 기간 ④ 지역 및 대상 직종 ⑤ 근로자에 대한 대가의 제공 유무 ⑥ 근로자의 퇴직 경위 ⑦ 공공의 이익 및 기타 사정 등을 종합적으로 고려해야 한다고 밝혔습니다(대법원 2010.3.11, 2009다82244).

특히 보호할 가치가 있는 사용자의 이익은 부정경쟁방지법상 '영업비밀'뿐만 아니라 당해 사용자만이 가지고 있는 지식 또는 정보, 고객관계나 영업상의 신용 유지도 해당한다고 보았습니다. 대법원이 여러 기준을 제시하면서 친절히 설명하려고 했지만, 실제로는 회사와 퇴사자 간 서로 자신의 해석이 옳다며 분쟁을 벌이는 사례가 매우 많이 발생합니다.

글 처음에서 언급한 대화는 바로 위 대법원판결의 기초가 된 '손톱깎이 공장 부장이 경쟁 관계에 있는 중개 무역 회사를 설립한 사건'인데, 대법원은 "경업금지약정이 피고의 위와 같은 영업행위까지 금지하는 것으로 해석된다면 근로자인 피고의 직업선택의 자유와 근로권 등을 과도하게 제한하거나 자유로운 경쟁을 지나치게 제한하는 경우에 해당되어 민법 제103조에 정한 선량한 풍속 기타 사회질서에 반하는 법률행위로서 무효"라고 봤습니다. 따라서 예시로 든 사건은 "2년" 약정이었던 만큼 질문에서 언급한 3년은 더욱 무효로 볼 것입니다.

경업금지약정이 유효한 경우

―

그러나 법원이 전직금지약정을 무조건 무효로 보는 건 아닙니다. 다만, 약정한 전직금지기간이 과도하게 장기간이라고 인정될 때는 적당한 범위로 전직금지기간을 제한하거나 무효로 보고 있습니다(대법원 2007.3.29, 2006마1303).

전직금지약정을 유효로 본 경우로는 다음과 같은 사례가 있습니다. A씨는 ○○전자에 입사해 24년간 D램 설계 관련 업무를 담당했고 프로젝트의 리더까지 맡았습니다. A씨는 회사와 '퇴사 후 2년간 경쟁관계에 있는 업체를 창업하거나 경쟁업체에 취업하는 등의 행위를 하지 않겠다'는 영업비밀 등 보호서약서(전직금지약정)를 작성했는데도 이후 경쟁사로 이직했습니다.

법원은 ○○전자가 신청한 전직금지가처분을 인용하면서, "D램 기술은 국가 핵심 기술이기에 직업선택의 자유를 일부 제한하더라도 공공의 이익이 있다"고 결정했습니다(서울중앙지법 2023.5.24, 2022가합21499). 회사가 ① A씨에게 3년간 특별인센티브 5,500만 원을 지급했고(약정 내용에 회사가 기재한 취업제한 문구가 중요했습니다) ② 해외연수 기회도 제공했으며 ③ 1억원의 추가적인 대가 제안을 근로자가 거부한 점을 중요하게 보고 이처럼 판단한 것입니다.

정리하면

―

원칙적으로 경업금지약정은 유효하며, 다만 (1) 회사는 경업금지약정 내용을 정할 때 최소한의 전직금지기간과 대상 직종·지역을 구체적으로 설정하여 유효한 경업금지약정으로 인정받을 수 있도록 해야 합니다. (2) 근로자는 재직 중에 경업금지약정이 있다면 징계를 받지 않도록 준수하고, 퇴직 후에도 경업금지약정이 적용되는지 숙지하기를 권합니다.

참고사례 ❶

영업비밀의 의미

'영업비밀'이란 공공연히 알려져 있지 아니하고 독립된 경제적 가치를 가지는 것으로서, 비밀로 관리된 생산방법, 판매방법, 그 밖에 영업활동에 유용한 기술상 또는 경영상의 정보를 말합니다(부정경쟁방지법 제2조 제2호). 여기서 '공공연히 알려져 있지 않다고 함'은 그 정보가 동종 업계에 종사하는 자 등 이를 가지고 경제적 이익을 얻을 가능성이 있는 자들 사이에 알려져 있지 않은 것을 뜻하고, '독립된 경제적 가치를 가진다 함'은 정보의 보유자가 그 정보의 사용을 통하여 상대방 경쟁자에 대하여 경쟁상의 이익을 얻을 수 있거나 그 정보의 취득이나 개발을 위하여 상당한 비용이나 노력이 든 경우를 뜻합니다(대법원 2008.7.10, 2006도8278).

참고사례 ❷

회사의 영업비밀을 유출하면 근로자가 손해를 배상해야 하는지

경업금지약정에서 근로자가 회사의 영업비밀을 유출할 시 손해배상액을 예정한 경우, 실제로 퇴사한 근로자가 회사에게 손해를 배상하는 경우가 있으므로 주의를 요합니다(서울중앙지법 2020.4.24, 2014가합589454). 이 사건에서 법원은 근로자가 이직한 회사와 연대해서 1억 1,700만 원, 근로자 단독으로 1억 7,360만 원을 배상하라는 판결을 하였습니다.

참고사례 ❸

명예퇴직을 할 때 '퇴직 후 3년 내 동종 경쟁업체에 취직하는 경우 명예퇴직금을 전액 반납하겠다'라는 각서를 썼다면, 다른 동종 경쟁업체에 취업할 수 없는지

대법원은 '퇴직 후 3년 내 동종 경쟁업체에 취직하는 경우 명예퇴직금을 전액 반납하겠다.'는 취지의 각서를 작성한 사안에서, 위 각서에서 정한 내용은 단순한 경쟁업체에의 재취업만으로는 부족하고, 근로자가 재취업 직장이 퇴직한 A회사와 동종 경쟁관계에 있어 A회사에서 알게 된 정보를 부당하게 영업에 이용함으로써 A회사에 손해를 끼칠 염려가 있는 경우로 엄격하게 해석해야 한다고 보았습니다. 따라서 명예퇴직자가 동종 경쟁업체에 취업했다는 사실만으로 명예퇴직금을 전액 반납해야 한다고 보기는 어렵습니다(대법원 2021.9.9, 2021다234924).

#경업금지 #경업금지약정 #전직금지 #전직금지약정 #전직 #전직의자유 #직업선택의자유 #이직의자유 #경업 #영업비밀 #보호할가치 #동종업계취업 #동종업계 #보안서약서 #부정경쟁방지법 #상무 #전무 #사장 #대표이사 #등기이사 #임원 #해고 #취업규칙

사장님과 직장인이 꼭 알아야 할
노동법 상식 70선

9. (수습기간 중 해고) 오늘이 수습 3개월 되는 날인데, 내일부터 나오지 말래요

10. (채용내정) 회사로부터 합격통지서를 받고 첫 출근일을 기다리고 있었는데, 갑자기 출근하지 말라 연락이 왔습니다.

11. (해고인지 아닌지) 홧김에 "당장 그만둬"라고 했는데, 해고라고 합니다.

12. (수습근로자 해고예고) 수습 3개월을 끝으로 해고했는데, 해고수당을 지급해야 하나요?

13. (사직의 의사표시) 권고사직을 받아들여 사표를 제출해 놓고 해고되었다고 합니다.

14. (징계위원회 구성) 무자격자가 징계위원으로 참석한 경우 징계 효력이 있나요?

15. (이중처벌) 대기발령을 시켜 놓고 다시 감봉처분을 했습니다. 이중징계 아닌가요?

16. (징계시효) 3년 전에 발생한 일을 이제 와서 징계한다고 합니다. 징계가 가능한가요?

17. (도급계약 해지) 도급계약이 중도에 해지된 경우 근로계약도 종료된 것으로 볼 수 있나요?

18. (통상해고) 저성과자란 이유로 해고할 수 있나요?

19. (경영상 해고) 회사가 어려워 직원을 줄여야 합니다. 어떻게 해야 하나요?

20. (소명기회) 징계대상자는 징계위원회에 꼭 참석해야 하나요?

21. (해고금지기간) 육아휴직을 신청했다는 이유로 근로자를 해고할 수 있나요?

22. (입증책임) 근로자는 해고라고 주장하고 회사는 자진 사직이라고 합니다. 해고인지 사직인지에 다 입증은 누가 해야 하나요?

23. (해고예고와 해고수당) 해고수당은 얼마나 받을 수 있나요?

24. (시용근로자 해고) 평가점수가 좋지 않아서 해고했는데, 부당해고라고 합니다.

25. (대지급금) 회사가 폐업을 했는데 밀린 임금, 퇴직금은 어떻게 받을 수 있나요?

26. (사직의사 철회) 사표를 제출해 놓고, 다시 돌려달라고 합니다.

27. (미승인 연차사용) 승인하지 않은 연차휴가를 사용한 경우 징계할 수 있나요?

28. (일방적 사표제출) 일방적으로 사표를 내고 출근하지 않습니다. 어떻게 처리해야 하나요?

29. (사직처리) 연락도 안되고 출근도 안하는데 사직처리를 해도 되나요?

30. (해고통지서 해고사유 기재) 해고통지를 받았는데, 해고사유가 뭔지 모르겠어요.

31. (해고통지의 방법) 해고통지서를 근로자의 이메일로 보냈습니다.

32. (감급의 한도) 감봉 3개월인데, 임금이 얼마나 삭감되나요?

33. (당연퇴직사유와 징계사유의 중복) 취업규칙에서 동일한 사유에 대해 다른 처분의 사유로 중복 규 하고 있는 경우 어느 것을 적용해야 하나요?

34. (구직급여) 회사 사정으로 그만뒀는데, 실업급여를 받을 수 있나요?

35. (징계의 효력발생시기) 징계통지서를 발송했는데, 징계의 효력은 언제 발생하나요? (발송한 날?, 달한 날?, 기재한 날?)

CHAPTER 03

근로계약의 종료(징계와 해고, 퇴직)

근로계약의 종료(징계와 해고, 퇴직)

9 (수습기간 중 해고) **오늘이 수습 3개월 되는 날인데, 내일부터 나오지 말래요**

근로계약서에 "채용일로부터 3개월은 수습으로 한다"라고 기재하고 직원을 채용했습니다. 3개월 동안 직원이 일하는 모습을 관찰해 본 결과 업무능력은 물론이고 근무태도도 썩 좋지 않아서 수습 3개월을 끝으로 그만두게 하려고 합니다. 이 근로자를 수습기간 중이므로, 자체 평가를 통해 일정기준에 미달하는 경우 해고해도 문제가 없는 거 아닌가요?

수습이란

먼저 '수습'이 어떤 뜻인지 알아야 할 것입니다. '수습'이란 근로자를 채용한 후 업무적응을 도와주기 위한 교육기간을 의미합니다. '수습'을 좀 더 정확히 이해하기 위해서는 다소 생소한 단어인 '시용'과 비교해보면 되는데요. '시용'이란 일단 근무하게 한 다음 평가를 통해 정식 채용 여부를 결정하는 기간이고, '수습' 은 정식채용 후에 업무를 배우는 기간이라고 할 수 있습니다.

대부분의 회사에서는 '시용'이란 말은 잘 쓰지 않고 주로 '수습'이란 용어를 쓰는데요, '수습'이라고 쓰더라도 평가를 한다는 내용이 있으면 '시용'으로 볼 수 있습니다. "채용일로부터 3개월은 수습으로 하되, 수습기간 중에 업무적격성을 평가하여 정식 채용 여부를 결정한다"는 식으로 계약서에 기재해 놓는 것이죠.

수습근로자는 언제든 해고?

위의 사례에서 회사는 근로계약서에 3개월을 수습으로 한다고 기재했지만 수습기간 중에 평가를 한다는 말이 들어 있지 않기 때문에, 단지 근무태도가 불량하다는 정도로는 해고하기 어렵습니다. 수습기간 중에는 근로자를 쉽게 해고할 수 있다고 잘 못 알고 있는 경우로, 흔히 회사에서 자주 범하는 실수에 해당합니다.

그럼 어떻게 해야 할까요

---

(1) 먼저, 근로자 입장에서는 취업할 때 수습인지 시용인지를 확인할 필요가 있고(수습이나 시용제도가 없는 회사도 있지만), 만약 '시용'이라면 평가결과에 따라 정식 채용되지 않을 수도 있다는 사실을 염두에 두어야 합니다.

(2) 반면, 회사는 근로자를 채용할 때 '수습'(바로 정식 채용)으로 할지 아니면 '시용'(평가 후 채용 여부 결정)으로 할지를 분명히 해야 합니다. '수습'으로 기재하

는 경우 평가를 해서 정식 채용 여부를 결정한다는 언급을 해야 '시용'으로 인정될 수 있습니다. 회사의 규정(사규)에는 수습평가를 한다는 내용이 있지만 근로계약서에는 단지 수습기간만 둔다고 기재되어 있다면, 이것은 '시용'이 아닌 '수습'으로 볼 수 있다는 점도 유의해야 할 것입니다. 또한, 수습기간 동안 평가를 하는 경우 평가가 공정하고 객관적으로 이루어지도록 해야 합니다. 해고가 정당한지 부당한지를 다툴 때에 평가를 제대로 했는지가 중요한 판단기준이 되니까요.

수습기간

참고로 수습기간은 대부분 3개월로 하고 있는데요, 노동법에서는 꼭 3개월로 해야 한다는 규정은 없으므로 적당한 기간을 정하여 사용할 수 있습니다. 수습기간을 연장할 필요가 있을 때에는 일방적으로 연장할 수는 없으며, 반드시 근로자의 동의를 받아야 합니다.

'시용'과 '기간제 근로'의 차이

'시용기간'이 '기간제 근로'와 어떻게 다른지 궁금해 하는 사람도 있는데요. 기간제 근로는 말 그대로 근무기간을 정해서 그 기간만 근무하고 근로관계가 자동으로 종료된다는 것이고(예를 들어, 1년이면 1년만 근무), 시용은 시용기간만 근무한다는 것이 아니라 본채용을 전제로 하는데, 다만, 평가를 해서 성적이 안 좋으면 정식 채용을 안 할 수도 있다는 의미입니다.

참고사례 ❶

시용근로자란 무슨 말인가요?

'시용'이란 정식 근로계약을 체결하기 전에 해당 근로자의 직업적 능력, 자질, 인품, 성실성 등 업무적격성을 관찰·판단하고 평가하기 위해 일정기간 시험적으로 고용하는 것을 말합니다. 즉, 평가를 통해 정식 채용 여부를 결정한다는 뜻입니다(대법원 전원합의체 1995.7.11, 93다26168).

참고사례 ❷

근로계약서에 수습기간을 명시하지 않은 경우 시용을 인정할 수 있나요?

회사의 취업규칙에서 근로자에 대한 수습기간의 적용을 선택적 사항으로 규정하고 있는 경우에는 근로자를 채용할 때에 그 근로자에 대해 수습기간을 적용할 것인가의 여부를 근로계약에 명시해야 합니다. 만약 근로계약에 수습기간이 적용된다고 명시하지 아니한 경우에는 수습근로자가 아닌 정식사원으로 채용되었다고 보아야 합니다(대법 1999.11.12, 99다30473). 그런데 취업규칙에서 명확하게 "수습기간을 적용한다"고 명시되어 있는 경우에는 비록 근로계약서에 수습기간이 명시되어 있지 않더라도 근로자가 수습에 대해 알고 있었다고 볼 수 있다면 수습기간을 둔 것으로 볼 수 있습니다(대법원 2009.7.23, 2009두6520).

참고사례 ❸

수습근로자를 해고할 때도 서면으로 통지해야 하나요?

수습근로자나 시용근로자를 해고할 경우에도 해고통지는 반드시 해고사유와 해고일시를 기재한 서면으로 통지해야 합니다. 시용근로자에 대하여 본채용을 거부하면서 단지 '시용기간의 만료로 근로관계를 종료한다'고 통지하는 경우에는 해고의 서면통지의무를 위반할 수 있기 때문에(해고의 구체적 사유의 미기재), 본채용 거부사유를 서면에 구체적으로 기재해야 합니다(대법원 2015.11.27, 2015두48136).

참고사례 ❹

수습기간은 몇 개월로 해야 하나요?

근기법에서 수습기간의 길이에 대하여는 규정한 바가 없으므로, 수습기간의 길이는 근로자가 수행하는 업무의 성질을 감안하여 합리적인 범위 내에서 정할 수 있습니다. 참고로 수습기간의 장기화로 인한 근로자의 불이익 예방차원에서 고용노동부에서는 가능한 한 수습기간을 3개월 이하로 정하도록 권장하고 있습니다(근기 01254-14914, 1991.10.10).

참고사례 ❺

수습, 시용기간이 퇴직금, 연차휴가 산정할 때 근무기간에 포함되나요?

수습, 시용기간도 근로자가 정상적으로 근무한 기간에 해당하므로, 당연히 퇴직금이나 연차유급휴가를 산정할 때 근무기간(계속근로기간)에 포함됩니다. 따라서 이 기간을 포함하여 1년 이상이면 퇴직금이 발생하고, 1개월을 초과하면 연차휴가도 발생합니다(대법원 2022.2.17, 2021다218083)

#수습 #시용 #수습3개월 #본채용거부 #기간제근로

10 (채용내정) **회사로부터 합격통지서를 받고 첫 출근일을 기다리고 있었는데, 갑자기 출근하지 말라고 연락이 왔습니다.**

저는 A회사의 채용 공고를 보고 지원했고, 며칠 전 A회사로부터 최종 합격통지서를 받았습니다. A회사의 인사팀과 연락해서 첫 출근 날짜와 연봉도 정했는데요. 그런데 A회사가 갑자기 전화로 제게 채용이 취소됐으니 출근하지 말라고 통보했습니다. 제가 이유를 물어보자 저 말고 1순위 합격자를 채용하게 됐다고 합니다. 이렇게 A회사가 일방적으로 채용을 취소할 수 있는 건가요?

채용내정이란

━━

회사의 채용 공고에 지원한 자가 서류 전형과 면접을 통과했고, 마침내 회사로부터 최종 합격 연락을 받아서 첫 출근일까지 정했습니다. 여기서 출근일을 기다리는 최종합격자의 상태를 "채용내정", 최종합격자를 "채용내정자"라고 합니다. 이는 회사가 채용할 사람을 확정했지만 입사일 전이라 최종합격자가 아직 출근하지 않은 상태를 의미합니다. 한편 채용내정자에 해당하려면 단순한 합격통지 외에 회사와 출근예정일(첫 출근일), 연봉 등을 함께 정해야 합니다.

채용내정취소는 해고일까?

━━

그런데 위 사례처럼 회사가 갑자기 채용내정자에게 출근하지 말라고 연락하는 경우가 있습니다. 이렇게 채용을 취소하는 행위(채용내정취소)는 신중해야 합니다. 일반적으로 법원은 회사가 채용내정자에게 최종 합격 통지를 할 때 근로계약관계가 성립했다고 보기 때문입니다(대법원 2002.12.10, 2000다25910). 채용내정자가 출근하지 않았더라도 회사의 직원이라고 인정받는 겁니다. 따라서 회사와 채용내정자 사이에 근로계약관계가 성립된 이상 회사가 채용 내정을 취소한다면 사실상 해고에 해당합니다.

회사가 적법하게 채용 내정을 취소하기 위해서는 먼저 채용내정자에게 근로기준법 제23조에 따라 '정당한 이유'를 제시해야 합니다. 정당한 이유로는 ① 회사가 요구하는 지원 자격에 채용내정자가 미달한 자였던 경우, ② 채용내정자가 제출한 서류가 사실이 아닌 경우, ③ 회사의 경영 악화로 채용이 부득이하게 불가능하게 된 경우 등이 있습니다. 위와 같이 채용내정자가 채용 조건을 명백하게 충족하지 못하거나 회사의 객관적인 경영상 문제 등이 아니라면 채용 취소의 정당한 이유로 인정받기 어려울 것입니다.

또한, 회사는 근로기준법 제27조에 따라 채용취소사유와 채용취소시기를 서면으로 통지해야 합니다. 만약 채용내정을 취소할 만한 정당한 이유가 있다고 하더라도 회사가 채용내정자에게 구두로 채용내정 취소 사실을 통지했다면 부당해고에 해당합니다.

위 사례에서 채용내정자는 A회사로부터 최종 합격통지서를 받았고 연봉까지 정했다는 점에서 근로계약관계가 성립했습니다. 그러나 1순위 합격자를 채용하겠다는 회사의 사정은 해고의 정당한 이유로 보기 어렵습니다. 게다가 A회사는 구두로만 채용내정 취소 사실을 통보했으니 절차적인 문제도 있습니다. 결국 A회사의 채용내정 취소는 효력이 없습니다.

분쟁을 방지하려면

———

이런 경우를 대비하기 위해 회사와 채용내정자는 어떻게 해야 할까요?

(1) 회사는 채용내정을 취소할 정당한 이유가 있는지 확인하고 서면 통지 등의 절차도 준수해야 합니다.

(2) 채용내정자는 채용을 취소한다는 연락을 받는다면 마찬가지로 정당한 이유가 있는지, 서면으로 통지했는지를 따져보는 게 좋습니다. 만약 회사의 채용내정 취소가 적법하지 않다면, 채용내정자는 노동위원회에 부당해고 구제신청을 통해 원직 복직 및 해고기간 동안의 임금 상당액 지급을 청구할 수 있습니다. 이 경우, 채용 내정 통지 사실 및 근로 조건을 확정한 사실 등을 통하여 부당해고임을 입증하여야 할 것입니다.

관련 법률

근로기준법 제23조(해고 등의 제한)
① 사용자는 근로자에게 정당한 이유 없이 해고, 휴직, 정직, 전직, 감봉, 그 밖의 징벌(懲罰)(이하 "부당해고등"이라 한다)을 하지 못한다.

근로기준법 제27조(해고사유 등의 서면통지)
① 사용자는 근로자를 해고하려면 해고사유와 해고시기를 서면으로 통지하여야 한다.
② 근로자에 대한 해고는 제1항에 따라 서면으로 통지하여야 효력이 있다.

참고사례 ❶

합격 통지만 받으면 바로 채용내정자로 인정받을 수 있는지

채용내정사실을 인정받으려면 근로자가 회사와 근로조건 및 출근 예정일 등을 구체적으로 정했어야 합니다. 회사가 채용 절차가 완료되지 않은 근로자에게 '컨트랙트 오퍼(Contract Offer)'를 제공한 사실은 있으나 출퇴근 시각 및 근로시간, 취업장소 등에 관한 내용이 없고, 단지 채용공고문에서 생략된 연봉, 보너스, 복리후생 등의 내용을 기재하여 통지한 것에 불과한 점, '컨트랙트 오퍼(Contract Offer)'에 '세부 계약서는 당사자 간의 합의에 따라 제공될 것'이라고 기재되어 있는 점 등을 고려했을 때 근로자와 회사 사이에 채용내정 또는 근로계약이 성립하였다고 보기 어렵다고 판단한 사례가 있습니다(중앙노동위원회 2021.2.16, 2020부해1619).

참고사례 ❷

채용내정을 취소한 회사를 상대로 손해배상을 청구할 수 있는지

학교법인이 근로자를 사무직원 채용시험의 최종합격자로 결정하고 그 통지와 아울러 '1989.5.10.자로 발령하겠으니 제반 구비서류를 5.8.까지 제출하여 달라.'는 통지를 하고 근로자에게 통지에 따라 제반 구비서류를 제출하게 한 후, 근로자의 발령을 지체하고 여러 번 발령을 미루었으며, 그 때문에 근로자는 위 학교법인이 1990.5.28. 근로자를 직원으로 채용할 수 없다고 통지할 때까지 임용만 기다리면서 다른 일에 종사하지 못한 경우에, 이러한 결과가 발생한 원인이 위 학교법인이 자신이 경영하는 대학의 재정 형편, 적정한 직원의 수, 1990년도 입학정원의 증감 여부 등 여러 사정을 참작하여 채용할 직원의 수를 헤아리고 그에 따라 적정한 수의 합격자 발표와 직원채용통지를 하여야 하는데도 이를 게을리 하였기 때문이라면 위 학교법인은 불법행위자로서 근로자가 위 최종합격자 통지와 계속된 발령 약속을 신뢰하여 직원으로 채용되기를 기대하면서 다른 취직의 기회를 포기함으로써 입은 손해를 배상할 책임이 있습니다(대법원 1993.9.10, 92다42897).

#채용내정 #최종합격자 #채용내정자 #채용취소 #최종합격통지 #부당해고 #정당한이유 #서면통지

(해고인지 아닌지) 홧김에 "당장 그만둬"라고 했는데, 해고라고 합니다.

출근한지 며칠 안 된 직원이 근무시간 중에 자주 자리를 비우는 등 근무태도가 좋지 않았습니다. 어제도 아침에 30분이나 지각을 하길래 화가 나서 "그런 식으로 근무할거면 당장 그만 둬"라고 했습니다. 진짜 그만두라는 뜻은 아니었는데, 오늘 출근을 안해서 전화하니까 '부당해고' 당했기 때문에 노동위원회에 신고하겠다고 합니다.

해고인지 아니면 스스로 그만둔 건지

'해고'란 회사가 근로자에게 일방적으로 나오지 말라고 하는 것을 말합니다(해임, 파면이라고도 함). 회사가 해고를 한 경우 '정당한 이유'가 있다면 괜찮은데, 정당한 이유가 없거나 이유가 있더라도 해고까지 할 만한 정도가 아니라면 부당해고가 될 수 있습니다.

위의 사례에서 먼저 살펴봐야 할 것은 홧김에 한 말을 두고 이것이 진짜로 나오지 말라고 한 발언(해고)으로 볼 수 있는지 입니다. 회사는 사장님이 "당장 그만둬"라고 한 발언은 정말로 그만 나오라고 한 것이 아니라, 제대로 근무를 안하니까 좀 잘하라는 의미로 내뱉은 말이라고 주장합니다. 해고한 것이 아니라는 것이지요. 그런데 상대방인 근로자 입장에서는 사장님이 직접 그만두라고 했으니까, 해고한 것으로 받아들일 수 있다고 볼 수 있습니다. 이런 다툼이 생기면

법원이나 노동위원회에서는 사장님의 속마음(해고한다는 뜻이 아니었어)이 아니라 겉으로 드러난 말로 판단한다는 사실을 알아야 할 것입니다.

사장이 아닌 관리자가 해고할 수 있는지
___

가끔 사장이 아닌 팀장이나 상사가 이와 비슷한 말을 해서 부당해고 다툼이 있는데요. 이런 경우 팀장이나 상사가 직원을 채용하고 그만두게 할 수 있는 권한을 가진 사람이 아니라면, 해고한 것으로 볼 수 없습니다. 일반적으로 사장이 아닌 관리자가 직원을 해고할 수 있는 권한을 가진 회사는 드물다고 봐야겠지요.

그러면 이런 경우를 대비해서 회사와 근로자는 각자 어떻게 해야 할까요?

(1) 먼저, 회사는 사장님이 한 발언이 진짜 해고하려고 한 것이 아니었다면, 신속하게 그런 뜻이 아니라는 사실을 해당 직원에게 알려야 합니다. 나중의 다툼을 대비해서 문자메시지를 보내거나 다른 직원들이 있는 곳에서 말하는 것이 좋겠지요. 회사의 이런 후속 조치가 없었다면 위의 사례는 근로자의 주장대로 '해고'로 인정될 가능성이 높은데요, 해고로 인정된다면 해고의 정당한 사유가 있더라도 해고의 서면통지를 안한 것이 되어 무조건 부당해고가 될 것입니다. 진짜 해고를 한다면 해고사유와 해고시기를 서면으로 통지해야 하기 때문입니다(근로기준법 제27조)(해고통지의 구체적인 방법에 대해서는 31번 사례를 참고해 주세요). 물론 징계절차가 있다면 절차도 거쳐야겠지요.

(2) 근로자 입장에서는 진짜 그만두라는 의미인지를 확인해 볼 필요가 있습니다. 회사의 주장처럼 '본의 아니게, 화가 나서, 좀 잘하라'는 의미로 말했을 수도 있으니까요. 만약 사장이 아니라 다른 관리자가 그런 말을 했다면, 사장한테 사실인지 여부를 확인해 봐야겠지요.

관련 법률

근로기준법 제23조(해고 등의 제한)

① 사용자는 근로자에게 정당한 이유 없이 해고, 휴직, 정직, 전직, 감봉, 그 밖의 징벌
(이하 "부당해고등"이라 한다)을 하지 못한다.

근로기준법 제27조(해고사유 등의 서면통지)

① 사용자는 근로자를 해고하려면 해고사유와 해고시기를 서면으로 통지하여야 한다.
② 근로자에 대한 해고는 제1항에 따라 서면으로 통지하여야 효력이 있다.
③ 사용자가 제26조에 따른 해고의 예고를 해고사유와 해고시기를 명시하여 서면으로
한 경우에는 제1항에 따른 통지를 한 것으로 본다.

참고자료

해고인지 자진 사직인지 판단방법

구분	해고로 볼 수 있는 요소	사직으로 볼 수 있는 요소
사직의사	근로자가 사용자의 사직서 제출요청을 거부	근로자가 사직서를 작성하여 제출
해고의사 표시의 주체	대표이사 또는 해고권한이 있는 자	해고권한이 없는 자
이의제기	근로자가 사용자의 사직처리에 대해 이의제기	근로자가 사용자의 사직처리에 대해 별다른 이의제기를 하지 않거나 상당한 기간이 지나 이의제기를 함
근로자의 출근의사	근로자가 출근을 시도	근로자가 특별한 이유없이 출근하지 않음
사용자의 출근독촉행위	근로자의 미출근에 대해 사용자가 출근독촉 등 출근여부 확인을 하지 않음	근로자가 특별한 이유없이 사용자의 출근지시에 응하지 않거나 연락에 불응

후임자 채용	후임자 즉시 채용	후임자를 채용하지 않음
물품정리와 반납	근로자가 업무인수인계서 작성과 사용물품 반납을 거부	근로자가 이의제기없이 업무인수인계에 응하고 자진해서 물품정리·반납
작별인사 등	근로자가 사직과 관련한 인사나 송별회식 등의 행위를 하지 않음	근로자가 작별인사를 하고 송별회식 등에도 참여
퇴직금 수령	근로자가 퇴직금, 위로금 등의 수령을 거부	근로자가 이의없이 퇴직금, 위로금 등을 수령
실업급여 신청	실업급여를 신청하지 않음	근로자가 사용자에게 실업급여 수령을 위해 이직사유를 '권고사직'으로 요청, 이직 후 실업급여 신청하여 수령
타사업장 취업	미취업한 상태에서 해고를 다툼	구직활동을 하거나 타 사업장에 취업

참고사례 ❶

전화나 구두로 사직한다고 할 수 있나요?

근로자가 회사를 그만두겠다는 의사표시(근로계약관계를 종료시키고자 하는 의사표시)는 보통 사직원의 제출에 의하지만 구두나 전화로 사직 의사표시를 하는 것도 가능합니다. 이 경우 회사가 승낙을 하면 근로관계는 합의에 의하여 종료된 것으로 봅니다(서울행정법원 2002.8.8, 2002구합2338).

참고사례 ❷

근로자가 사직서를 제출했더라도 사직한 것으로 볼 수 없는 경우

① 회사의 경영방침에 따라 사직원을 제출하고 퇴직처리를 한 후 즉시 재입사하는 형식을 취한 경우(대법원 2005.4.29, 2004두14090)
② 사용자가 임금을 제대로 지급하지 못하는 상황에서 임금체불 등을 이유로 모든 연구소 직원으로부터 일괄적으로 사직서를 받은 경우(서울고등법원 2008.5.14, 2007누29224)
③ 퇴직의사가 전혀 없는 근로자에게 계속하여 반복적으로 퇴직을 종용하여 사직서를 제출하게 한 경우(대법원 2006.10.26, 2006두15172)

참고사례 ❸

근로자가 사직서를 제출한 후 사직을 철회한 경우

근로자의 사직서 제출이 일방적인 근로계약 해지의 통고일 경우(예를 들어, "이달 말까지 출근하고 사직하겠습니다"라고 제출한 경우)에는 회사의 동의 없이는 철회가 인정되지 않습니다(대법원 2000.9.5, 99두8657). 그런데 근로자가 사직원을 제출해 근로계약관계의 해지를 청약하는 경우(예를 들어, "이달 말까지 출근하고 회사를 그만두고자 하니 허락해 주기 바랍니다"로 제출한 경우) 회사가 승낙했다는 의사표시를 하기 전에는 사표를 철회할 수 있습니다(대법원 2010.1.14, 2009두15951).

참고사례 **❹**

#해고 #해고의사표시 #서면통지 #정당한 이유 #퇴직 #사직서 #사직원

12 **(수습근로자 해고예고) 수습 3개월을 끝으로 해고했는데, 해고수당을 지급해야 하나요?**

> 직원을 채용하면서 근로계약서에 "근로계약기간은 1년으로 하고, 입사일로부터 3개월은 수습기간으로 한다. 수습기간 중 평가를 통해 본채용을 거부할 수 있다" 라고 명시하였습니다. 오늘 수습 3개월이 끝나는 날인데, 근무성적이 좋지 않아서 본채용을 거부해야 할 상황입니다. 이 경우 근로자의 근무기간이 3개월밖에 안되는데, 해고수당을 지급해야 하나요?

3개월 수습근로자는 해고예고를 안해도 된다?

근로자를 해고할 때에는 30일 전에 알려야 한다는 것 정도는 이제 대부분 알고 있을 텐데요. 그런데 30일 전에 해고예고를 하지 않아도 되는 경우에서 '3개월 이하인지 미만인지'에 대해 혼란이 있는 것 같은데, 그 이유가 있습니다.

당초 근로기준법에서 '수습 사용한 날부터 3개월 이내인 수습근로자'는 해고예고의 제외대상이라고 했다가, 그 후 수습이란 말을 빼고 그냥 '계속 근로한 기간이 3개월 미만인 자'로 개정했기 때문입니다(근로기준법 제26조). 즉, 3개월 이상 근무한다면 3개월 미만이 아니기 때문에, 하루 차이로 해고예고를 해야 하는 것이죠.

그렇다면 위의 사례에서 수습이 끝나는 날이 바로 '3개월째가 되는 날'이므로, 이 근로자는 3개월 이상 근무한 자에 해당하여 해고예고 대상이 됩니다. 이때

30일 전에 예고를 할지 아니면 30일 분 이상의 해고수당을 지급할 지는 근로자가 아닌 회사가 선택하는데요, 이 사례에서는 3개월로 근로관계가 종료되어 근로자가 더 이상 회사에 나올 수가 없기 때문에, 30일 전 해고예고 대신 30일분의 해고수당을 지급해야 할 것입니다.

3개월 전에 해고를 한다면

회사에서 수습을 두는 경우 수습기간은 대개 3개월 정도로 하고 있으므로, 수습근로자를 해고하는 경우 대부분 해고예고의 대상이 된다고 볼 수 있습니다. 만약 수습기간을 3개월 이상으로 했더라도 3개월 전에 해고를 한다면, 이 경우에는 '3개월 이상'에 해당하지 않으므로 해고예고 대상에 해당하지 않습니다.

참고로, 입사 후 3개월 미만인 경우 해고예고의 대상이 되지 않는다는 것이지 언제든 해고를 할 수 있다는 의미는 아니므로, 해고를 하는 경우에는 반드시 해고할만한 정당한 이유가 존재해야 합니다(근로기준법 제23조 제1항).

3개월 기준일은?

'3개월'을 계산할 때 3개월의 기준일은 해고를 통지하는 날이 아니라 '해고일(해고가 되는 날)'을 기준으로 판단합니다. 예를 들어, 10월 1일 입사자에게 3개월 후인 12월 31일까지 출근하고 그만두라고 하는 통지를 12월 20일자로 한 경우, 계속 근로기간 3개월 미만의 판단시점은 12월 20일이 아니라 해고일인 12월 31일이므로, 계속 근로한 기간이 3개월 이상이어서 해고예고 대상에 해당하는 것이죠.

6월 30일자로 해고하려면 해고예고는 적어도 30일 전에 해야 하므로, 늦어도 소급해서 30일째가 되는 전날 즉, 5월 30일까지는 예고를 해야 합니다.

관련 법률

> ### 근로기준법 제26조(해고의 예고)
>
> 사용자는 근로자를 해고(경영상 이유에 의한 해고를 포함한다)하려면 적어도 30일 전에 예고를 하여야 하고, 30일 전에 예고를 하지 아니하였을 때에는 30일분 이상의 통상임금을 지급하여야 한다. 다만, 다음 각 호의 어느 하나에 해당하는 경우에는 그러하지 아니하다.
> 1. 근로자가 계속 근로한 기간이 3개월 미만인 경우
> 2. 천재·사변, 그 밖의 부득이한 사유로 사업을 계속하는 것이 불가능한 경우
> 3. 근로자가 고의로 사업에 막대한 지장을 초래하거나 재산상 손해를 끼친 경우로서 고용노동부령으로 정하는 사유에 해당하는 경우

#수습 #본채용거부 #해고수당 #해고예고 #해고예고적용제외 #폐업

13 (사직의 의사표시) **권고사직을 받아들여 사표를 제출해 놓고 해고되었다고 합니다.**

B회사는 국제유가 하락과 코로나19 대유행으로 인해 프로젝트 현장의 축소 운영이 필요해졌습니다. B회사는 현장에 근로자 전원을 상주시키는 것은 더 이상 불가능하다는 판단 아래, 설명회와 개별 면담 등을 거쳐 권고사직서 제출을 요청했습니다. 근로자 A 역시 사직서를 제출했습니다. 그런데 A는 사직서를 제출하면서 사직사유 란에 자필로 '사업축소해고'라고 기재하였습니다. 그런데 2달 후, A는 자신이 일방적으로 해고되었다고 주장하며 노동위원회에 부당해고 구제신청을 했습니다.

권고사직과 해고의 차이는?

━━

권고사직은 회사 측에서 근로자에게 사직을 권유하거나 압력을 가해 근로자로 하여금 스스로 사직서를 제출하도록 하는 경우를 말합니다. 이러한 방식은 종종 구조조정, 성과 미달, 또는 기타 경영상의 이유로 근로자를 해고하기보다는 근로자로 하여금 자발적으로 회사를 떠나도록 유도하는 방법으로 사용됩니다. 권고사직은 노동법상 규제를 두고 있지 않습니다. 그래서 형식적·표면적으로는 근로자의 자발적 결정으로 보이지만, 실질적으로는 회사의 강압으로 이루어지는 경우가 있습니다.

해고는 회사가 근로자의 근로계약을 일방적으로 종료시키는 행위입니다. 근로자의 일신상의 사유(통상해고), 근로자의 귀책사유(예를 들면 무단결근으로 인한 징계해고), 회사의 경영 상황(경영상 해고) 등의 이유로 인해 발생합니다. 해고는 근로기준법상 정당한 이유가 요구되며, 적법한 절차를 따라야 합니다.

사직서가 무효로 될 수 있을까?

근로자가 자발적으로 사직서를 제출한 경우는 해고가 아니므로, 원칙적으로 부당해고로 인정되지 않습니다. 그런데, 근로자가 사직서를 제출한 것이 강압에 의하거나 진의가 아닌 경우 이러한 사직은 예외적으로 무효로 될 수 있습니다. 특히, 사용자가 근로자의 의사표현이 진심이 아님을 알았거나 알 수 있었다면, 그 사직은 무효로 처리될 수 있습니다. 이 경우를 비진의 의사표시라고 합니다.

다만 법원은 많은 사례에서 비진의 의사표시를 인정하고 있지 않습니다. 표의자가 의사표시의 내용을 진정으로 마음속에서 바라지 않았다고 하더라도, 당시의 상황에서 그것을 최선이라고 판단하여 의사표시를 한 경우에는 이를 진의 아닌 의사표시라고 할 수 없다고 합니다(대법원 2003.4.25, 2002다11458).

그런데 예외적으로 비진의 표시를 받아들인 사례도 있습니다. 근로자가 회사의 경영방침에 따라 사직원을 제출하고 회사가 이를 받아들여 퇴직처리를 하였다가 즉시 재입사하는 형식을 취함으로써 근로자가 그 퇴직 전후에 걸쳐 실질적인 근로관계의 단절이 없이 계속 근무한 경우입니다. 그 사직원 제출은 근로자가 퇴직을 할 의사 없이 퇴직의사를 표시한 것으로서 비진의 의사표시에 해당하고 재입사를 전제로 사직원을 제출케 한 회사 또한 그와 같은 진의 아님을 알고 있었다고 봄이 상당하다 할 것이므로 위 사직원제출과 퇴직처리에 따른 퇴직의 효과는 생기지 않습니다(대법 2005.4.29, 2004두14090).

사안의 '사업축소해고'를 기재한 권고사직 사례의 경우에도 사직서가 합의해지의 의사표시에 해당한다고 보기 어렵다고 보아, 사직이 아니라 해고로 인정되었습니다(서울행정법원 2022.1.20, 2021구합63266).

사직서가 무효로 되는 경우

이를 바탕으로, 권고사직을 받아들여 사표를 제출한 경우에 해고되었다고 주장하는 상황에서는 다음과 같이 정리해 볼 수 있습니다.

(1) 사직서 제출이 강압적인 경우(강박에 의한 의사표시): 사직서가 근로자의 자발적 의사에 의해 제출되었는지, 아니면 회사 측의 부당한 압력이나 강압에 의해 제출되었는지가 중요한 판단 기준이 됩니다. 사직서 제출이 강압에 의한 것으로 증명될 경우, 사직서는 무효이고, 이는 실질적으로 해고로 볼 수 있습니다.

(2) 회사와 형식적으로만 사직서 제출을 하기로 약속한 경우(비진의 표시): 이를테면, 근로자가 회사의 경영방침에 따라 사직원을 제출하고 회사가 이를 받아들여 퇴직처리를 하였다가 즉시 재입사하는 형식입니다. 이 경우도 회사가 퇴사처리한다면 실질적으로 해고로 볼 수 있습니다.

정리하면

권고사직에 의한 사표 제출과 해고의 구별은 사직서 제출의 자발성과 사직서 제출 과정에서의 강압 여부를 종합하여 살펴봅니다. 사직서가 무효로 판단될 경우, 근로자는 부당해고에 대한 구제신청을 할 수 있습니다. 노동위원회는 이러한 상황을 면밀히 조사하여, 사직의 의사표시가 진정한 것인지, 아니면 강압적 상황에서 이루어진 것인지를 판단하게 됩니다. 강압적 상황에서 제출된 사직서는 무효가 될 수 있으며, 이 경우 근로자는 부당해고에 대한 구제를 받을 수 있습니다.

관련 법률

근로기준법 제23조(해고 등의 제한)

① 사용자는 근로자에게 정당한 이유 없이 해고, 휴직, 정직, 전직, 감봉, 그 밖의 징벌(懲罰)(이하 "부당해고등"이라 한다)을 하지 못한다.

참고사례 ❶

집단적으로 회사의 지시에 따라 사직서를 제출한 상태에서 회사가 선별적으로 사직서를 수리한 경우

근로자들이 당시의 억압된 사회분위기에 위축되어 어쩔수 없이 다른 직원들과 함께 사직서를 제출하고 사용자가 이러한 사정을 알면서 그중 해직대상자로 선정한 원고들만의 사직의 의사표시를 수리하였다면 위 사직의 의사표시는 민법 제107조에 해당하여 무효라 할 것이고 사용자가 사직의 의사 없는 근로자로 하여금 어쩔수 없이 사직서를 작성 제출케 하여 그중 일부만을 선별수리하여 이들을 의원면직 처리한 것은 정당한 이유나 정당한 절차를 거치지 아니한 해고조치로서 근로기준법 제23조 등의 강행법규에 위배되어 당연무효가 될 수 있습니다(대법원 1992.5.26, 92다3670).

참고사례 ❷

> ### 사직의사가 없는 근로자로 하여금 어쩔 수 없이 사직서를 제출하게 한 경우
>
> 사용자가 근로자로부터 사직서를 제출받고 이를 수리하는 의원면직의 형식을 취하여 근로계약관계를 종료시킨다 할지라도, 사직의 의사없는 근로자로 하여금 어쩔 수 없이 사직서를 작성하여 제출하게 한 경우에는 실질적으로 사용자의 일방적 의사에 의하여 근로계약관계를 종료시키는 것이어서 해고에 해당하고, 정당한 이유없는 해고는 부당해고에 해당합니다(대법원 1993.1.26, 91다38686).

#권고사직 #부당해고 #사직서제출 #강요 #사직 #근로계약종료 #경영상해고 #부당해고구제신청 #비진의표시

14 (징계위원회 구성) **무자격자가 징계위원으로 참석한 경우 징계 효력이 있나요?**

저는 최근 업무 실수로 인하여 징계위원회에 회부되었습니다. 징계위원회 구성과 관련하여 내부 규정을 살펴보니 취업규칙 제117조에 '징계위원회는 대표이사를 위원장으로 하고, 위원은 회사가 정하는 자로 하며, 위원장을 포함하여 과반수 이상의 찬성으로 의결한다'라는 규정이 있었습니다. 그런데, 막상 징계위원회 당일에 징계위원들을 확인해보니 대표이사가 아닌 A부장이 징계위원회 위원장인 것을 확인하게 되었습니다. 이 경우에도 저에 대한 징계는 유효한가요?

징계절차의 적법성

사용자의 징계처분이 정당성을 인정받기 위해서는 징계사유가 실체적으로 정당해야 할 뿐 아니라 그 절차상으로도 아무런 문제가 없어야 합니다. 이때 취업규칙이나 단체협약 등에서 별도의 징계절차를 정하지 않은 경우에는 징계절차를 거치지 않고 징계를 하더라도 그 징계는 유효하지만, 징계절차를 정하였는데 이를 지키지 않은 경우에는 절차상의 하자로 인하여 징계 자체가 무효가 될 수 있습니다.

징계위원회 구성

—

　이때 흔히 문제가 되는 것이 징계위원회의 구성입니다. 노동관계법령에서는 징계위원회의 위원 구성에 대해서는 별도로 정하고 있지 않으므로, 원칙적으로 회사는 인사위원회나 징계위원회를 적절히 구성하여 징계절차를 진행할 수 있습니다. 그러나 회사의 취업규칙이나 인사규정 등에 징계위원회 구성에 관해 구체적으로 정하고 있다면 이를 반드시 따라야 합니다.

　예를 들어, 회사의 취업규칙에 인사위원회의 위원 구성에 대해 팀장 이하의 근로자 위원을 포함하여 총 5인 이내로 구성해야 한다고 정하고 있다고 가정해보겠습니다. 이 경우 회사가 회사의 대표이사와 임원진들만으로 위원을 구성하여 징계위원회를 열었고 근로자를 해고했다면, 회사의 취업규칙상 인사위원회 위원 구성에 관한 절차 위반에 해당합니다. 따라서 근로자의 비위행위가 아무리 중하다고 하더라도, 징계절차의 하자로 부당해고에 해당할 가능성이 있습니다.

취업규칙상 위원장을 대표이사만으로 한정한 경우

—

　인사위원회 구성의 중요성은 인사위원뿐만 아니라 위원장의 경우에도 적용되므로, 취업규칙에 징계위원회의 위원장에 대한 별도의 자격 요건이 규정되어 있는 경우에는 이를 준수해야 합니다. 일례로, 회사가 허위 이력을 바탕으로 채용된 근로자를 해고하기 위해 인사위원회를 개최하였는데, 상무이사 2명, 부장 2명, 대리 1명이 위원으로 참여하였고, 그 중 A부장이 위원장을 맡은 사안이 있었습니다. 그런데, 회사의 취업규칙에는 '대표이사'가 징계위원회의 위원장을 맡아야 한다고 규정되어 있어 문제가 되었습니다.

이에 대해 법원은 해당 회사의 취업규칙 제117조는 징계위원회의 위원장을 '대표이사'로 제한하고 있는바(이는 고용노동부의 표준 취업규칙에는 없는 규정으로서, 특별히 마련한 것으로 보입니다), 이 점에서 이 사건 징계위원회 구성에는 하자가 있다고 보았습니다. 해당 취업규칙의 문언상 징계위원회의 위원장은 '대표이사'만으로 한정되고, '대표이사가 위임한 자'는 위원장이 될 수 없다고 보아 해고를 절차상 중대한 하자로 인하여 무효라고 판단하였습니다(서울고등법원 2023.8.17, 2022누66264: 대법원 2024.5.9, 2023두52451로 확정).

다만, 이러한 경우에도 징계위원회 구성조건을 이행하기 어려운 사정이 존재하는 경우, 예를 들어, 징계위원회 당연직 위원이 징계대상자이거나 기피대상자에 해당하여 다른 위원으로 교체한 경우 등에는 구성조건을 지키지 않고 징계위원회를 구성하더라도 적법하다고 볼 수 있습니다(대법원 1997.12.12, 97누3637).

정리하면

———

앞서 제시한 사안의 경우, 대표이사가 위임한 A부장이 위원장으로 될 수 없으므로, 징계위원회 구성에 관한 절차상 하자로 인해 징계는 무효가 될 가능성이 높습니다.

결국, (1) 회사가 징계 시 위와 같은 상황을 피하기 위해서는, 회사의 취업규칙 및 내부 인사규정 등을 검토하여 위원의 구성 및 자격과 관련한 사항을 정확히 확인한 후 이를 따라야 합니다. (2) 반면, 근로자의 경우 징계위원회 구성 및 진행에 있어서 절차상 하자가 없는지 내부규정을 꼼꼼히 확인해야 합니다. 특히, 징계위원회 진행시에 징계위원들의 정보를 알기 어려운 경우가 많으므로, 적극적으로 확인하여 대응할 필요가 있습니다.

참고사례 ❶

징계사유에 관하여 이해관계가 있는 징계위원은 징계위원회에 참석할 수 없는지

취업규칙 등에 징계사유에 관하여 이해관계가 있는 징계위원은 징계위원회에 참석할 수 없다는 규정이 있는 경우에 그러한 이해관계 있는 자가 징계위원으로 징계위원회에 참석하였다면 그 징계는 절차상 중대한 하자가 있어 무효라 할 것이나, 그러한 규정이 없는 경우에는 이해관계 있는 자가 징계위원으로 징계위원회에 참석하였다 하더라도 그 징계가 무효라고 할 수 없습니다(대법원 1995.5.23, 94다24673).

참고사례 ❷

징계위원회 위원 구성시 근로자 대표가 참여하여야 하는지

단체협약에서 징계위원회의 구성에 근로자측의 대표자를 참여시키도록 되어 있음에도 불구하고 이러한 징계절차를 위배하여 징계해고를 하였다면, 이러한 징계권의 행사는 징계사유가 인정되는지 여부에 관계없이 절차에 관한 정의에 반하는 처사로서 무효라고 보아야 할 것이지만(대법원 1993.2.9, 92다27102), 근로자측에 징계위원 선정권을 행사할 기회를 부여하였는데도 근로자측이 스스로 징계위원 선정을 포기 또는 거부한 것이라면, 근로자측 징계위원이 참석하지 않은 징계위원회의 의결을 거친 징계처분이라고 하더라도 이를 무효로 볼 수는 없습니다(대법원 1997.5.16, 96다47074).

참고사례 ❸

징계위원 자격이 없는 자가 징계해고 절차에 참여한 경우 징계해고의 효력

회사의 단체협약상의 징계규정에는 노동조합원을 징계하려면 상벌위원회의 심의를 거쳐야 하고 그 상벌위원회의 구성은 노사 각 4인씩으로 하여 노동조합원들을 참여시키도록 되어 있는데도 불구하고, 이러한 징계절차 규정을 위배하여 노동조합 측의 위원 2명만 참석시키고 자격이 없는 상조회 소속 근로자 2명을 포함하여 상벌위원회를 구성한 다음 그 상벌위원회의 결의를 거쳐 징계해고 하였다면, 이러한 징계권의 행사는 징계사유가 인정되는 여부에 관계없이 절차에 있어서의 정의에 반하는 처사로서 무효라고 보아야 할 것이고, 이는 자격이 없는 위원을 제외하고서도 의결정족수가 충족된다 하더라도 그 상벌위원회의 구성 자체에 위법이 있는 이상 마찬가지로 징계 효력이 없습니다(대법원 1996.6.28, 94다53716).

참고사례 ❹

'합의'조항과 '협의'조항의 효력

조합원을 징계할 때에 사전에 노동조합과의 합의(동의, 승낙, 의견일치 등)를 거쳐야 하는 것으로 단체협약에 규정한 경우, 이러한 절차를 거치지 않은 징계처분은 원칙적으로 무효입니다(대법원 2014.3.27, 2011두20406). 다만, 사안에 따라 단체협약상 다른 규정과의 체계적 해석을 통해 '합의'의 실질적 의미를 '협의'로 해석하는 경우도 있습니다(대법원 2011.1.27, 2010도11030).

일례로, 조합원의 해고 문제는 노동조합과 합의해야 한다는 단체협약 조항에서 '합의'라는 용어는 사용자의 인사권이나 징계권을 전반적으로 제한하려는 취지에서 규정된 것이 아니고, 조합원에 대한 자의적인 인사권이나 징계권의 행사로 노동조합의 정상적인 활동이 저해되는 것을 방지하려는 취지에서 인사나 징계의 공정을 기하기 위해 노동조합에 필요한 의견을 제시할 기회를 주고 제시된 노동조합의 의견을 참고로 하게 하는 취지로 보아 '협의'의 취지로 해석한 바 있습니다(대법원 1994.3.22, 93다28553).

참고사례 ⑤

근로자에 대한 징계처분의 근거가 된 징계사유의 확정 방법

근로자의 어떤 비위행위가 징계사유로 되어 있느냐 여부는 구체적인 자료들을 통하여 징계위원회 등에서 그것을 징계사유로 삼았는가 여부에 의하여 결정되어야 하는 것이지 반드시 징계의결서나 징계처분서에 기재된 취업규칙이나 징계규정 소정의 징계근거 사유만으로 징계사유가 한정되는 것은 아니라고 판단하였습니다(대법원 1997.3.14, 95누16684).

#징계위원회 #징계절차 #징계위원 #징계규정 #기피신청 #취업규칙 #단체협약

15 (이중처벌) **대기발령을 시켜 놓고 다시 감봉처분을 했습니다. 이중 징계 아닌가요?**

> 제가 동료직원과 크게 다투었다는 사실로 자택 대기발령을 받았습니다. 이후 회사는 징계위원회를 개최하더니 직장질서 문란이라는 징계사유로 들어 감봉 2개월의 징계처분을 결정했습니다. 회사가 저한테 대기발령을 한 상황에서 같은 징계사유로 감봉처분을 하면 이중징계에 해당하지 않나요?

일사부재리의 원칙과 이중처벌금지의 원칙

—

만약, 폭행죄를 지은 사람이 벌금형을 받았는데도, 그 폭행죄를 이유로 또다시 벌금형을 받는다면 몹시 부당할 겁니다. 그래서 대한민국 헌법에서는 모든 국민이 동일한 죄로 두 번 이상 처벌받지 않도록 규정하고 있는데 이를 '이중처벌금지의 원칙'이라고 합니다. 같은 맥락에서 판결이 내려진 어떤 사건에 관해 두 번 이상 심리·재판하지 않는다는 '일사부재리의 원칙'이 있습니다.

두 원칙은 누구든 같은 죄로 두 번 이상 처벌받아선 안 된다는 걸 의미합니다. 두 원칙에 따라서 회사는 하나의 징계사유로 근로자에게 2회 이상의 징계처분을 해서는 안 됩니다. 징계도 일종의 처벌에 해당하기 때문입니다.

만약, 회사가 근로자에게 이중으로 징계를 했다면 일사부재리의 원칙, 이중처벌금지의 원칙에 위배되어 그 징계처분은 무효가 됩니다(대법원 2000.9.2, 99두 10902).

대기발령이란

―

위 사례에서 회사는 근로자에게 대기발령을 했는데, 이때 대기발령은 무엇을 의미할까요? '대기발령'이란 일시적으로 근로자에게 직위를 부여하지 않고 직무에 종사하지 못하도록 하는 잠정적인 조치를 말합니다. 회사는 인사배치를 위해서나 근로자의 잘못으로 인해(잘못 했는지 여부가 확인되지 않은 경우도 포함) 일정 기간 근로를 시키지 않으려는 목적으로 대기발령을 할 수 있습니다.

그렇다면 대기발령은 징계에 해당할까요? 원칙적으로 대기발령은 인사명령으로 하는 것이기 때문에 징계가 아닙니다. '징계'란 근로자의 비위행위에 대하여 기업질서 유지를 목적으로 행하는 징벌적 제재입니다. 징계는 징계 절차를 거쳐 이루어지고 대기발령은 인사명령으로 이루어진다는 점에서 차이가 존재합니다.

다만, 예외적으로 대기발령에 임금삭감이나 승진보류 등이 수반된다면 근로자에게 불이익한 처분이므로 사실상 징계 처분이라고 볼 수 있습니다. 취업규칙, 인사규정 등에 대기발령이 징계로 규정되어 있다면 회사는 징계 절차에 따라 대기발령을 해야 합니다. 이처럼 불이익이 부과되는 대기발령은 징계에 해당하므로 감봉 등 새로운 징계처분을 추가한다면 이중징계에 해당할 것입니다.

근로자에게 대기발령 이후로 징계처분이 가능?

―

대기발령은 원칙적으로 징계에 해당하지 않으므로, 회사가 대기발령 후에 감봉 같은 징계를 했다고 해서 이중징계라고 보기는 어렵습니다. 반대로 근로자가 징계를 받은 후에 다시 회사가 대기발령을 했다고 하더라도 이중징계에 해당하지 않습니다. 즉, 근로자에 대한 대기발령은 징계가 아니라 인사명령이므로 실질적으로 징계는 한 번만 이루어진 것입니다.

따라서 위 사례처럼 회사가 근로자에게 대기발령을 한 이후로 감봉이라는 징계를 하더라도 이중징계에 해당하지 않습니다.

정리하면

―

회사가 근로자에게 동일한 사유로 2회 이상의 징계를 하는 것은 일사부재리의 원칙과 이중처벌금지의 원칙을 위반한 이중징계이므로 효력이 없습니다.

다만, 대기발령의 경우 원칙적으로 인사상의 필요에 의하여 이루어지는 잠정적인 조치에 불과하여, 회사가 근로자에게 대기발령 이후 징계를 하더라도 이중징계에 해당하지 않습니다.

관련 법률

헌법 제13조

① 모든 국민은 행위시의 법률에 의하여 범죄를 구성하지 아니하는 행위로 소추되지 아니하며, 동일한 범죄에 대하여 거듭 처벌받지 아니한다.

참고사례 ❶

직위해제도 대기발령처럼 징계에 해당하지 않는지

근로자에 대한 직위해제는 일반적으로 근로자가 직무수행능력이 부족하거나 근무성적 또는 근무태도 등이 불량한 경우, 근로자에 대한 징계절차가 진행 중인 경우, 근로자가 형사사건으로 기소된 경우 등에 있어서 당해 근로자가 장래에 있어서 계속 직무를 담당하게 될 경우 예상되는 업무상의 장애 등을 예방하기 위하여 일시적으로 당해 근로자에게 직위를 부여하지 아니함으로써 직무에 종사하지 못하도록 하는 잠정적인 조치로서의 보직의 해제를 의미하므로 과거의 근로자의 비위행위에 대하여 기업질서 유지를 목적으로 행하여지는 징벌적 제재로서의 징계와는 그 성질이 다릅니다(대법원 2006.8.25, 2006두5151).

참고사례 ❷

1차 징계처분 무효를 확인하는 판결이 있기 전에 2차 징계처분을 할 수 있는지

사용자가 징계절차에 하자가 있거나, 징계양정이 잘못된 경우 또는 징계사유의 인정에 잘못이 있음을 스스로 인정할 때에는 노동위원회의 구제명령이나 법원의 무효확인 판결을 기다릴 것 없이 스스로 징계처분을 취소할 수 있고, 나아가 새로이 적법한 징계처분을 하는 것도 가능합니다. 또한, 1차 징계처분의 효력이 다투어지고 있는 상태에서 그 1차 징계처분을 취소함이 없이 절차를 보완하여 행하여진 2차 징계처분을 그것이 단지 1차 징계처분이 효력이 없을 것에 대비하여 행하여진 징계처분이라는 것만으로 당연히 무효라고 할 수 없습니다(대법원 2003.10.9, 2002다10202).

> ## 회사가 경영상 필요에 따라 근로자에게 대기발령을 했다면 임금은 얼마나 지급해야 하는지
>
> 대기발령은 근로자가 현재의 직위 또는 직무를 장래에 계속 담당하게 되면 업무상 장애 등이 예상되는 경우에 이를 예방하기 위하여 일시적으로 당해 근로자에게 직위를 부여하지 아니함으로써 직무에 종사하지 못하도록 하는 잠정적인 조치를 의미하므로, 대기발령은 근로기준법 제23조 제1항에서 정한 '휴직'에 해당한다고 볼 수 있습니다(대법원 2013.10.11, 2012다12870). 따라서 사용자가 경영상의 필요에 따라 근로자들에 대하여 대기발령을 하였다면 이는 근로기준법 제46조 제1항에서 정한 휴업을 실시한 경우에 해당하므로 사용자는 그 근로자들에게 휴업수당을 지급할 의무가 있습니다. 이때 휴업수당은 평균임금의 70% 이상을 말합니다.

#대기발령 #일사부재리 #이중처벌금지 #이중징계 #징계 #징계처분 #직위해제 #징계사유

16 (징계시효) **3년 전에 발생한 일을 이제 와서 징계한다고 합니다. 징계가 가능한가요?**

저는 3년 전에 회사의 공금을 횡령한 적이 있습니다. 그 이후로 회사가 제 횡령 사실을 알지 못했는지 징계 없이 지나갔습니다. 그렇게 3년이 지나고 별일 없이 직장 생활을 하고 있었는데 회사가 3년 전 횡령 행위를 알게 됐다면서 저를 해고 하겠다고 통보했습니다. 회사가 3년이나 지난 일로 저를 징계할 수 있나요?

징계시효란

근로자가 오래전에 했던 잘못으로 갑자기 징계를 받을 수 있을까요? 회사가 오랫동안 문제 삼지 않은 일을 불쑥 찾아서 징계한다면 근로자는 몹시 당황스러울 겁니다. 바로 이때 징계시효라는 게 문제 됩니다. '징계시효'란 징계사유에 해당하는 어떤 행위에 대하여 일정 기간이 지나면 징계권을 행사할 수 없도록 하는 제도를 말합니다.

대법원은 징계시효 규정을 두는 목적에 관해서, 근로자에 대한 징계사유가 발생하여 일방적으로 근로자를 징계할 수 있었음에도 그 행사 여부를 확정하지 아니함으로써 근로자로 하여금 상당 기간 불안정한 지위에 있게 하는 것을 방지하고, 아울러 비교적 장기간에 걸쳐 징계권 행사를 게을리 하여 근로자로서도 이제는 회사가 징계권을 행사하지 않으리라는 기대를 갖게 된 상태에서 새삼스럽게 징계권을 행사하는 것은 신의칙에도 반하는 것이 되므로 위 기간의 경과를 이유로 회사의 징계권 행사에 제한을 가하려는 취지라고 보았습니다(대법원 2008.7.10, 2008두2484).

징계시효의 기간

———

그렇다면 징계시효의 기간은 어떻게 될까요. 국가공무원, 지방공무원의 경우 사유에 따라 3년에서 10년의 징계시효를 규정하고 있습니다. 일반 사기업의 경우에는 회사의 취업규칙 등에서 정하고 있어 개별적으로 관련 규정을 확인해야 합니다.

회사가 징계시효가 지나서 근로자에게 징계를 했다면 그 징계는 효력이 없습니다. 다만 징계시효가 지난 비위행위더라도 나중에 다른 징계사유로 인한 징계양정을 고려할 때 해당 비위행위가 있었던 점을 징계양정의 판단자료로 삼을 수는 있습니다(대법원 1995.9.5, 94다52294).

그러나 회사에 징계시효 규정이 존재하지 않을 경우, 일반적으로 징계사유가 발생한 날로부터 상당한 기간이 지났다고 하더라도 회사는 근로자를 징계할 수 있다고 볼 가능성이 큽니다.

사례에서 회사가 징계시효 규정을 따로 정하지 않았다면 근로자의 횡령 사실이 발생한 지 3년이 지났더라도 징계가 가능하다고 볼 수 있습니다.

징계시효의 기산점

———

만약, 징계사유가 존재하고 징계시효 기간도 정해져 있다면, 이제는 어느 시점을 기준으로 징계시효 기간을 계산해야 하는지가 남아 있습니다. 즉, '징계시효의 기산점'을 확인하는 것입니다.

징계시효의 기산점은 원칙적으로 징계사유가 발생한 때이나, 회사의 취업규칙 등에서 회사가 징계사유 발생 사실에 대하여 구체적으로 알게 된 때를 기산점으로 한다고 정하였다면 이를 적용해야 합니다. 그러나 회사가 징계사유가 발생한 사실을 알았을 때를 기산점으로 할 시, 실제로 시간이 얼마나 지났는지와 무관하게 회사가 알게 된 날이 징계시효를 계산하는 기준이 되므로 근로자에게 상당히 불리한 조항일 수 있습니다.

또한, 징계사유가 비위사실로 인한 것이고, 비위사실이 계속적으로 행해진 일련의 행위가 하나의 행위로 볼 수 있다면, 징계시효의 기산점은 일련의 행위 중 마지막 행위를 기준으로 합니다(대법원 1995.11.14, 95다21587).

정리하면

―

① 회사는 징계시효에 대한 다툼을 방지하기 위하여 취업규칙 등에 징계시효에 대한 규정을 명확하게 정해두는 게 좋습니다.
② 근로자는 징계시효에 대한 규정이 있는지 확인하고 징계시효의 기산점으로부터 징계시효기간이 도과했는지 확인해야 할 것입니다.

사기업은 징계시효에 관한 규정을 재량으로 정할 수 있기 때문에 가급적 규정을 구체적으로 기재하는 것이 차후 법적 분쟁을 피하는 데 도움이 될 것입니다.

징계시효 예시규정

△ 징계사유가 발생한 날로부터 ○년 이내에 징계 절차가 개시되지 않으면 해당 사유로 징계할 수 없다.
△ 징계 의결 요구는 징계사유가 발생한 날로부터 ○년이 경과하면 할 수 없다.
△ 범죄 행위와 관련된 경우 그 징계시효는 ○년으로 한다.

참고사례 ❶

징계사유가 발생한 이후로 회사가 취업규칙을 개정해서 기존의 징계시효를 연장했다면 근로자를 징계할 때 연장된 징계시효를 적용하는지

사업자가 취업규칙을 작성·변경하면서 시행일을 정하였다면 특별한 사정이 없는 한 취업규칙은 정해진 시행일부터 효력이 발생하므로 징계사유의 발생 시와 징계절차 요구 시 사이에 취업규칙이 개정된 경우에 경과 규정에서 달리 정함이 없는 한 징계절차 요구 당시 시행되는 개정 취업규칙과 그에 정한 바에 의하는 것이 원칙입니다.

개정 취업규칙이 기존의 사실 또는 법률관계를 적용대상으로 하면서 근로자에 대한 징계시효를 연장하는 등으로 불리한 법률효과를 규정하고 있는 경우에도 그러한 사실 또는 법률관계가 개정 취업규칙이 시행되기 이전에 이미 완성 또는 종결된 것이 아니라면 이를 헌법상 불소급의 원칙에 위배되어 근로기준법 제96조 제1항에 따라 효력이 없다고 할 수 없으며, 그러한 개정 취업규칙의 적용과 관련해서는 개정 전 취업규칙의 존속에 대한 근로자의 신뢰가 개정 취업규칙의 적용에 관한 공익상의 요구보다 더 보호가치가 있다고 인정되는 예외적인 경우에 한하여 그러한 근로자의 신뢰를 보호하기 위하여 신의칙상 적용이 제한될 수 있을 뿐입니다(대법원 2014.6.12, 2014두4931).

따라서 징계사유가 발생한 이후에 취업규칙이 개정되어 시행되었더라도 사실 또는 법률관계가 이미 완성 또는 종결되지 않았다면 개정 취업규칙을 적용해서 징계시효를 연장할 수 있습니다.

참고로 비록 징계시효가 경과되었다고 하더라도 해당 근로자를 징계할 때에 징계양정에는 참작할 수는 있습니다.

참고사례 ❷

> ### 징계시효가 완성되기 전에 징계요구를 했지만 징계시효가 지나서 징계의결을 하면 징계 효력이 없는지
>
> 징계의결을 해야 하는 기한이 지나서 징계위원회가 의결을 하였다고 하더라도, 그 징계의결의 요구가 징계시효기간 내에 이루어진 이상, 그 징계의결이 위법한 것은 아닙니다(대법원 2000.5.26, 2000두1270). 따라서 이 경우 징계는 유효하다고 볼 수 있습니다.

참고사례 ❸

> ### 비위행위 자체에 대한 징계시효가 만료된 이후 비위행위에 대하여 수사나 언론보도 등이 있는 경우, 새로운 징계사유가 생긴 것으로 보거나 수사나 언론보도 등의 시점을 새로운 징계시효의 기산점으로 볼 수 있는지
>
> 징계사유에 해당하는 비위행위 자체에 대한 징계시효가 만료된 이후 비위행위가 수사대상이 되거나 언론에 보도되었다고 하여 이를 들어 새로운 징계사유가 발생한 것으로 본다면, 비위행위에 대한 징계시효가 연장되는 것과 다름없어 일정 기간의 경과를 이유로 징계권 행사를 제한하고자 하는 징계시효의 취지에 반할 뿐 아니라, 새로운 징계사유의 발생이 사용자 등에 의하여 의도될 우려가 있습니다. 따라서 비위행위 자체에 대한 징계시효가 만료된 경우 비위행위에 대하여 나중에 수사나 언론보도 등이 있더라도 이로 인해 새로운 징계사유가 생긴 것으로 보거나 수사나 언론보도 등의 시점을 새로운 징계시효의 기산점으로 볼 수는 없습니다(대법원 2019.10.18, 2019두40338).

#징계시효 #시효 #징계시효정지 #징계시효기산점 #기산점 #징계권 #징계

17 (도급계약 해지) **도급계약이 중도에 해지된 경우 근로계약도 종료된 것으로 볼 수 있나요?**

저는 아파트 위탁 관리 회사에 소속되어 아파트 단지 내 청소 일을 하고 있었습니다. 그런데 갑자기 제가 일하는 아파트 관리사무소에서 입주자 회의를 거쳐 저희 회사와 위탁 관리 계약을 해지해 버렸습니다. 그러자 회사는 제 근로계약서에 '근로계약기간 중이라도 사업장의 위탁관리계약이 해지되는 경우 근로계약은 자동 종료되는 것으로 한다'는 문구가 있다며, 근로계약이 종료되었으니 이제 일하러 나오지 말라고 합니다. 정말 도급계약이 종료되면 저의 근로계약도 이대로 끝나는 건가요?

도급계약의 중도 해지

도급업무를 수행하는 용역업체들의 경우 도급계약에 맞추어 사업장별로 필요한 인원을 정한 후 근로자를 채용하는 경우가 많습니다. 만일 용역업체의 규모가 커서 도급계약이 중도에 해지되더라도 다른 사업장으로 근로자들을 이동시킬수 있다면 채용에 있어 큰 문제는 없을 것입니다. 그러나 대부분의 용역업체는 특정 사업장의 도급계약이 중도에 해지되는 경우 그 사업장의 근로자들과 근로계약을 유지할 수 없는 경우가 많습니다.

이렇게 원청업체가 계약을 중도에 해지하는 경우를 대비하여, 용역계약이나 도급계약을 주로 체결하는 사업장은 근로계약서에 '도급계약이 해지되는 경우 근로계약기간은 종료된다'라고 규정하는 경우가 대부분입니다. 도급계약 중도

해지시 이러한 문구에 따라 근로계약기간이 자동으로 종료한다고 볼 수 있을까요?

도급계약의 중도 해지가 당연퇴직사유인지 여부

사업주는 특정 사유의 발생을 근로자의 당연퇴직사유로 취업규칙 등에 규정하고 그 절차를 통상해고나 징계해고 등과 달리 정하기도 합니다. 그러나 판례는 취업규칙 등에 따른 당연퇴직의 경우에도 근로자의 사망이나 정년, 근로계약기간 만료 등 근로관계가 자동적으로 소멸한 것으로 보이는 경우를 제외하고는 근로기준법 제23조 규정의 제한을 받게 되는 해고로 봅니다(대법원 1995.3.24, 94다42082).

실제로 판례는 사용자가 주차관리 및 경비요원을 필요한 곳에 파견하는 것을 주요 사업으로 하는 회사인 경우, 그 근로자와 사이에 근로자가 근무하는 건물주 등과 사용자 간의 관리용역계약이 해지될 때에 그 근로자와 사용자 사이에 근로계약도 해지된 것으로 본다고 약정했다고 해서 그와 같은 해지사유를 근로관계의 자동소멸사유라고 할 수 없다고 판단하였습니다(대법원 2009.2.12, 2007다62840).

따라서 용역계약 해지는 근로자가 근로제공이 불가능한 상태가 되었다거나 근로계약 자체가 만료된 것으로 보기 어려우므로 근로계약관계의 자동소멸사유로 볼 수 없고, 정당한 해고절차 없이 근로자를 당연퇴직 시키는 것은 부당해고에 해당합니다.

정리하면

———

(1) 앞서 본 사례에 나타난 근로계약서의 약정은 근로계약의 자동소멸사유를 정한 것으로 볼 수 없으므로, 사용자의 위탁관리계약이 종료되었다고 해서 사용자와 근로자 사이의 근로관계가 당연히 종료된 것으로 단정할 수 없습니다(대법원 2017.10.31, 2017다22315). 따라서 사용자는 근로자들의 다른 사업장으로의 이동을 고려해보는 등의 대책을 마련할 필요가 있습니다. 만일, 근로계약의 당연종료로 볼 수 없는 경우에는 근로기준법 제24조에 따른 경영상 이유에 의한 해고요건이 갖추어졌는지를 확인해야 합니다.

(2) 사용자는 근로계약서상 용역계약 중도해지 시 근로계약도 자동 종료된다는 문구가 있더라도, 이를 이유로 근로자와의 근로관계를 일방적으로 종료하는 경우 해고에 해당하므로 주의하여야 합니다. 따라서 해당 근로자를 다른 업무에 종사할 수 있도록 하는 방안을 고려할 필요가 있습니다.

참고사례 ❶

근로관계 자동소멸이 아닌 당연퇴직에 해고제한 규정이 적용되는지
사용자가 어떤 사유의 발생을 당연퇴직 또는 면직사유로 규정하고 그 절차를 통상의 해고나 징계해고와 달리한 경우에 그 당연퇴직사유가 근로자의 사망이나 정년, 근로계약기간의 만료 등 근로관계의 자동소멸사유로 보이는 경우를 제외하고는 이에 따른 당연퇴직처분은 근기법의 제한을 받는 해고라고 할 것이므로 해고의 정당한 사유가 있어야 합니다(대법원 2009.2.12, 2007다62840).

참고사례 ❷

형사상 유죄판결이 확정되었음을 이유로 직권면직처분을 할 수 있는지

형사유죄판결이 확정되었음을 이유로 직권면직처분을 하는 경우에는 근로자의 담당업무나 지위, 범죄의 내용, 구속여부, 당해 범죄행위로 인하여 사용자에게 미친 영향 등을 고려하여 사회통념상 고용관계를 지속시킬 수 없을 정도로 책임 있는 사유에 해당하는 유죄판결만이 직권면직의 사유에 해당합니다(대법원 2009.9.24, 2009두12693). 이때 범죄의 내용이 사생활 영역에서 범한 비행이어서 업무관련성이 없는 경우에는 직권면직의 정당성이 부정될 수 있습니다(대법원 2009.10.15, 2009두12952).

참고사례 ❸

당연퇴직에 대하여 아무런 규정이 없는 경우 징계절차를 거쳐야 하는지

당연퇴직에 대하여 일반의 징계해고와 달리 아무런 규정을 두고 있지 아니한 경우에는 그 당연퇴직 사유가 동일하게 징계사유로도 규정되어 있을 경우를 제외하고는 당연퇴직처분을 하면서 일반의 징계절차를 거쳐야 한다고 할 수 없으며, 이는 당연퇴직 사유가 실질적으로는 징계사유에 해당하는 경우에도 다르지 않습니다(대법원 1998.4.24, 97다58750).

#용역계약 #도급계약 #중도해지 #당연퇴직 #자동소멸사유 #근로계약서

18 (통상해고) 저성과자란 이유로 해고할 수 있나요?

> 회사를 운영하고 있는 대표입니다. 저희 회사에서는 매년 상, 하반기에 인사평가를 하는데요. 입사한지 15년이 된 직원이 5년 동안 매번 800명의 근로자 중 700위를 하고 있습니다. 이에 4차례의 직무경고를 하였는데도, 여전히 해당 근로자는 업무역량이 부족하고, 업무능력을 개선시키기 위한 의지가 전혀 없어 보입니다. 해당 근로자를 해고할 수 있을까요?

저성과자와 해고

인사관리를 하다보면, 고민이 되는 순간들이 있습니다. 그중 하나가 바로 업무역량이 낮은데, 역량개발을 하려는 의지도 없는 이른바 '저성과자'로 불리는 직원들을 관리하는 것입니다. 이들에 대해 '해고'를 생각하는 경우가 있는데, 저성과자를 해고하는 것은 성질상 통상해고에 해당합니다. 그리고 해고를 하기 위해서는 정당한 이유가 있어야 합니다. 사례와 같은 상황은 정당한 이유가 있다고 볼 수 있을까요?

저성과자 해고의 정당성 판단기준

일반적으로 회사에서 '근무성적이나 근무능력이 불량하여 직무를 수행할 수 없다'는 이유로 근로자를 해고하려는 경우에는 다음의 요건을 갖추어야 정당한 해고로 인정됩니다.

① 평가가 공정하고 객관적인 기준에 따라 이루어진 것이어야 하고, ② 근로자의 근무성적이나 근무능력이 다른 근로자에 비해 상대적으로 낮은 정도를 넘어 상당한 기간 동안 일반적으로 기대되는 최소한에도 미치지 못하고, ③ 향후에도 개선될 가능성을 인정하기 어렵다는 등 사회통념상 고용관계를 계속할 수 없을 정도여야 합니다.

이때, 사회통념상 고용관계를 계속할 수 없을 정도인지는 '근로자의 지위와 담당업무의 내용', '그에 따라 요구되는 성과나 전문성의 정도', '근로자의 근무성적이나 근무능력이 부진한 정도와 기간', '회사가 교육과 전환배치 등 근무성적이나 근무능력 개선을 위한 기회를 부여하였는지 여부', '개선의 기회가 부여된 이후 근로자의 근무성적이나 근무능력의 개선 여부', '근로자의 태도', '사업장의 여건' 등 여러 사정을 종합적으로 고려하여 합리적으로 판단해야 합니다(대법원 2021.2.25, 2018다253680).

정리하면

―

저성과자에 대한 바람직한 관리방안은 다음과 같습니다.

① 먼저 절대평가 등으로 객관적이고 공정한 평가를 하여 저성과자를 선정합니다.

② 저성과자가 선정되면, 교육 및 배치전환 등의 업무능력을 개선시키기 위한 노력을 해야 합니다.

③ 이러한 노력에도 불구하고 저성과자의 업무능력이 개선되지 않는다면 그때는 해고를 고려해볼 수 있습니다.

위 사안에서의 근로자는 오랜 근무기간에도 불구하고, 다른 근로자들에 비해 근무 성적과 근무 능력이 상대적으로 낮습니다. 그러나 이것만으로 해고를 한다면 이는 부당해고에 해당합니다. 따라서 저성과자에 대해서는 절대평가 등의 방법으로 부족한 역량을 파악하여 이를 개선할 수 있는 실질적 교육, 재배치 등을 행해야 하고, 그러한 노력과 개선기회에도 역량과 의지가 부족한 상황이 지속되었을 때에 최후수단으로 해고를 검토할 수 있습니다.

관련 법률

> **근로기준법 제23조(해고 등의 제한)**
> ① 사용자는 근로자에게 정당한 이유 없이 해고, 휴직, 정직, 전직, 감봉, 그 밖의 징벌 (懲罰)(이하 "부당해고등"이라 한다)을 하지 못한다.

참고사례 ❶

저성과자 해고가 정당하다고 본 경우

법원은 다음의 저성과자에 대한 해고가 정당하다고 판단하였습니다. 해당 근로자는 입사 25년차이자 12년차 과장급 간부사원으로서 관리직에 해당하여 그 직책과 경력에 따른 성과와 전문성이 요구되는데도 불구하고 11년동안 인사평가에서 5단계 등급(S, A, B, C, D) 중 C등급 또는 D등급을 받아왔고, 해고 전 약 3년간의 인사평가결과는 11,229명 중 11,222위로 최하위 그룹에 속하며, 근무태도 및 근무성적 불량을 사유로 위 기간 동안 3차례나 정직의 징계를 받았습니다. 또한, 2017년도 PIP 대상자 평가에서조차 저조한 결과(40.516점/100점 만점)를 받아 대상자 44명 중 41위를 기록하였고, PIP 현업수행 기간 중에도 자신에게 부여된 업무를 매우 미흡하게 처리하였으며, 다른 팀원들과 협업을 하거나 조직에 융화되는 모습을 전혀 보이지 못한다는 평가를 받았습니다. 회사는 근로자에게 PIP 교육을 7회나 제공하였음에도 업무능력이나 업무성과가 개선되지 않자 해고한 것으로 사회통념상 고용관계를 계속할 수 없을 정도인 경우에 해당하여 해고의 정당성이 인정된다고 본 사례가 있습니다(대법원 2023.12.28, 2021두33470).

참고사례 ❷

법원은 다음의 저성과자에 대한 해고가 부당하다고 판단하였습니다. 해당 근로자는 인사평가에서 2회 연속(2019년, 2020년) 최하위등급(D)을 받아서 해고를 당했는데, D등급은 평가대상자 중 5%가 상대평가로 인해 언제나 받게 되는 것이어서 위 평가등급을 받았다는 것만으로 곧바로 객관적으로 근무성적이나 근무능력이 불량한 것이라고 단정할 수 없고, 해당 근로자가 다른 근로자에 비해 수행한 업무의 정도가 얼마나 낮은지 알 수 있는 구체적인 자료가 없는 점, 해당 근로자가 2019년과 2020년에 C등급을 받은 근로자들과 평가점수에서 큰 차이가 있을 것으로 보이지 않는 점, 해당 근로자가 우수한 연구성과와 공적 등을 인정받아 정년연장 연구원에 선발되었고, 2008년부터 계속하여 B평가등급 이상을 받아왔던 점 고려하면 근로자의 전문성 정도가 높고 기존의 성과가 좋았음을 회사에서도 인정하였던 것으로 보이는 점, 2년간 최하위등급을 받았다고 하더라도 해고에 이를 정도로 장기간 근무성적이 낮았다고 보기 어려운 점 등을 이유로 해고의 정당성이 부정된다고 본 사례가 있습니다(서울행정법원 2023.2.10, 2022구합51161).

#저성과 #저성과자 #C-player #해고 #통상해고

(경영상 해고) **회사가 어려워 직원을 줄여야 합니다. 어떻게 해야 하나요?**

경기가 좋지 않아 회사가 많이 어려워졌습니다. 아무래도 현재 직원 수를 줄여야 할 것 같은데요. 경영악화를 이유로 근로자를 해고하는 것이 가능할까요?

경영상 해고란

———

'정리해고'라고도 불리는 경영상 해고란 회사의 경영상 사정에 의해 근로자 인원수를 줄이거나 인원구성을 바꾸기 위해 이루어지는 해고를 말합니다. 경영상 해고는 근로자의 귀책사유와 무관한 사용자의 사정에 의해 진행되는 것이기에 근로자에게 귀책사유가 있는 통상해고, 징계해고보다 엄격한 기준에서 정당성 여부를 판단해야 합니다. 근로기준법 제24조에서는 ① 긴박한 경영상의 필요성, ② 해고회피노력, ③ 합리적이고 공정한 기준 설정, ④ 근로자대표와의 협의 등 경영상 해고의 정당성 요건을 구체적으로 규정하고 있습니다.

경영상 해고의 정당성 요건

(1) 긴박한 경영상의 필요성

경영상 해고는 반드시 기업의 도산을 회피하기 위한 경우에 한정되지 아니하고, 장래에 올 수도 있는 위기에 미리 대처하기 위하여 인원삭감이 객관적으로 보아 합리성이 있다고 인정되는 경우도 포함됩니다(대법원 2002.7.9, 2001다29452). 이때, 경영상 해고가 필요한지 여부는 경영상 해고를 할 당시의 사정을 기준으로 판단해야 합니다. 법원은 아파트의 경비업무를 자치관리 방식에서 위탁관리 방식으로 변경하기로 한 후 수탁업체로의 고용승계를 거부한 근로자를 해고한 사안에서 긴박한 경영상의 필요성이 인정된다고 판단했습니다(대법원 2024.5.30, 2020두47908).

(2) 해고회피노력

경영상 해고를 하려면 회사는 해고를 회피하기 위한 노력을 다해야 합니다. 즉, 해고는 최후의 수단으로 하는 것이 바람직합니다. 법원은 「회사가 경영상 해고를 실시하기 전에 다하여야 할 해고회피노력의 방법과 정도는 확정적·고정적인 것이 아니라 회사의 경영위기의 정도, 경영상 해고를 실시하여야 하는 경영상의 이유, 사업의 내용과 규모, 직급별 인원상황 등에 따라 달라지는 것이고, 회사가 해고를 회피하기 위한 방법에 관하여 노동조합 또는 근로자대표와 성실하게 협의하여 경영상해고 실시에 관한 합의에 도달하였다면 이러한 사정도 해고회피노력의 판단에 참작되어야 한다」고 하여 구체적·개별적 상황도 고려하여 판단하는 입장입니다(대법원 2002.7.9, 2001다29452). 한편, 경영상 이유에 의한 해고가 정당하기 위한 요건은 사용자가 모두 증명해야 하므로, 해고회피노력을 다했지에 관한 증명책임은 이를 주장하는 사용자가 부담합니다(대법원 2021.7.29, 2016두64876).

(3) 합리적이고 공정한 기준 설정

경영상 해고를 하려면 합리적이고 공정한 기준을 정하고 이에 따라 해고대상자를 선정해야 합니다. 즉, 객관적 합리성과 사회적 상당성을 가진 구체적인 기준을 실질적으로 공정하게 적용하여 정당한 해고대상자의 선정이 이루어져야 합니다. 따라서 해고대상자 선정기준은 근로자의 건강상태, 부양의무의 유무, 재취업 가능성 등 근로자 각자의 주관적 사정과 업무능력, 근무성적, 징계 전력, 임금수준 등 사용자의 이익 측면을 적절히 조화시키되, 근로자에게 귀책사유가 없는 해고임을 감안하여 사회적·경제적 보호의 필요성이 높은 근로자들을 배려할 수 있는 합리적이고 공정한 기준을 설정해야 합니다(대법원 2021.7.29, 2016두64876).

(4) 근로자대표와의 협의

경영상 해고를 하려면 근로자대표(근로자의 과반수로 조직된 노동조합, 이러한 노동조합이 없는 경우에는 근로자의 과반수를 대표하는 자)에게 해고를 하려는 날의 50일 전까지 해고를 피하기 위한 방법과 해고의 기준 등에 대해 통보하고 성실하게 협의를 해야 합니다. 회사가 근로자대표에게 해고의 기준을 일방적으로 통보하는 것은 성실하게 협의를 했다고 볼 수 없습니다. 반대로, 회사가 근로자대표와 협의하려고 노력했는데도 근로자대표가 일방적으로 협의를 거부했다면, 이는 근로자대표가 권리를 남용한 것으로 회사는 근로자대표와 성실하게 협의를 했다고 볼 수 있습니다. 근로자대표와 성실하게 협의를 했다고 볼 수 있으려면, 협의한 내용을 기록해두는 것이 바람직합니다.

한편, 위와 같은 요건을 갖춰 경영상 해고를 한 후 근로자를 해고한 날부터 3년 이내에 해고된 근로자가 담당했던 업무를 할 근로자를 채용하려고 한다면, 해고된 근로자의 의사를 확인하여 그 근로자를 우선적으로 고용하여야 합니다 (근로기준법 제25조).

정리하면

경영상 해고는 객관적 경영 악화 상황에서, 고용유지를 위한 노력에도 불구하고 해고가 불가피할 때, 합리적인 절차를 거쳐야 합니다. 위 사례의 경우라면, 먼저 '긴박한 경영상 필요성' 요건에 대한 분석 후 적법한 고용조정 방안을 검토하는 것이 필요합니다.

관련 법률

근로기준법 제24조(경영상 이유에 의한 해고의 제한)
① 사용자가 경영상 이유에 의하여 근로자를 해고하려면 긴박한 경영상의 필요가 있어야 한다. 이 경우 경영 악화를 방지하기 위한 사업의 양도·인수·합병은 긴박한 경영상의 필요가 있는 것으로 본다.
② 제1항의 경우에 사용자는 해고를 피하기 위한 노력을 다하여야 하며, 합리적이고 공정한 해고의 기준을 정하고 이에 따라 그 대상자를 선정하여야 한다. 이 경우 남녀의 성을 이유로 차별하여서는 아니 된다.
③ 사용자는 제2항에 따른 해고를 피하기 위한 방법과 해고의 기준 등에 관하여 그 사업 또는 사업장에 근로자의 과반수로 조직된 노동조합이 있는 경우에는 그 노동조합(근로자의 과반수로 조직된 노동조합이 없는 경우에는 근로자의 과반수를 대표하

는 자를 말한다. 이하 "근로자대표"라 한다)에 해고를 하려는 날의 50일 전까지 통보하고 성실하게 협의하여야 한다.

④ 사용자는 제1항에 따라 대통령령으로 정하는 일정한 규모 이상의 인원을 해고하려면 대통령령으로 정하는 바에 따라 고용노동부장관에게 신고하여야 한다.

⑤ 사용자가 제1항부터 제3항까지의 규정에 따른 요건을 갖추어 근로자를 해고한 경우에는 제23조 제1항에 따른 정당한 이유가 있는 해고를 한 것으로 본다.

참고사례 ❶

노동조합 가입 자격이 없는 근로자들과도 별도로 협의를 해야 하는지

과반수로 조직된 노동조합과 회사가 노동조합 가입대상이 아닌 근로자에 대한 경영상 해고의 기준을 협의하고 이에 따라 경영상 해고를 하더라도 과반수 노동조합이 있는 이상 노동조합 가입 자격이 없는 근로자집단과 별도로 협의해야 하는 것은 아닙니다(대법원 2002.7.9, 2001다29452).

참고사례 ❷

해고회피노력의 시점을 언제로 보아야 하는지

해고회피노력을 다하였는지 여부는 경영상 해고가 이루어지기 이전의 시점을 기준으로 판단되어야 합니다. 따라서, 경영상 해고가 이루어진 이후의 조업단축, 희망퇴직 등은 고려대상이 아니라고 본 사례가 있습니다(대법원 2002.6.8, 2000두4606).

참고사례 ❸

회사의 소멸로 인해 근로자를 해고한 것이 경영상 해고인지

회사의 소멸로 인해 근로자를 해고한 것은 경영상 해고가 아닙니다. 경영상 해고는 기업의 유지·존속을 전제로 하여 긴급한 경영상의 필요에 따라 기업에 종사하는 인원을 줄이기 위하여 일정한 요건 아래 근로자 중 일부를 해고하는 것임에 반하여, 회사의 해산 등에 따라 기업이 소멸함으로 인하여 근로자를 해고하는 것은 경영상 해고에 해당하지 않으며, 해고에 정당한 사유가 있는 한 유효하다고 본 사례가 있습니다(대법원 2004.3.12, 2003다44363).

참고사례 ❹

기업의 일부 사업부문의 위기를 이유로 경영상 해고를 할 수 있는지

복수의 사업부문을 영위하는 기업의 경우 일부 사업부문의 위기가 기업 전체의 위기를 초래할 가능성이 있을 경우 해당 사업부문에 대한 경영상 해고가 긴박한 경영상 필요성 요건을 충족시키는 것으로 봅니다(대법원 2012.2.23, 2010다3629). 따라서 복수의 원청기업에 용역을 제공하는 용역업체가 그 중 하나의 원청기업과의 용역계약이 종료된 경우 해당 용역계약 종료로 인하여 용역업체 전체의 경영 악화를 초래할 우려가 있는 등 장래 위기에 대처할 필요가 있다고 인정되는 경우에 한하여 긴박한 경영상 필요성을 인정할 수 있을 것입니다.

#경영상해고 #정리해고 #긴박한경영상의필요성 #해고회피노력 #근로자대표협의

회사에 자주 지각하는 직원이 있습니다. 아무리 주의를 줘도 직원의 태도가 달라지지 않아서 결국 징계를 내리기로 했습니다. 이후 회사가 징계위원회를 구성했는데 직원은 잘못한 게 없다면서 징계위원회에 출석하지 않을 것 같습니다. 징계위원회를 진행해야 하는데 징계위원회에 징계대상자인 직원을 꼭 참석시켜야만 하나요?

징계과정에서 중요한 건 소명기회를 부여하는 것

회사는 근로자를 징계하려고 할 때 통상 징계위원회를 개최합니다. 이때 근로자나 회사 입장에서 징계대상자가 징계위원회에 꼭 참석해야 하는지가 문제 됩니다. 회사가 근로자를 징계위원회에 부르지 않고서 징계를 내리는 건 괜찮을까요? 경징계 정도라면 가능할까요?

징계절차에서 중요한 점은 '회사가 근로자에게 소명 기회를 부여했는가'입니다. 근로자로서는 회사의 징계 처분이 부당하다는 것을 말할 기회가 필요하기 때문이죠. 따라서 회사가 근로자의 소명을 거치지 않고 일방적으로 징계를 부과한다면 절차적인 하자가 존재합니다.

특히, 회사의 단체협약, 취업규칙 또는 징계규정이 징계대상자에게 징계위원회에 출석하여 변명과 소명자료를 제출할 수 있는 기회를 부여해야 한다고 정했다면, 회사는 근로자가 소명자료를 준비할 만한 상당한 기간을 두고 징계위원회의 개최 일시와 장소를 통보해야 합니다(대법원 2004.6.25, 2003두15317).

만약, 회사가 징계위원회 개최 당일에 근로자에게 징계위원회 개최 사실을 알려서 소명자료를 준비할 시간을 주지 않았다면 이는 근로자의 소명기회를 박탈한 것과 같습니다. 이후 회사가 근로자의 소명기회를 박탈한 채로 징계처분을 했다면 절차적으로 부적법하여 징계처분은 무효입니다.

징계대상자가 반드시 징계위원회에 출석해야 할까?

그런데 위 사례처럼 회사가 징계위원회를 열어도 직원이 잘못한 게 없다면서 출석하지 않는 경우는 어떨까요. 징계절차를 진행할 때 중요한 것은 '회사가 근로자에게 소명기회를 부여했는지'이지 근로자가 반드시 징계위원회에 출석해서 소명해야 하는 건 아닙니다. 즉 회사는 징계대상자에게 징계위원회에 출석을 요청하는 방식으로 소명기회를 제공하면 되는 것이고, 근로자의 출석 및 진술 여부는 근로자 개인의 선택인 것입니다(대법원 1993.9.28, 91다30620).

위 사례로 돌아가서, 회사는 먼저 직원에게 상당한 기간을 두고 징계위원회 개최 사실을 통지하면서 소명기회를 제공해야 합니다. 이에 대해 직원이 징계위원회의 출석을 거부하거나 징계위원회에 참석해서 진술을 거부할 수는 있으나, 회사로서는 충분한 소명기회를 제공하였으므로 절차적 하자는 없다고 볼 수 있습니다.

정리하면

이처럼 근로자에 대한 징계절차가 적법하게 이루어지려면 다음의 사항을 유의해야 합니다.

(1) 회사는 근로자에게 징계위원회 개최 사실을 상당한 기간을 두고 통지함으로써 소명을 준비할 충분한 시간을 주어야 합니다.

(2) 근로자는 징계위원회에 참석해서 발언하거나 소명자료를 제출하여 적극적으로 소명에 임해야 하고, 만약 이를 타당한 사유 없이 거부한다면 차후 징계절차의 하자를 주장하기 어렵습니다.

참고사례 ❶

> **징계규정에 징계대상자에게 소명할 기회를 부여하도록 되어 있는데도 징계절차를 위반하여 징계한 경우**
>
> 사업장의 단체협약과 취업규칙은 '무단결근 연속 2일'을 감봉에 처할 수 있는 징계사유의 하나로 정하면서 전직을 감봉 대신 선택할 수 있는 징계의 종류로 정하고 있고, 회사는 이러한 징계에 앞서 징계대상자에게 소명의 기회를 주어야 합니다.
>
> 회사는 근로자의 이 사건 조퇴·결근이 징계사유인 '무단결근 연속 2일' 등에 해당한다고 보아 그 제재로서 원고에게 단체협약이 정한 징계처분 중 전직에 해당하는 이 사건 전보를 명한 것으로 볼 수 있습니다. 그런데도 회사는 전보 과정에서 근로자에게 소명 기회를 부여하지 않았습니다. 법원은 이에 대해 단체협약과 취업규칙에서 요구하는 징계절차를 거치지 않았으므로, 이 사건 전보는 무효라고 판단했습니다(대법원 2021.1.14, 2020두48017).

참고사례 ❷

> **단체협약이나 취업규칙에 징계대상자에게 징계혐의 사실을 통지하여야 한다는 규정이 없는 경우에도 그 사실을 통지해 줄 의무가 있는지**

단체협약이나 취업규칙에 징계대상자에게 징계혐의 사실을 통지하여야 한다는 '규정이 있는' 경우에 이러한 절차를 거치지 않은 징계처분을 유효하다고 할 수 없지만, 그러한 '규정이 없는' 경우까지 반드시 그 사실을 통지하여 줄 의무가 있는 것은 아닙니다.

또한 단체협약이나 취업규칙에서 당사자에게 징계사유와 관련한 소명기회를 주도록 규정하고 있는 경우에도 대상자에게 그 기회를 제공하면 되며, 소명 자체가 반드시 이루어져야 하는 것은 아닙니다. 그리고 징계위원회에서 징계대상자에게 징계혐의 사실을 고지하고 그에 대하여 진술할 기회를 부여하면 충분하고, 혐의사실 개개의 사항에 대하여 구체적으로 발문하여 징계대상자가 이에 대하여 빠짐없이 진술하도록 조치하여야 하는 것은 아닙니다(대법원 2020.6.25, 선고 2016두56042).

참고사례 ❸

> **회사의 징계처분에 불복해서 재심을 청구했는데 재심에서 갑자기 새로운 징계 사유를 추가한 경우**

원래의 징계처분에서 징계사유로 삼지 않은 징계사유를 재심절차에서 추가하는 것은 추가된 징계사유에 대한 재심의 기회를 박탈하는 것이므로 특별한 사정이 없는 한 허용되지 않습니다(대법원 1996.6.14, 95누6410).

#징계위원회 #징계절차 #소명기회 #징계규정 #징계위원회출석 #징계대상자 #소명자료

(해고금지기간) **육아휴직을 신청했다는 이유로 근로자를 해고할 수 있나요?**

> 저는 현재 회사에서 8개월 정도 근무하였습니다. 원래는 저희 부모님이 제가 일하는 동안 5살인 저희 아이를 봐주셨는데요. 부모님의 건강 문제로 인해 제가 아이를 돌봐야 하는 상황이 되어서 육아휴직을 쓰겠다고 사장님께 말씀드렸습니다. 그러자 사장님은 제 업무를 대체할 사람도 없는데다가 일을 8개월밖에 안 했는데 무슨 육아휴직이냐며 저를 해고하겠다고 합니다. 이런 이유로도 저를 해고할 수 있나요?

육아휴직이란

요즘 점점 더 심각해지는 저출산 문제의 해결책으로 육아휴직이 강조되고 있는데요. 상급자와 동료에게 눈치가 보여서, 육아휴직을 마치고 돌아오면 승진이나 연봉 상승에서 불이익을 받는 경우가 많아서, 육아휴직 이야기를 꺼내면 오히려 그만두라고 할까 무서워서 등의 이유로 육아휴직은 아직도 완전히 자리 잡지 못하고 있는 상황입니다. 그렇다면 우리 법은 육아휴직 사용자를 어떻게 보호하고 있을까요?

육아휴직 사용자를 위한 보호

　회사는 임신 중인 여성 근로자가 모성을 보호하거나 근로자가 만 8세 이하 또는 초등학교 2학년 이하의 자녀를 양육하기 위하여 육아휴직을 신청하는 경우에 이를 허용해야 하며(남녀고용평등법 제19조 제1항), 이를 위반할 경우 500만 원 이하의 벌금을 내야 합니다. 이러한 육아휴직은 육아휴직을 시작하려는 날의 전날까지 회사에서 계속 근로한 기간이 6개월 이상인 근로자가 신청할 수 있습니다(남녀고용평등법시행령 제10조).

　또한, 사업주는 육아휴직을 이유로 한 해고나 그 밖의 불리한 처우를 하여서는 아니 되며, 육아휴직 기간에는 그 근로자를 해고하지 못합니다(남녀고용평등법 제19조 제3항). 이는 육아휴직으로 인한 고용불안을 방지하고 제도의 실효성을 확보하기 위해서이며, 이를 위반할 경우 3년 이하의 징역 또는 3천만 원 이하의 벌금에 처합니다(남녀고용평등법 제37조 제2항 제3호). 이때 '그 밖의 불리한 처우'는 휴직, 정직, 배치선환, 전근, 출근정지, 승급정지, 감봉 등을 통해 근로자에게 생활상의 불이익을 주는 행위를 폭넓게 포함합니다.

　따라서 위 사례처럼 ① 8개월 근무하였고 ② 자녀가 5살인 경우에는 위 조건을 만족하여 육아휴직을 신청할 수 있으며, 이때 회사는 육아휴직을 허용해야 합니다. 또한, 육아휴직 신청을 이유로 한 해고를 할 수 없고, 이는 육아휴직이 종료되고 나서도 동일합니다. 승진이나 임금 지급 시에도 육아휴직을 이유로 불이익을 주어서는 아니 됩니다.

근로기준법상 출산전후휴가 보장제도

—

근로기준법 역시 위와 유사한 조항을 통해 산전·산후휴가를 보장하고 있습니다. 근로기준법 제23조 제2항은 '사용자는 근로자가 업무상 부상 또는 질병의 요양을 위하여 휴업한 기간과 그 후 30일 동안 또는 산전·산후의 여성이 이 법에 따라 휴업한 기간과 그 후 30일 동안은 해고하지 못한다'고 규정합니다. 이는 절대적인 규정이므로 '정당한 해고 사유'가 있다 하더라도 근로자를 해고할 수 없습니다.

사용자가 이에 위반하여 근로자를 해고한다면, 위법한 해고로서 무효이며, 해고 후 해고금지기간이 경과하더라도 무효였던 해고가 유효로 될 수도 없습니다. 이는 5인 미만 사업장을 포함한 모든 사업장에 적용되며, 이를 위반한 자는 5년 이하의 징역 또는 5천만 원 이하의 벌금에 처합니다(근로기준법 제107조).

따라서 (1) 근로자는 위 해고금지기간에 해고된 경우 회사로부터 적법절차에 따라 해고될 때까지는 그 신분을 유지하면서 근로계약상의 급여 등을 청구할 수 있습니다.

(2) 사업주는 근로자를 해고할 경우 위 해고금지기간에 해당하지 않는지, 육아휴직과 관련된 불이익한 처우가 아닌지 필수적으로 검토해야 합니다.

관련 법률

> **근로기준법 제23조(해고등의 제한)**
> ② 사용자는 근로자가 업무상 부상 또는 질병의 요양을 위하여 휴업한 기간과 그 후 30일 동안 또는 산전 산후의 여성이 이 법에 따라 휴업한 기간과 그 후 30일 동안은 해고하지 못한다. 다만, 사용자가 제84조에 따라 일시보상을 하였을 경우 또는

사업을 계속할 수 없게 된 경우에는 그러하지 아니한다.

남녀고용평등과 일·가정 양립 지원에 관한 법률 제19조(육아휴직)
③ 사업주는 육아휴직을 이유로 해고나 그 밖의 불리한 처우를 하여서는 아니 되며, 육아휴직 기간에는 그 근로자를 해고하지 못한다. 다만, 사업을 계속할 수 없는 경우에는 그러하지 아니하다.

참고사례 ❶

1년을 초과하여 육아휴직을 부여할 수 있는지

법상의 육아휴직기간은 사업주의 부담완화 차원에서 1년의 기간을 규정해놓은 것이므로, 사업주와 근로자간의 합의만 있다면 1년이 넘는 기간을 부여할 수 있습니다. 다만, 고용보험법상 육아휴직 급여 지급기간은 최대 1년이기 때문에, 1년을 넘는 임의 휴직에 대해서는 육아휴직급여가 지급되지 않습니다(여성고용정책과-3192, 2015.10.27).

참고사례 ❷

해고예고 통보 후 육아휴직 신청시 육아휴직 허용 여부

육아휴직 허용 예외는 육아휴직을 시작하려는 날의 전날까지 해당 사업에서 계속 근로한 기간이 6개월 미만인 근로자가 신청한 경우만으로 한정하므로, 육아휴직 신청 근로자에게 해고예고를 통보했다는 이유가 육아휴직을 허용하지 않을 수 있는 사유는 아닙니다. 따라서, 육아휴직 신청 전 예정된 해고일이 육아휴직기간 중 도래하였다고 하더라도, 육아휴직 중인 근로자는 해고할 수 없습니다(여성고용정책과-4112, 2020.10.27).

#해고금지기간 #육아휴직 #해고 #부당해고구제신청 #불이익 #요양 #산재

22 (입증책임) **근로자는 해고라고 주장하고 회사는 자진 사직이라고 합니다. 해고인지 사직인지에 대한 입증은 누가 해야 하나요?**

제가 운영하는 회사의 직원이 업무 실수를 해서 주의를 좀 줬습니다. 그러자 직원이 "제가 나가면 되겠네요"라며 회사를 그만두겠다는 듯이 말했습니다. 저도 감정이 격해져서 "나가세요"라고 말하였고, 직원은 그대로 짐을 챙겨서 회사를 나간 후로 더 이상 출근하지 않았습니다. 저는 이렇게 마무리가 된 줄 알았는데요, 갑자기 직원이 부당해고 구제신청을 하였다는 연락을 받았습니다. 사장인 제가 해고가 아니라 사직이라는 점에 대해 입증해야 하는 건가요?

근로관계 종료 방식

'해고'란 실제 회사에서 불리는 명칭이나 절차에 상관없이 근로자의 의견에 반하여 회사의 일방적인 결정으로 이루어지는 모든 근로계약 관계의 종료를 말합니다.

근로관계 종료에 대해서 회사와 근로자 간에 분쟁이 자주 일어나기 때문에 늘 서류로 해당 내용을 남겨두어야 합니다. 만일, 근로관계 종료의 서류가 없다면 말 한마디가 중요합니다. 교과서적으로는 ① 사용자가 일방적으로 "그만두세요"라고 한 후 근로자가 실제로 출근을 못하게 하면 해고, ② 사용자의 "그만두시겠어요"라는 권유에 대해 근로자가 "네. 알겠습니다"라고 받아들이면 권고사직, ③ 근로자가 먼저 "이번 달까지 출근하고 그만두겠다"고 하면 사직이라고 볼 수 있습니다.

입증책임의 분배

———

그런데 위 사건처럼 "제가 나가면 되겠네요"라는 말은 회사에게 묻는 말인지 아니면 답하는 말인지 애매합니다. 판례는 근로자가 사직서를 제출하지 않았더라도 실제 말이나 행동 등 앞뒤 상황을 고려하여 계속 근로할 의사가 없다고 보이면 근로자의 사직을 인정합니다(대법원 2023.2.2, 2022두57695).

만일, 근로자가 사직이 아니라 해고 통보를 받았다고 주장하는 경우, 근로자가 회사의 해고통보 사실을 증명해야 합니다(서울고등법원 2013.10.16, 2012누34756). 반면, 사용자는 근로자가 자발적으로 사직하였다거나 근로자의 동의로 근로계약이 종료되었다는 사실을 증명해야 합니다(대법원 2016.2.3, 2015두53237).

그렇다면 위 사안의 경우는 어떨까요?

(1) 근로자가 부당해고 구제신청을 한 것이므로, 근로자는 회사로부터 해고통보를 받았음을 증명해야 합니다. 또한, 전후 사정들을 종합하여 근로자는 본인이 계속 일할 생각이 있었음에도 회사가 근로를 방해하거나 막았다는 사실을 증명할 수도 있습니다.

(2) 이에 대응하여 회사는 해고한 적이 없고 다만 근로자가 아무런 말도 없이 출근하지 않았다거나 스스로 사직한 것임을 주장할 수 있습니다. 또는 근로자와 근로관계 종료에 대하여 합의하였다는 점을 증명할 수도 있겠습니다.

근로관계 종료 시 분쟁을 막기 위해서는

———

(1) 회사는 해고 시 서면으로 해고 사실을 통지해야 하며, 근로자와 사직 합의를 하였거나 근로자가 일방적으로 출근하지 않는 경우 이를 증거로 남겨놓아야

합니다. 또한, 자발적으로 사직하는 근로자의 경우 사직서를 작성하여 제출하게 하며, 이때 사직의 경위를 구체적으로 기재하게 하는 것이 바람직합니다.

(2) 근로자의 경우 회사가 근로자를 해고할 경우 근로기준법 제27조에 따라 해고사유와 해고시기를 서면으로 통지해야 함을 기억해야 합니다. 따라서, 근로자가 해고를 당했음에도 회사로부터 해고사유와 해고시기가 적힌 문서를 받지 못했다면, 이는 근로기준법을 위반한 부당해고이므로 노동위원회에 구제신청을 할 수 있습니다.

관련 법률

> **근로기준법 제27조**
> ① 사용자는 근로자를 해고하려면 해고사유와 해고시기를 서면으로 통지하여야 한다
> ② 근로자에 대한 해고는 제1항에 따라 서면으로 통지하여야 효력이 있다

참고사례

> **해고한 것인지 사직인지에 대한 입증은 누가 해야 하나요?**
>
> 해고를 당했다는 입증책임은 이것을 주장하는 근로자가 입증해야 합니다(대법 2015.11.26, 2015두51088). 반면에 사용자측에서는 근로관계의 종료원인이 해고가 아닌 사직이나 합의해지라는 점에 대한 입증책임이 있습니다(대법원 2016. 2.3, 2015두53237).

#사직서 #사직 #해고 #퇴사 #사표 #부당해고구제신청 #서면통보 #입증책임 #증명책임

23 (해고예고와 해고수당) **해고수당은 얼마나 받을 수 있나요?**

회사가 어렵다고 직원들 중 일부를 해고하겠다고 합니다. 회사가 근로자를 해고할 때에는 해고하기 30일 전에 알려야 하고 30일분의 해고수당을 지급해야 하는 것으로 알고 있습니다. 해고수당은 어떤 경우에 지급되고 얼마나 받을 수 있나요?

근로자를 해고할 때에는 30일 전에 알려야

근로기준법 제26조에서 "사용자는 근로자를 해고하려면 적어도 30일 전에 예고를 해야 하고, 30일 진에 예고를 안했을 때에는 30일분 이상의 통상임금을 지급해야 한다"고 규정하고 있습니다. 여기서 해고 30일 전에 미리 알려준다는 것을 '해고예고'라고 하고, 해고예고 대신에 30일분의 통상임금을 지급하는 것을 '해고수당'이라고 부릅니다. '해고예고'도 하고 '해고수당'도 지급해야 하는 것은 아니며, '해고수당'은 30일 전에 해고예고를 하지 않고 바로 해고할 때에 지급하는 것입니다.

이러한 해고예고제도는 근로자가 갑작스런 해고로부터 생활의 위협을 줄여주기 위해 최소한의 시간적 여유를 부여하거나, 그 기간 동안의 생계비를 보장하여 근로자의 경제적 어려움을 도와주기 위한 제도입니다(대법원 2015.5.28, 2011다53638).

해고예고를 해야 하는 경우는

━━

그렇다면 근로자가 회사를 그만두게 되는 모든 경우에 해고예고를 해야 할까요? 그렇지는 않습니다. 해고예고제도는 회사가 근로자를 '해고'할 때만 적용되는 것이므로, 퇴직이나 계약기간이 만료되는 경우에는 해고한 것이 아니어서 해고예고대상이 되지 않습니다. 건설공사 등이 조기에 종료되어 근로계약이 해지되는 경우, 법인을 해산하거나 폐업을 하는 경우에는 해고예고를 해야 합니다.

해고예고를 하는 방법

━━

해고예고는 서면이 아닌 구두로도 할 수 있으며, 해고예고 통지가 근로자에게 도달한 다음날부터 계산합니다. 예를 들이, 6월 30일자로 해고하려면 해고예고는 적어도 30일 전에 해야 하므로, 늦어도 소급해서 30일째가 되는 전날 즉, 5월 30일까지는 예고를 해야 한다는 뜻입니다.

해고예고 대신 해고수당을 지급할 경우

━━

'해고예고' 대신 '해고수당'을 지급할 경우 '30일분 이상의 통상임금'을 해고와 동시에 지급해야 합니다('통상임금'의 의미와 계산방법에 대해서는 43번 사례를 참고해 주세요). 해고예고를 30일 전에 하지 않아 30일에서 일부라도 부족하게 되는 경우에는 30일 전에 예고를 하지 않은 것으로 보아, 해고수당(30일분 이상의 통상임금)을 지급해야 합니다(근기 68207-1346, 2003.10.20).

근로자의 월급이 2,299,000원인 경우(1일 8시간, 주 40시간 근무 기준)
<이 근로자의 통상임금> 2,299천원÷209시간 = 11,000원
<해고수당> 11,000원 × 8시간(1일) = 88,000원
　　　　　　88,000원 × 30일 = 2,640,000원

해고예고를 안하면 부당해고?

참고로 해고예고를 하지 않았다 하더라도 해고의 정당한 이유가 있다면 그 해고는 부당하다고 볼 수 없고, 다만, 회사는 해고예고의무를 이행하지 않으면 처벌될 수 있습니다(2년 이하 징역 또는 2천만 원 이하의 벌금)(근기법 제110조). 또한, 해고예고제도는 근로자를 '해고'할 때 적용되는 것이므로, 해고가 아닌 근로관계 종료(퇴직, 계약기간의 만료 등)인 경우에는 해고예고 대상에 해당하지 않습니다.

관련 법률

근로기준법 제26조(해고의 예고)

사용자는 근로자를 해고(경영상 이유에 의한 해고를 포함한다)하려면 적어도 30일 전에 예고를 하여야 하고, 30일 전에 예고를 하지 아니하였을 때에는 30일분 이상의 통상임금을 지급하여야 한다. 다만, 다음 각 호의 어느 하나에 해당하는 경우에는 그러하지 아니하다.
1. 근로자가 계속 근로한 기간이 3개월 미만인 경우
2. 천재·사변, 그 밖의 부득이한 사유로 사업을 계속하는 것이 불가능한 경우
3. 근로자가 고의로 사업에 막대한 지장을 초래하거나 재산상 손해를 끼친 경우로서 다음 사유에 해당하는 경우

- 납품업체로부터 금품이나 향응을 제공받고 불량품을 납품받아 생산에 차질을 가져온 경우
- 영업용 차량을 임의로 타인에게 대리운전하게 하여 교통사고를 일으킨 경우
- 사업의 기밀이나 그 밖의 정보를 경쟁관계에 있는 다른 사업자 등에게 제공하여 사업에 지장을 가져온 경우
- 허위사실을 날조하여 유포하거나 불법집단행동을 주도하여 사업에 막대한 지장을 가져온 경우
- 영업용 차량 운송수입금을 부당하게 착복하는 등 직책을 이용하여 공금을 착복·장기유용·횡령 또는 배임한 경우
- 제품 또는 원료 등을 몰래 훔치거나 불법 반출한 경우
- 인사·경리·회계담당 직원이 근로자의 근무상황 실적을 조작하거나 허위서류 등을 작성하여 사업에 손해를 끼친 경우
- 사업장의 기물을 고의로 파손하여 생산에 막대한 지장을 가져온 경우
- 그 밖에 사회통념상 고의로 사업에 막대한 지장을 가져오거나 재산상 손해를 끼쳤다고 인정되는 경우

참고사례 ❶

근로계약기간이 만료되는 경우에도 해고예고를 해야 하나요?

기간을 정한 근로계약, 사업이 완료되거나 업무완성에 필요한 기간을 정한 근로계약인 경우(기간제 근로)에는 근로계약기간이 만료되면 근로관계가 자동으로 종료되는 것이므로 해고예고를 해야 하는 대상이 아닙니다(대법원 1965.11.30, 65다1593).

참고사례 ❷

폐업을 하는 경우에도 해고예고를 해야 하나요?

근로자의 사망, 계약기간의 만료, 당초 약정한 공사기간의 종료 등과 같이 근로관계가 자동으로 소멸되는 경우에는 해고예고가 필요하지 않은 것이 원칙이지만, 법인의 해산이나 폐업 등의 경우에는 해고예고대상이 됩니다. 따라서 30일 전에 해고예고를 하지 않는 경우에는 해고수당을 지급해야 합니다(대법원 1965.11.30, 65다1593; 근기 68207-914, 2003.7.21).

참고사례 ❸

단순한 불황이나 경영상의 애로를 '부득이한 사유'로 볼 수 있는지

해고예고를 하지 않을 수 있는 '천재·사변 기타 부득이한 사유로 사업계속이 불가능한 경우'에서 '기타 부득이한 사유'라 함은 천재·사변에 준하는 정도의 돌발적이고 불가항력적인 사유로서 경영자에게 그 책임을 물을 수 없는 경우를 말합니다. 따라서 단순한 불황이나 경영상의 애로는 이에 포함되지 않는다고 보아야 할 것입니다(근로기준과-2324, 2004.5.10).

#해고예고 #해고금지기간 #3개월 #30일 #해고수당

(시용근로자 해고) **평가점수가 좋지 않아서 해고했는데, 부당해고라고 합니다.**

근로계약서에 "입사일로부터 3개월은 수습으로 하고, 수습기간 동안 평가를 해서 성적이 좋지 않으면 해고할 수 있다"고 되어 있습니다. 이에 따라 수습근로자를 평가하여 성적이 좋지 않아 해고했는데, 노동위원회에서 부당해고라고 판정이 났습니다. 계약서대로 평가를 해서 해고를 했는데, 왜 부당해고라고 하는지 이유를 모르겠습니다.

'수습'인지 '시용'인지

3번 사례에서 '수습'과 '시용'의 차이점에 대해 설명했는데요, '수습'이라고 기재했더라도 수습기간 동안 평가를 한다고 되어 있다면 '시용근로자'에 해당하고, 회사는 근무평가를 통해 정식채용 여부를 결정할 수 있습니다. 이 근로계약서를 보면 '평가를 한다'는 내용이 기재되어 있으므로, 근무태도 등을 평가해서 성적이 안 좋으면 근로자를 해고할 수 있다고 볼 수 있습니다.

평가의 객관성, 공정성이 인정되어야

그렇다면 회사가 정식으로 평가를 해서 그 결과에 따라 근로자를 해고했는데, 왜 부당해고가 되었을까요? 대법원 판례를 보면 시용근로자에 대한 평가는 시용기간 중의 근무태도와 업무능력 등을 기초로 판단해야 하고, 그 평가가 객관적으로 공정성을 유지해야 한다고 되어 있습니다(대법원 1992.8.18, 92다15710). 단지, 평가를 했다는 것만으로 해고가 인정되는 것이 아니라, 제대로 평가를 했느냐가 중요한 것이죠.

제대로 평가했다고 인정받으려면

업무능력은 제쳐두고 근무태도만 평가한 경우, 탈락자 수를 미리 정해놓고 평가를 통해 탈락시키는 경우, 평가점수가 왜 안 좋은지 그에 대한 근거가 명확하지 않은 경우라면 객관적인 평가를 했다고 보기 어렵습니다. 공정하고 객관적인 평가라고 인정받으려면 회사는 다음 사항을 참고해야 할 것입니다.

첫째, 근로계약서에 평가를 한다는 근거가 반드시 있어야 합니다.

둘째, 근로자에게 평가사항과 정식채용 기준점수 등을 알려주는 것이 좋습니다.

셋째, 평가내용이 근로자가 해야 하는 입무와 관련된 것이어야 합니다.

넷째, 평가점수에 대한 구체적인 근거와 이유 등을 기재해야 합니다.

또한, 근로자 입장에서도 회사가 수습기간 동안 평가를 한다고 하면 평가내용이 무엇인지, 합격점수가 몇 점인지 등을 확인하는 것이 좋겠습니다.

시용근로자라고 하더라도 해고통지는 서면으로

참고로, 시용근로자를 시용기간 만료를 이유로 그만두게 하는 경우에는 '해고'에 해당합니다. 따라서 3개월 이상 근무한 경우 30일 전에 해고예고를 하거나 해고수당을 지급해야 하며(근로기준법 제26조), 해고날짜와 해고사유를 자세히 적어서 서면으로 통지해야 합니다(근로기준법 제27조).

관련 판례

'시용'이라는 것 자체가 당해 근로자의 자질·성격·능력 등 그 일에 대한 적격성 여부를 결정하는 단계이므로 통상의 해고보다는 광범위하게 인정될 수 있는 것이지만, 그 적격성 여부의 결정은 시용기간 중에 있어서의 근무태도·능력 등의 관찰에 의한 앞으로 맡게 될 임무에의 적격성 판단에 기초하여 행해져야 하고, 그 평가가 객관적으로 공정성을 유지해야 하며, 위 해약권의 행사는 객관적으로 합리적인 이유가 존재하여 사회통념상 상당하다고 인정되어야 할 것이다(대법원 1992.8.18, 92다15710).

참고사례 ❶

'시용'과 '수습'의 구분방법

취업규칙에 신규 채용된 사원은 원칙적으로 3개월간의 수습기간을 두도록 되어 있으며 또한 수습기간 중 또는 수습기간 만료 시에 기능·근무태도·적성·건강상태·대인관계 등을 종합 판단하여 사원으로서 계속 근로가 부적당하다고 인정되는 자에 대하여 회사는 정식채용을 거부할 수 있다'라고 규정하고 있다면, 여기에서 수습기간은 정식채용 후 업무수습을 위한 기간이라는 의미보다는 정식채용 전에 정식채용 여부를 결정하기 위한 시용기간의 의미인 것으로 판단됩니다(서울고등법원 2012.11.2, 2011누38980).

참고사례 ❷

> ### 시용기간이 근로자의 근속기간에 포함되는지
>
> 근속기간 중에 직종 등 근로제공의 형태가 변경된 경우와 마찬가지로, 시용기간 만료 후 본 근로계약을 체결하여 공백기간 없이 계속 근무한 경우에도 시용기간과 본 근로계약기간을 통산한 기간을 퇴직금 산정의 기초가 되는 계속근로기간으로 보아야 합니다(대법원 2022.2.17, 2021다218083).

참고사례 ❸

> ### 단순히 "시용기간이 만료되었다"는 내용으로 통지하는 경우
>
> 시용근로관계에서 사용자가 본 근로계약 체결을 거부하는 경우에는 해당 근로자로 하여금 그 거부사유를 파악하여 대처할 수 있도록 구체적·실질적인 거부사유를 서면으로 통지해야 한다고 봄이 타당합니다. 따라서 사용자가 근로자에게 단순히 '시용기간의 만료로 해고한다'는 취지로만 통지한 것은 근로기준법 제27조 규정을 위반한 절차상 하자가 있으므로 효력이 없다고 봐야 합니다(대법원 2015.11.27, 2015두48136).

#수습 #시용 #수습기간 #시용기간 #부당해고

저는 2개월째 임금을 받지 못했습니다. 사장님이 회사 사정이 어렵다며 조금만 기다려달라고 했지만, 계속 기다릴 수 없어 어제부로 회사를 퇴사했습니다. 그런데, 오늘 회사가 폐업했다는 소식을 들었습니다. 제 밀린 임금과 퇴직금을 받을 수 있는 방법이 없나요?

임금채권보장제도

임금을 받지 못했는데 회사가 폐업을 했다면 어떻게 해야 할까요? 이때, '임금채권보장제도'를 활용할 수 있습니다. 임금채권보장제도란 '재직 및 퇴직한 근로자가 기업의 도산 등으로 인해 임금 및 퇴직금을 지급받지 못한 경우, 국가가 회사를 대신해서 일정 범위의 체불임금을 지급하는 제도'입니다.

대지급금의 종류

국가가 회사를 대신해서 근로자에게 지급하는 체불임금을 대지급금이라고 합니다. 대지급금에는 '도산대지급금'과 '간이대지급금'이 있습니다. '도산대지급금'이란 회사가 도산하여 국가가 회사 대신 지급하는 임금·휴업수당·출산전후 휴가기간 중 임금 및 퇴직금을 말하고, '간이대지급금'이란, 회사가 도산하지 않았더라도 근로자가 고용노동청으로부터 체불금품확인을 받거나, 법원으로부터 확정판결 등을 받으면 국가가 회사 대신 지급하는 체불임금 및 체불퇴직금을 말합니다.

도산대지급금을 받기 위해서는

퇴직기준일*을 기준으로 1년 전, 3년 이내에 퇴직한 근로자는 도산대지급금을 신청할 수 있습니다. '도산대지급금 지급청구서'를 회사의 소재지를 관할하는 고용노동청(https://labor.moel.go.kr/minwonApply/minwonFormat.do?searchVal=T00091)에 방문 또는 우편으로 제출하면 됩니다. 다만, 법원의 파산선고 결정, 회생절차개시 결정 또는 고용노동청의 도산등 사실인정 결정일로부터 2년 이내에 신청해야 합니다.

  * 퇴직기준일: 법원 파산의 신고, 회생절차개시의 결정이 있는 경우에는 그 신청일, 도산등 사실 인정이 있는 경우에는 그 도산등 사실인정의 신청일

만약, 법원의 도산결정이 아닌 고용노동청의 사실상 도산인정을 받고자 하는 경우에는 먼저 '도산등 사실인정신청서'를 제출하여 인정통지서를 받은 후 도산대지급금을 신청해야 합니다. 도산대지급금 신청 접수 후 지급이 결정되면 근로복지공단에서 한도 내에서의 미지급 임금 또는 퇴직금 전액을 근로자의 계좌로 입금하게 됩니다.

간이대지급금을 받기 위해서는

회사로부터 임금을 지급받지 못한 퇴직한 근로자나 재직 중인 근로자는 고용노동청에서 체불임금등·사업주 확인서를 발급받거나, 소송을 제기하여 법원으로 확정판결 등을 받은 경우, 근로복지공단홈페이지(https://total.comwel.or.kr)에서 간이대지급금 지급을 청구하거나 방문 또는 우편으로 '간이대지급금 지급청구서'를 제출하여 간이대지급금을 받을 수 있습니다.

퇴직한 근로자는 ⓐ 퇴직일의 다음 날부터 2년 이내에 소송을 제기하거나 지급명령신청을 하고 판결 등 확정일로부터 1년 이내 또는 ⓑ 퇴직일의 다음날부터 1년 이내에 진정을 제기하고 체불임금등·사업주 확인서가 발급된 날부터 6개월 이내에 신청해야 합니다.

한편, 재직 중인 근로자는 맨 나중의 임금 체불 발생 당시 시간급 통상임금이 최저임금의 110% 미만인 근로자에 한해 신청할 수 있으며, ⓐ 맨 나중의 임금 등 체불이 발생한 날의 다음날부터 2년 이내에 소송제기 또는 지급명령을 신청하고 판결 등 확정일로부터 1년 이내 또는 ⓑ 맨 나중의 임금 등 체불이 발생한 날의 다음날부터 1년 이내에 진정을 제기하고 「체불임금등·사업주 확인서」가 발급된 날부터 6개월 이내에 신청해야 합니다. 간이대지급금 또한 신청 접수 후 지급이 결정되면 근로복지공단에서 한도 내에서의 미지급 임금 또는 퇴직금을 근로자의 계좌로 입금하게 됩니다.

정리하면

사례에서 근로자가 퇴직한 회사가 폐업을 하였기에 근로자는 임금과 퇴직금을 받기 위해 도산대지급금과 간이대지급금을 모두 신청할 수 있습니다. 다만, 도산대지급금과 간이대지급금은 중복하여 지급받을 수 없습니다. 즉, 도산대지급금을 받은 후 간이대지급금을 신청하는 경우에는 이를 지급받을 수 없으며, 간이대지급금을 받은 후 도산대지급금을 신청하는 경우에는 이미 받은 간이대지급금을 공제한 금액을 지급받을 수 있습니다.

회사가 폐업을 하여 임금을 받지 못했다면 도산대지급금을, 회사로부터 임금을 받지 못했다면 간이대지급금을 지급받을 수 있는 임금채권보장제도를 꼭 기억하시기 바랍니다.

관련 법률

임금채권보장법 제7조(퇴직 근로자에 대한 대지급금의 지급)

① 고용노동부장관은 사업주가 다음 각 호의 어느 하나에 해당하는 경우에 퇴직한 근로자가 지급받지 못한 임금등의 지급을 청구하면 제3자의 변제에 관한 「민법」 제469조에도 불구하고 그 근로자의 미지급 임금등을 사업주를 대신하여 지급한다.
1. 「채무자 회생 및 파산에 관한 법률」에 따른 회생절차개시의 결정이 있는 경우
2. 「채무자 회생 및 파산에 관한 법률」에 따른 파산선고의 결정이 있는 경우
3. 고용노동부장관이 대통령령으로 정한 요건과 절차에 따라 미지급 임금등을 지급할 능력이 없다고 인정하는 경우
4. 사업주가 근로자에게 미지급 임금등을 지급하라는 다음 각 목의 어느 하나에 해당하는 판결, 명령, 조정 또는 결정 등이 있는 경우
   가. 「민사집행법」 제24조에 따른 확정된 종국판결
   나. 「민사집행법」 제56조 제3호에 따른 확정된 지급명령
   다. 「민사집행법」 제56조 제5호에 따른 소송상 화해, 청구의 인낙(認諾) 등 확정판결과 같은 효력을 가지는 것
   라. 「민사조정법」 제28조에 따라 성립된 조정
   마. 「민사조정법」 제30조에 따른 확정된 조정을 갈음하는 결정
   바. 「소액사건심판법」 제5조의7 제1항에 따른 확정된 이행권고결정
5. 고용노동부장관이 근로자에게 제12조에 따라 체불임금등과 체불사업주 등을 증명하는 서류(이하 "체불 임금등·사업주 확인서"라 한다)를 발급하여 사업주의 미지급임금등이 확인된 경우

참고자료

- 대지급금의 지급 범위: 최종 3개월분의 임금(휴업수당 또는 출산전후휴가 급여 포함) 및 최종 3년간의 퇴직급여 중 지급받지 못한 금액
- 도산대지급금 지급 금액 상한액

퇴직당시연령 / 항목	30세 미만	30세 이상 40세 미만	40세 이상 50세 미만	50세 이상 60세 미만	60세 이상
임금·퇴직급여등	220만 원	310만 원	350만 원	330만 원	230만 원
휴업수당	154만 원	217만 원	245만 원	231만 원	161만 원
출산전후 휴가기간 중 급여	310만 원				

* 임금, 휴업수당, 출산전후 휴가기간 중 급여는 1월분, 퇴직급여 1년분임

- 간이대지급금 지급 상한액

항목	금액
임금(출산전후 휴가기간 중 임금, 휴업수당)	700만 원
퇴직금	700만 원
임금 및 퇴직금	1,000만 원

#임금 #임금채권보장제도 #대지급금 #도산대지급금 #간이대지급금

26 (사직의사 철회) 사표를 제출해 놓고, 다시 돌려달라고 합니다.

근로자가 퇴근하면서 이번 달 말까지만 출근하고 그만두겠다고 사표를 제출했습니다. 그런데 다음날 출근하여 마음이 변했다고 어제 낸 사표를 돌려달라고 합니다. 이럴 경우 사표를 돌려줘야 하나요? 만약 사표를 돌려주지 않고 수리된 것으로 처리하면 부당해고가 되나요?

퇴직의 종류는 다양

근로자가 사표를 제출해 놓고 다시 돌려 달라고 하는 경우가 종종 있습니다. 마음이 변한 것이죠. 회사를 그만두게 되는 '사직'(퇴직)은 당사자간 합의에 의한 '합의퇴직', 정년이 되어서 그만두는 '정년퇴직', 근로가 일방적으로 그만두겠다고 하는 '임의퇴직'으로 구분할 수 있습니다.

일방적으로 사표를 낸 것인지 아니면

'합의퇴직'은 말 그대로 회사와 근로자가 서로 합의해서 그만두는 것이기 때문에 퇴직을 둘러싼 법적 다툼이 거의 없지만, '임의퇴직'은 합의한 것이 아니므로 사표를 둘러싸고 다툼이 자주 발생합니다. 위의 사례에서처럼 근로자가 사표를 던져 놓고 다시 돌려달라고 할 때 이를 돌려주지 않고 수리하는 것이 부당해고인지 여부는 사직의 의사표시가 '일방적 계약해지'인지 아니면 '합의해지의 청약' 인지에 따라 판단하게 됩니다.

근로자의 사직의 의사표시가 근로계약을 종료시키는 취지의 '일방적 계약해지'인지 '합의해지의 청약'에 해당되는지 여부는 사직서의 기재내용, 사직서 작성·제출의 동기 및 경위, 사직 의사표시 철회의 동기 기타 여러 사정을 참작하여 판단하게 됩니다(근로개선정책과-3880, 2014.7.9).

'사직서'인지 '사직원'인지에 따라 다를 수 있다

근로자가 제출한 사표가 '일방적 계약해지'인지 '합의해지의 청약'인지는 어떻게 판단할까요? '일방적 계약해지'란 "일신상의 사유로 사직하고자 합니다"로 제출하는 경우인데, 근로자가 회사의 동의 여부와 관계없이 일방적으로 그만두겠다는 의미입니다. 실무에서는 일반직으로 '사직서(書)'라고 표현합니다. 이 경우에는 회사가 사표를 돌려 줄 의무가 없으므로, 돌려주지 않는다고 해서 '부당해고'라고 할 수 없습니다.

이와 달리 '합의해지의 청약'이란 "일신상의 사유로 사직하고자 하오니 허락해 주시기 바랍니다"라고 내는 경우인데, 실무에서는 대개 '사직원(願)'이라고 부릅니다. 근로자가 일방적으로 그만두겠다고 한 것이 아니라 내가 그만두고 싶으니까 수리를 해 달라고 요구했다는 의미입니다. 이런 경우 회사가 "그래, 그만 두세요"라는 승낙이 있기 전이라면 사직의 의사표시는 철회된 것으로 봐야 하므로, 사용자의 사직처리는 원칙적으로 부당해고에 해당할 수 있습니다.

그렇다면 위의 사례에서 이 근로자는 "이번 달까지만 출근하겠다"는 의사표시를 하였으므로 이는 일방적 의사표시인 '사직서'에 해당하고, 사용자는 철회해 줄 의무가 없으므로 해고가 있었다고 볼 수 없습니다(대법원 2000.9.5, 99두8657).

제목보다 표시된 내용이 중요

─

실무상으로 보면 회사의 퇴직 양식이 '사직서' 아니면 '사직원'으로 이미 정해져 있어서, 이 둘의 차이를 잘 모르는 근로자 입장에서는 회사의 양식대로 기재해서 제출하는 것이 일반적입니다. 간혹 제목은 '사직서'인데 표기된 문구는 "… 허락하여 주시기 바랍니다"라고 되어 있거나 '사직원'으로 되어 있는데 내용은 "사직하고자 합니다"로 표기된 예가 있는데요. 이런 경우에는 '제목'이 아닌 '표기된 내용'을 보고 '일방적 계약해지'인지 아니면 '합의해지의 청약'인지를 판단하게 됩니다.

'일방적 계약해지'인지 '합의해지의 청약'인지를 명확히 해야

─

정리하면, 근로자는 일단 사표를 내면 이것을 철회하기가 어려울 수 있으므로, 사표를 내기 전에 신중하게 생각해야 합니다. 그래도 사표를 내야한다면 어떤 형식으로 그만두겠다는 의사표시를 할 것인지를 고민할 필요가 있습니다.

사용자도 근로자가 회사를 그만두겠다고 할 경우 이것이 '일방적으로 그만두겠다'(일방적 계약해지)는 것인지 '합의해서 그만두겠다'(합의해지의 청약)는 것인지를 잘 판단해서, 그에 따른 법적 다툼을 예방해야 할 것입니다.

참고사례 ❶

근로자가 민원인에게 사과하느니 차라리 사직하겠다고 하면서 사직서를 낸 경우

"상기 본인은 일신상의 사유로 사직하고자 사직서를 제출합니다"라는 사직서를 제출하였고, 사직서를 제출하기 전에도 동료들에게 사직의사를 표명하였으며, 대표이사에게도 민원인에게 사과하느니 차라리 사직하겠다는 의사표시를 한 적이 있는 바, 이 사건의 사직서 제출은 근로자가 사용자에게 해지통고를 한 것으로 볼 수 있습니다(서울고등법원 2012.5.25, 2011누41900).

참고사례 ❷

근로자가 비위행위로 인해 전보되자 사직서를 제출한 경우

근로자가 비위행위로 인해 전보되자 사직서를 제출한 경우, 이 사직서 제출은 일방적인 근로계약의 해지통고로서 사용자에게 도달한 이상 사용자의 동의 없이는 철회가 불가하다고 볼 수 있습니다(대법원 2000.9.5, 99두8657).

참고사례 ❸

근로자가 사직원을 제출했다가 돌려달라고 하는 경우 무조건 돌려줘야 하는지

근로계약 종료의 효과 발생 전이라고 하더라도 근로자가 사직의 의사표시를 철회하는 것이 사용자에게 불측의 손해를 주는 등 신의칙에 반한다고 인정되는 특별한 사정이 있는 경우(예를 들어, 근로자가 그만두겠다고 하여 후임자를 미리 채용한 경우 등)는 그 철회가 허용되지 않는다고 봐야 할 것입니다(대법원 1992.4.10, 91다43138).

근로자가 명예퇴직을 신청해 놓고 철회할 수 있는지

근로자가 사직원에 의하여 신청한 명예퇴직은 근로자가 청약을 하면 사용자가 요건을 심사한 후 승낙함으로써 합의에 의하여 근로관계를 종료시키는 것으로서, 사용자의 승낙이 있어 근로계약이 합의해지되기 전에는 근로자가 임의로 그 청약의 의사표시를 철회할 수 있습니다(대법원 2003.4.22, 2002다11458).

#퇴직 #사직 #명예퇴직 #사직서 #사직원 #사표 #사직철회 #일방적계약해지 #합의해지청약
#합의퇴직 #정년퇴직 #임의퇴직

27 (미승인 연차사용) **승인하지 않은 연차휴가를 사용한 경우 징계할 수 있나요?**

오전에 출근하여 오후 반차를 냈습니다. 그런데 팀장님이 회사 규정에서 연차휴가는 하루 전날 신청하도록 되어 있다면서, 휴가승인을 해 주지 않았습니다. 저는 중요한 일이 있어서 휴가를 꼭 써야 하는데, 승인을 안 받고 휴가가면 징계를 받을 수 있나요?

휴가 승인을 안 해주면 휴가를 갈 수 없다?

—

대부분의 회사에서 연차휴가는 사전에 신청해서 부서장의 승인을 받고 사용하도록 되어 있는 것을 보게 됩니다. 그렇다면 근로자는 회사가 휴가 승인을 안 해 주면 휴가를 갈 수 없는 것인지, 휴가 승인을 안 받고 가면 근로자를 징계할 수 있는 것인지에 대해 의문이 생깁니다.

근로기준법 제60조 제5항에 보면 "사용자는 연차휴가를 근로자가 청구한 시기에 주어야 한다"고 되어 있습니다. 이 말은 연차휴가는 근로자가 쓰고 싶을 때 언제든 신청하여 사용할 수 있다는 뜻이므로, 신청한 연차휴가를 회사가 승인하든 안 하든 관계없이 근로자는 원하는 날짜에 휴가를 사용할 수 있습니다. 이것을 '휴가사용 시기지정권'이라고 합니다. 휴가승인을 해주지 않았는데 연차휴가를 썼다는 이유로 근로자를 징계할 수 없다는 뜻입니다.

휴가를 다른 날에 쓰라고 할 수 있는 경우

그렇다면 근로자가 연차휴가를 사전에 신청하기만 하면 회사는 무조건 휴가 사용을 인정해야 한다는 것일까요? 반드시 그렇지는 않습니다. 근로기준법 제60조 제5항에 보면 "근로자가 청구한 시기에 휴가를 주는 것이 사업운영에 막대한 지장이 있는 경우에는 그 시기를 변경할 수 있다"고 되어 있거든요. 이것을 '휴가사용 시기변경권'이라고 부릅니다.

여기서 '사업운영에 막대한 지장이 있는 경우'란 근로자가 지정한 시기에 휴가를 주는 것이 그 사업장의 업무능률이나 성과가 평상시보다 현저하게 저하되어 상당한 영업상의 불이익 등이 초래될 것으로 염려되거나 그러한 개연성이 인정되는 사정이 있는 경우'를 의미합니다(서울행정법원 2016.8.19, 2015구합73392). 근로자가 휴가를 가면 '회사업무에 조금 지장이 있다'는 정도로는 '사업운영에 막대한 지장이 있는 경우'로 볼 수 없습니다.

'사업운영에 막대한 지장이 있는지 여부'는 근로자가 연차휴가를 청구할 당시를 기준으로 기업의 규모, 업무의 성질, 작업의 바쁜 정도, 대행자의 배치 어려움 정도, 같은 시기에 휴가청구자의 수 등을 종합적으로 고려하여 판단합니다(서울고등법원 2013.5.31, 2012누28522).

이처럼 회사운영에 막대한 지장이 있어 시기변경권을 행사하였음에도 불구하고 근로자가 일방적으로 연차휴가를 사용한 경우에 회사는 해당 일을 결근으로 처리할 수 있으며(기준 1455.9−7666, 1968.8.14), 정당한 업무지시 위반에 따른 징계도 할 수 있습니다.

'사업운영에 막대한 지장이 있는 경우'란

—

'사업운영에 막대한 지장'이 있다고 보아 회사의 '시기변경권'이 인정된 경우로는 외부 교육과정 참가가 예정되어 있는 근로자가 해당 교육기간에 연차휴가를 신청한 경우(대법원 2015.3.12, 2014다65533), 3교대 근무하는 병원에서 대체근무자가 준비되어 있지 않은 상황인 경우(서울행정법원 2010.6.10, 2009구합 55126), 리조트 객실예약율이 높은 상황에서 청소근로자들이 집단적으로 연차휴가를 사용하겠다고 청구한 경우(서울행정법원 2014.7.17, 2013구합61708) 등이 있습니다.

연차휴가는 원하는 날짜에 사용할 수 있지만 근로자도 절차는 지킬 필요

—

정리하면, 연차휴가는 회사의 승인을 받아야 하는 것이 아니므로 '사업운영에 막대한 지장이 있는 경우'가 아니라면 근로자가 원하는 날짜에 휴가를 쓸 수 있도록 해야 합니다. 근로자도 연차휴가를 사용한다면 회사규정에 따라 미리 신청함으로써, 휴가사용으로 인해 동료들의 불편함이 없도록 배려해야 할 것입니다.

관련 법률

> **근로기준법 제60조(연차유급휴가)**
> ⑤ 사용자는 제1항부터 제4항까지의 규정에 따른 휴가를 근로자가 청구한 시기에 주어야 하고, 그 기간에 대하여는 취업규칙 등에서 정하는 통상임금 또는 평균임금을

지급하여야 한다. 다만, 근로자가 청구한 시기에 휴가를 주는 것이 사업 운영에 막대한 지장이 있는 경우에는 그 시기를 변경할 수 있다.

참고사례 ❶

근로자가 지정한 휴가날짜를 회사가 임의로 변경할 수 있는지

연차휴가는 근로자가 청구한 시기에 주어야 하므로, 사업운영에 막대한 지장이 없는 한 사용자가 특정시기를 지정해서 연차휴가를 사용하게 할 수는 없습니다(근로개선정책과-4027, 2014.7.18).

참고사례 ❷

근로자가 정당한 추가사용 시기지정권 행사를 한 것으로 볼 수 없는 경우

① 연차휴가를 언제부터 언제까지 사용할 것인지에 대해 기재하지 않은 경우(대법원 1997.3.28, 96누4220)
② 휴가를 신청하면서 연차휴가와 심신단련휴가 중 어떤 휴가를 신청했는지를 기재하지 않은 경우(서울고등법원 2010.3.18, 2009누20849)
③ 택시회사에서 근로자가 이미 배차지시가 완료된 이후에 배차시간이 임박하여 연차휴가를 사용하겠다고 일방적으로 통보한 경우(서울행정법원 2004.4.1, 2003구합27860)

#연차휴가 #시기지정권 #시기변경권 #막대한 지장

28 (일방적 사표제출) **일방적으로 사표를 내고 출근하지 않습니다. 어떻게 처리해야 하나요?**

> 직원이 퇴근하면서 이번 주 까지만 출근하겠다고 사표를 내고 출근하지 않습니다. 전화를 해도 받지도 않는데, 근로자가 원하는 대로 사표를 수리해 줘야 하나요?

퇴직은 자유

회사는 근로자를 마음대로 그만두게 할 수 없지만, 반대로 근로자는 언제든 회사를 그만둘 수 있습니다. 퇴직의 자유가 있는 것이죠. 그렇다면 위의 사례에서처럼 근로자가 사표를 내면 회사는 근로자가 원하는 대로 무조건 수리해 줘야 하는 지가 궁금해집니다. 회사는 어떻게 처리할 수 있을까요?

근로자가 원하는 대로 수리해 주는 경우

첫째, 근로자가 원하는 대로 처리해 주는 것입니다. 근로자가 "내일부터 출근하지 않겠다", "이번 주까지만 나오겠다"고 했을 때, 회사도 "그렇게 하세요"라고 할 수 있고, 이것을 '합의퇴직'이라고 합니다. 위의 경우 이번 주 금요일까지 출근하고 그만두는 것으로 합의한다면 퇴직일은 토요일이 됩니다(만약 일요일까지 근무한 것으로 합의한다면 퇴직일은 다음 주 월요일).

이처럼 어떤 문제가 생겼을 때 당사자가 서로 '합의'하여 해결한다면 더 이상 다툴게 없어지니까, '합의'는 가장 바람직한 해결방법이라고 할 수 있습니다. 그런데 회사 입장에서는 업무인수인계도 안한 상태에서 근로자가 원하는 대로 사직처리를 해주기는 쉽지 않을 것으로 보이네요. 그래서 두 번째 방법은 회사 규정에 따라 처리하는 것입니다.

회사 규정에 따라 처리

대부분의 회사는 관련 규정(취업규칙)에서 "사표는 퇴직일로부터 며칠 전에 제출해야 한다"는 내용을 명시하고 있습니다. 예를 들어, "30일 전에 제출해야 한다"고 되어 있는 경우, 근로자가 6월 1일자로 사표를 냈다면 6월 2일부터(기간을 계산할 때에는 첫날은 제외합니다) 30일까지(즉, 7월 1일)는 출근해야 하고 31일째(즉, 7월 2일)가 퇴직일이 되는 것이지요.

퇴직관련 규정이 없는 경우

마지막으로 회사에 퇴직관련 규정도 없고, 사표도 수리해 주지 않는 경우입니다. 이때는 임금을 월급제·연봉제로 정한 경우와 시급제·일급제로 정한 경우로 구분하여 판단합니다. 앞의 예에서 근로자가 6월 1일 퇴근하면서 사표를 제출한 경우 시급제나 일급제인 근로자는 1개월이 경과한 날 즉, 7월 2일이 퇴직일이 되고, 월급제나 연봉제인 근로자는 6월이 지나고 1임금지급기(임금산정기간이 1일부터 말일까지인 경우)인 그 다음달 7월도 지난 날 즉, 8월 1일이 퇴직일이 됩니다. 좀 복잡하네요.

사표내고 출근을 안하면

———

지금까지 근로자가 일방적으로 사표를 낸 경우 어떻게 처리할 수 있는지에 대해 정리해 보았는데요. 문제는 근로자가 퇴직일 전까지 정상적으로 출근해 주느냐 입니다. 퇴직일 전까지 정상 출근하면서 업무를 잘 마무리해 주고 간다면 좋겠지만, 대부분 출근하지 않을 확률이 높은데요,

이럴 때는 회사 규정에 근거하여 출근하지 않는 날을 결근으로 처리하는 방법과 근로자가 원하는 대로 사직 처리해 주는 방법을 선택할 수 있습니다. 만약 결근으로 처리한다면 결근기간은 무급이므로 근로자의 평균임금이 낮아지게 되고, 이로 인해 근로자의 퇴직금이 줄어드는 문제가 생길 수도 있습니다. 실무에서는 주로 후자의 방법으로 처리하는 것 같습니다.

정리하면, 근로자는 퇴직의 자유가 있다고 하더라도 회사 퇴직규정에 따라 미리 퇴사를 알리고 업무를 잘 마무리해 주고 나가는 것이 바람직한 모습이겠죠. 아울러 회사도 퇴직관련규정을 명확히 정해서 이를 둘러싼 다툼이 없도록 해야 할 것입니다.

참고사례 ❶

사직서 제출기간을 30일보다 더 길게 정하는 경우
민법 제660조 제2항에 규정된 30일의 예고기간보다 장기간의 예고기간을 사용자와 근로자간 특약으로 약정하는 것은 효력이 인정되지 않습니다. 이 경우 근로자가 사직서를 제출한 뒤 30일이 지나면 퇴직의 효력이 발생한다고 봐야 합니다(대법원 1997.7.8, 96누5087).

참고사례 ❷

근로자가 제시한 지정일 이전에 퇴직 조치를 한 경우

근로자가 제시한 지정일 이전에 퇴직 조치하였더라도 지정일까지 출근한 것으로 보고 임금을 지급하였다면 적법한 퇴직조치에 해당하고, 임금을 지급하지 않은 경우에도 근로자가 아무런 이의 없이 퇴직금을 수령하였다면 부당해고로 볼 수 없습니다(대법원 1995.6.30, 94다17994).

#퇴직 #사표 #결근 #사직서 #퇴직일 #취업규칙 #합의 #시급제 #일급제 #월급제 #연봉제

29 (사직처리) 연락도 안되고 출근도 안하는데 사직처리를 해도 되나요?

직원이 아무 연락도 없이 며칠째 출근을 하지 않아서 전화를 했는데 전화도 안 받고, 문자메시지 답변도 없습니다. 사업을 하다보면 이런 일이 가끔 발생하는데, 이럴 때 어떻게 처리해야 하나요?

출근도 안하고 연락도 안되고

근로자가 회사를 그만두는 경우 미리 그만둔다고 말을 하거나 사직서를 내고 그만두면 좋겠는데, 아무런 말도 없이 그냥 출근하지 않는 경우가 자주 발생합니다. 심지어 근로자가 아침에 정상 출근해서 다른 직원하고 점심도 같이 먹었는데, 오후에 말도 없이 나간 직원도 있다고 합니다.

이런 일이 발생했을 때 대부분의 회사는 며칠 기다려보다가 더 이상 연락이 안되면 '회사 나오기 싫어서 그만뒀나보다' 하고 퇴직처리(고용보험 상실신고 등)를 하게 되는데요. 나중에 이 직원이 나타나서 자기는 사직서를 쓴 적도 없고, 회사를 그만둔다고 말한 적도 없으니 '부당해고'라고 주장하는 경우가 많습니다. 회사 입장에서는 근로자를 해고한 적이 없는데, '해고당했다'고 하면 황당해 질 것 같네요.

사직서를 받는다

———

이와 같은 일이 생겼을 때 나중에 발생할 수 있는 다툼을 방지하기 위해 회사는 어떤 조치를 취하는 것이 좋을까요?

첫째, "개인적인 사정으로 회사를 그만 두겠다"는 내용의 사직서를 받는 것입니다. 사직 여부를 둘러싼 분쟁예방을 위한 가장 확실한 방법인데요. 회사가 평소 사용하고 있는 양식을 이용하거나 근로자가 자필로 직접 쓴 사직서를 받아두는 것이죠.

사직서를 받을 수 없다면

———

이처럼 근로자가 회사를 그만 둘 때는 사직서를 받는 것이 가장 확실한 방법이지만, 위의 사례에서 언급한 것처럼 근로자가 일방적으로 출근하지 않고 연락도 잘 안되는 상황에서 현실적으로 사직서를 받을 수 없는 경우는 어떻게 해야 할까요.

둘째, 회사가 근로자를 해고한 것이 아니라면 출근을 독촉하는 행위를 해야합니다. 이런 일로 다투는 경우 근로자는 주로 "사직서를 낸 적이 없으니, 회사가 나를 해고한 것이다"라는 주장을 하게 되는데요, 회사가 근로자를 해고한 것이 아닌데 근로자가 출근하지 않는다면 퇴직 여부를 확인하는 조치를 했느냐가 중요한 판단근거가 될 수 있습니다.

전화나 문자메시지 등 SNS를 활용하여 "출근하시기 바랍니다", "언제까지 출근하지 않으면 사직한 것으로 알겠습니다", "휴가를 내지 않고 출근하지 않으면 무단결근에 해당하므로, 회사 규정에 따라 처리하겠습니다"는 등의 근거를 남겨야 할 것입니다.

아무런 대답이 없는 경우

―

　회사가 이러한 조치를 취했는데도 불구하고 근로자가 아무런 대답이 없다면 사직으로 처리하거나 회사 규정에 따라 징계하면 될 것입니다. 아울러 근로자도 회사를 그만두는 경우에는 사직서를 제출하거나 명확하게 의사표시를 해 줌으로써, 이런 일로 인한 다툼이 생기지 않도록 해야 할 것입니다.

참고사례 ❶

> ### 해고한 것이 아니라 스스로 그만 둔 것으로 볼 수 있는 경우(1)
>
> 　사용자가 사직서 제출 및 노트북 등 물품반납 여부를 확인하자 우편으로 송부하겠다는 문자메시지를 전송하였고, 사용자가 근로자의 사원증 및 출입지문 등록을 삭제한 이후 근로제공 시도는 물론 이러한 조치에 대한 항의가 전혀 없었으며, 사용자가 수차례 유선 연락, 카카오톡 메시지, 문자메시지 등을 통해 사직서 제출 및 물품반납을 요청하였으나 근로자는 아무런 응답을 하지 않았으며, 사용자가 근로자를 권고사직으로 퇴사처리하고 4대 보험 상실신고를 하였음에도 아무런 이의도 제기하지 않고 연락을 하지 않은 경우에는 해고가 아닌 자진 사직으로 볼 수 있습니다(중앙노동위원회 2017.8.22, 2017부해606)

참고사례 ❷

해고한 것이 아니라 스스로 그만 둔 것으로 볼 수 있는 경우(2)

근로자가 출근하지 않은 상태에서 회사로부터의 연락에 일체 응하지 않았으며, 퇴직 후 얼마 지나지 않아 다른 회사에 취업한 경우에는 해고가 아닌 자진 사직으로 볼 수 있습니다(서울행정법원 2011.2.18, 2010구합18024)

참고사례 ❸

전화나 구두로 그만두겠다는 의사표시를 한 경우

근로자가 근로계약관계를 종료시키고자 하는 의사표시는 보통 사직원의 제출에 의하지만 구두나 전화로 사직의 의사표시를 하는 것도 가능하고, 사용자가 승낙의 의사표시를 하면 근로관계는 합의에 의하여 종료된 것으로 봐야 합니다(서울행정법원 2002.8.8, 2002구합2338).

#사직 #사직서 #의사표시 #카톡 #문자메시지 #SNS

오늘 해고통지를 서면으로 받았습니다. 그런데 해고사유에 "취업규칙 제○○조 위반"으로만 적혀 있어서, 해고사유가 구체적으로 무엇인지 정확히 알 수가 없습니다. 이런 경우 제가 어떻게 대처해야 하나요?

해고사유와 해고시기를 서면으로 통지해야

회사가 근로자를 해고하면서 해고사유를 정확히 기재하지 않아서 다툼이 생기는 것을 자주 보게 됩니다. 근로기준법 제27조에서는 "근로자를 해고하려면 해고사유와 해고시기를 서면으로 통지해야 한다"라고 규정하고 있는데, 해고사유가 명백히 존재하더라도 그 사유를 자세히 기재하지 않으면 부당해고가 될 수 있습니다('서면'의 의미에 대해서는 다른 주제에서 설명합니다).

여기서 '해고사유'란 해고를 하게 된 동기나 원인을 말하는데, 그렇다면 어떤 경우에 주로 다툼이 발생하는지 살펴볼까요.

해고사유를 기재하지 않은 경우

첫째, 해고사유를 아예 기재하지 않는 경우입니다. 해고하는 이유가 뭔지를 언급하지 않고 그냥 "며칠 자로 해고합니다", "시용기간 만료로 해고합니다"라고 통지하는 것이지요. 이것은 설사 근로자가 자신이 해고되는 사유를 알고 있다고 하더라도 해고사유를 통보하지 않은 것이 되어 부당해고에 해당합니다(대법원 2021.2.25, 2017다226605).

해고사유를 대강 기재한 경우

둘째, 해고사유를 자세히 기재하지 않고 대강 기재한 경우입니다. 회사가 해고사유를 통지할 때는 근로자의 입장에서 해고에 대응할 수 있도록 해고사유가 무엇인지를 구체적으로 알 수 있어야 합니다. 따라서 근로자가 위반한 취업규칙 조문만 나열하거나(예를 들어, 취업규칙 제○○조 위반) 해고사유를 대강 기재하는 경우(예를 들어, 풍기문란, 직무충실의무 위반)에는 해고사유를 명확히 기재하지 않은 것으로 보아 부당해고가 될 수 있습니다(대법원 2011.10.27, 2011다42324).

다만, 이 경우 해고대상자가 이미 해고사유가 무엇인지 구체적으로 알고 있었고 근로자가 그에 대해 충분히 대응할 수 있었던 경우이거나(대법원 2022.1.14, 2021두50642), 인사위원회에 출석해 징계사유에 대해 구체적으로 진술한 경우(대법원 2015.7.9, 2014다76434), 해고통보서를 받기 이전부터 이미 해고사유가 무엇인지 구체적으로 알고 있었던 경우(서울행정법원 2009.5.28, 2008구합48718)라면 부당해고로 보지 않습니다.

해고사유는 구체적으로 적어야

정리하면, 회사는 근로자를 해고할 때에 해고사유를 대강 기재하지 말고, 누가 보더라도 어떤 이유로 해고되었는지 알 수 있도록 가능한 구체적으로 서면에 적어서 통지해야 합니다. 위의 사례에서 "취업규칙 제ㅇㅇ조 위반"으로만 기재하지 말고, "공급횡령 300만 원", "법인카드 5회 총 500만 원 부당 사용" 등으로 구체적으로 적시해야 할 것입니다.

근로자 입장에서도 어떤 일로 징계를 당하는 경우 징계위원회 등을 통해 적극적으로 자신의 입장을 이야기해서 불이익을 당하는 일이 없도록 해야 할 것입니다.

관련 법률

> 근로기준법 제27조(해고사유 등의 서면통지)
> ① 사용자는 근로자를 해고하려면 해고사유와 해고시기를 서면으로 통지하여야 한다.
> ② 근로자에 대한 해고는 제1항에 따라 서면으로 통지하여야 효력이 있다.
> ③ 사용자가 제26조에 따른 해고의 예고를 해고사유와 해고시기를 명시하여 서면으로 한 경우에는 제1항에 따른 통지를 한 것으로 본다.

참고사례 ❶

기간제 근로계약이 만료되는 경우에도 해고통지 의무가 있는지

기간제 근로계약은 그 기간이 만료됨으로써 당연히 종료하는 것이므로 갱신 거절의 존부 및 시기와 그 사유를 명확하게 해야 할 필요성이 해고의 경우에 견주어 크지 않고, 근로기준법 제27조의 내용과 취지에 비추어 볼 때 기간제 근로계약이 종료된 후 갱신 거절의 통보를 하는 경우에까지 근로기준법 제27조를 준수하도록 예정하였다고 보기 어렵습니다. 이러한 사정을 종합하여 보면, 기간제 근로계약이 종료된 후 사용자가 갱신 거절의 통보를 하는 경우에는 근로기준법 제27조가 적용되지 않는다고 볼 수 있습니다(대법원 2021.10.28, 2021두45114).

참고사례 ❷

해고사유를 기재하지 않고 징계회의 회의록을 첨부한 경우

사용자가 해고사유 등을 서면으로 통지할 때 해고통지서 등 그 명칭과 상관없이 근로자의 처지에서 해고사유가 무엇인지를 구체적으로 알 수 있는 서면이면 충분합니다. 사용자가 회의일시, 장소, 참석자, 근로자의 업무처리상 과실 등 회의내용을 정리한 회의록을 작성하여 근로자로부터 확인 서명을 받고 사본을 교부하였다면, 비록 그 서면이 회의록 형식이라고 하더라도 근로자가 위 서면에 의해 해고통지를 받을 당시 이미 해고사유가 무엇인지 구체적으로 알고 있었고 이에 대해 충분히 대응할 수 있는 상황이었으므로, 위 서면에 의한 해고통지가 근로기준법 제27조를 위반한 것으로 볼 수 없습니다(대법원 2021.7.29, 2021두36103).

참고사례 ❸

시용기간 만료로 해고하는 경우에도 해고사유를 기재해야 하는지

시용근로관계에서 사용자가 본 근로계약 체결을 거부하는 경우에는 해당 근로자로 하여금 그 거부사유를 파악하여 대처할 수 있도록 구체적이고 실질적인 거부사유를 서면으로 통지해야 한다고 봐야 합니다. 따라서 사용자가 근로자에게 단순히 '시용기간의 만료로 해고한다'는 취지로만 통지한 것은 근로기준법 제27조 규정을 위반한 절차상 하자가 있어 효력이 없다고 볼 수 있습니다(대법원 2015.11.27, 2015두48136).

#해고통지 #해고사유 #시용기간 #기간제 #해고예고 #취업규칙

31 (해고통지의 방법) **해고통지서를 근로자의 이메일로 보냈습니다.**

직장내 성희롱이 인정되어 징계위원회에서 해고가 결정되었습니다. 해고를 통지해야 하는데, 근로자가 출근하지 않아서 이메일로 해고통지서를 발송했습니다. 해고통지는 '서면'으로 해야 하는 것으로 알고 있는데, 이런 경우 해고통지를 이메일로 해도 되나요?

해고통지는 '서면'으로 해야

근로기준법 제27조에서는 근로자에게 해고를 통지할 때에는 해고사유와 해고 날짜를 '서면'으로 통지해야 하고, '서면'으로 통지하여야 효력이 있다고 되어 있습니다.

이처럼 근로기준법에서는 어떤 행위를 하거나 제도를 도입할 때 구두로 하지 말고 '서면'으로 하도록 규정하고 있는 경우가 많습니다. 예를 들면, 근로계약을 체결할 때 임금·소정근로시간·휴일 등을 서면에 명시하여 교부해야 하고(근로기준법 제17조), 임금을 지급할 때도 임금항목과 내역을 적은 서면을 교부하도록 되어 있습니다(근로기준법 제48조). 또한, 연차휴가사용을 촉진하거나(근로기준법 제61조) 연차휴가 대체(근로기준법 제62조), 탄력근무제 등의 유연근무제(근로기준법 제51조 등)나 보상휴가제(근로기준법 제57조)를 도입할 때도 마찬가지입니다.

'서면'은 종이로 된 문서를 의미

여기서 서면으로 교부하라고 할 때 '서면'이란 원칙적으로 '종이'로 된 문서를 의미하므로, 이메일이나 휴대폰 문자메시지, 전송이나 복사 등 '전자문서'를 이용한 통지는 원칙적으로 서면통지로 볼 수 없습니다(대법원 2011.10.27, 2011다42324). 다만, 예외적으로 근로계약을 체결할 때와 임금명세서를 교부할 때의 서면은 '전자문서'도 서면에 해당한다고 관련 법률에 규정되어 있습니다(근로기준법 제17조 제2항, 제48조 제2항).

'전자문서'란 정보처리시스템에 의하여 전자적 형태로 작성·변환되거나 송신·수신 또는 저장된 정보(전자문서법 제2조 제1호) 또는 컴퓨터 등 정보처리능력을 가진 장치에 의하여 전자적인 형태로 작성되거나 변환되어 송신·수신 또는 저장되는 정보를 말합니다(민사소송 등에서의 전자문서 이용 등에 관한 법률 제2조 제1호).

이메일로 해고통지를 한 경우

그렇다면 위의 사례에서 회사가 해고통지를 이메일을 했다면 이것은 '서면'으로 통지한 게 아니어서 근로기준법 제27조를 위반한 것이 되고 따라서 부당해고가 될 수 있습니다. 그런데 해고통지를 이메일로 했다고 해서 무조건 무효로 보지는 않는데요, 전자문서는 사실상 종이 형태의 서면과 다를 바 없고, 이메일로 보낸 징계결과통보서에 해고사유와 시기가 구체적으로 기재되어 있다는 등의 이유로 이메일에 의한 해고통지도 효력이 있다고 본 사례도 있습니다(대법원 2015.9.10, 2015두41401).

서면으로 통지하는 방법

―

　서면으로 통지하는 방식은 사용자의 기명이나 날인이 표시된 문서를 직접 전달하거나 등기우편으로 송부하는 것이 일반적인 방법인데요(서울행정법원 2010. 6.18, 2010구합11629), '징계위원회 결과통보서'를 전달하거나 해당 근로자가 참여하여 확인 서명한 징계위원회 회의록을 교부한 것도 서면통지로 보았습니다(대법원 2021.7.29, 2021두45114).

해고통지는 '서면'으로 직접 교부

―

　정리하면, 회사가 근로자를 해고할 때에는 해고사유와 해고시기가 적힌 종이를 직접 교부하거나 등기우편으로 발송하는 것이 가장 좋은 방법입니다. 만약 이것이 여의치 않을 경우에는 근로자의 이메일로 발송하는 것도 가능합니다. 다만, 이메일로 발생했을 경우 나중에 서면통지 여부를 둘러싸고 다툼이 생기면 회사가 그 정당성을 입증해야 하는 책임이 따르니까, 2가지 방법을 병행한다면 더 확실하겠지요.

> 관련 법률

> **근로기준법 제27조(해고사유 등의 서면통지)**
> ① 사용자는 근로자를 해고하려면 해고사유와 해고시기를 서면으로 통지하여야 한다.
> ② 근로자에 대한 해고는 제1항에 따라 서면으로 통지하여야 효력이 있다.
> ③ 사용자가 제26조에 따른 해고의 예고를 해고사유와 해고시기를 명시하여 서면으로 한 경우에는 제1항에 따른 통지를 한 것으로 본다.

참고사례 **❶**

근로기준법 제27조는 법적 분쟁이 발생할 경우 해고사유와 해고시기 등에 관한 입증을 용이하게 있고, 사용자의 일시적인 감정에 의한 해고를 방지하기 위한 것인 점, 위 규정은 사용자의 부당한 해고로부터 근로자의 권익을 보호하기 위한 것이라는 점에서 엄격하게 해석하여야 하는 점, 휴대전화 문자메세지는 해고자의 서명이나 날인 등이 존재하지 않아 진정한 의사를 확인하기 어려운 점, 원고가 보낸 휴대전화 문자메세지에 해고시기 및 해고사유가 특정되어 있지 않는 점 등에 비추어 보면, 원고가 보낸 휴대전화 문자메세지를 서면과 동일하게 취급할 수 없습니다. 따라서 원고의 참가인에게 해고사유와 해고시기를 기재한 서면으로 해고를 통지하였음을 인정할 아무런 증거가 없으므로, 원고의 참가인에 대한 해고는 절차적 정당성을 갖추지 못하여 효력이 없다고 할 것이므로, 더 나아가 해고사유의 정당성 여부를 살펴볼 필요 없이 부당해고라고 할 것입니다(서울행정법원 2010.4.16, 2009구합 31878).

참고사례 **❷**

근로자 스스로 요구하여 해고처분 결과를 e-mail로 수령한 후 다시 서면통보를 요청하여 사용자가 서면통보 하였음에도 이를 수령하지 않아 반송시킨 행위는 근로자의 수령 거부로 보아야 할 것이므로, 이 사건 근로자에 대한 해고처분은 그 절차에 있어서 정당하다고 할 수 있습니다(중앙노동위원회 2009부해493, 2009.8.7).

참고사례 ❸

해고통지서를 책상에 놓아두었으나 보지도 않고 고의로 찢어버린 경우

이 사건 교장은 원고가 근무하던 책상에 원고에 대하여 해고사유 및 해고시기를 기재하여 원고와의 근로계약을 해지한다는 내용의 문서를 두었으나, 원고는 이 문서를 보지도 않고 고의로 찢어버렸으므로, 이 사건 해고사유 및 해고시기가 기재된 해고통지는 사회통념상 원고가 그 내용을 알 수 있는 객관적 상태에 놓여졌다고 할 수 있습니다. 따라서 원고에게 해고사유 및 해고시기가 기재된 해고통지가 서면으로 이루어졌으므로, 이 사건 해고가 근로기준법 제27조에 위배된다고 볼 수 없습니다(서울행정법원 2013.8.29, 2013구합9427).

#해고통지 #해고사유 #서면 #전자문서 #문자메시지 #SNS #카톡 #휴대폰 #등기우편 #이메일

32 (감급의 한도) 감봉 3개월인데, 임금이 얼마나 삭감되나요?

지시한 업무를 제대로 하지 않았다는 이유로 감봉 3개월 징계를 받았습니다. 근로기준법 조문을 찾아보니까, 감봉할 때 1회의 금액이 '평균임금의 1일분의 2분의 1을, 총액이 1임금지급기의 임금총액의 10분의 1을 초과하지 못한다'고 되어 있는데, 이것이 무슨 말인지 잘 모르겠습니다. 감봉 3개월이면 제 월급에서 얼마나 삭감되는지 궁금합니다.

감봉이란

징계종류 중에 '감봉'이란 근로자가 받아야 할 임금의 일부를 감액하는 것을 말합니다. '감봉'이라는 용어 대신 '감급'이라는 용어를 사용하는 회사도 있는데, 일반적으로는 취업규칙에서 징계양정을 정할 때 이 둘을 구분하지 않고 주로 '감봉'이라고 쓰고 있습니다.

감봉할 수 있는 최대 금액은

'감봉'은 근로자의 생계수단인 임금을 일부 공제하는 것이므로, 근로기준법에서는 감액 한도를 정해 놓고 있는데요. 질문에서처럼 법조문 내용이 어렵게 표기되어 있어서 감봉액을 둘러싸고 다툼이 자주 발생하고 있습니다. 그렇다면 '감봉할 때 1회의 금액이 '평균임금의 1일분의 2분의 1을, 총액이 1임금지급기의 임금총액의 10분의 1을 초과하지 못한다'(근로기준법 제95조)는 것은 어떤 의미일 까요?

'1임금지급기'란 근로자의 임금계산기간(주급의 경우 1주, 월급의 경우 1개월)을 의미하고, '임금총액'이란 1임금지급기에 현실적으로 지불되는 임금 전부를 말합 니다.

예를 들어, 1일 평균임금이 10만 원이고 1임금지급기가 월급제이며 월평균임금 이 3백만 원일 경우, 감봉 3개월이라면 감봉 1회의 액은 1일 평균임금 10만 원의 반액인 5만 원 안에서 3개월(3회)을 감액할 수 있으며(즉, 50,000원×3회=150,000 원 한도), 3개월간의 감봉총액은 월급 3백만 원의 10%인 30만 원을 초과할 수 없 다는 뜻입니다.

만약, 이 경우 월 1회의 감액이 5만 원을 초과하거나 3개월 전체를 합한 감액 이 30만 원을 초과한다면 법위반에 해당하고, 초과한 금액을 돌려 줘야 합니다. 회사에서 근로자에 대해 감봉을 할 때 흔히 하는 실수가 위의 사례에서 3개월 동안 매월 10%인 30만 원씩을 감봉하는 경우입니다.

감봉을 할 때 기준 되는 달은

감급을 1회만 하지 않고 여러 달에 걸쳐서 하는 경우 근로자의 매월 임금총액 이 다를 때에(예를 들어, 9월 300만 원, 10월 310만 원, 11월 320만 원) 어느 달을 기 준으로 감봉액을 정해야 하는지가 문제될 수 있습니다. 감봉액은 감봉처분이 결 정되고 근로자에게 통지된 날을 기준으로 해야 하므로, 9월 1일에 감급 3개월을 결정하고 통지한다면 전체 감봉금액은 9월 임금총액의 10%인 30만 원을 초과할 수 없습니다.

근로기준법의 감봉제한 규정이 적용되지 않는 사람은

—

　감봉 한도를 정한 근로기준법 제95조는 근로기준법이 적용되지 않는 공무원, 원칙적으로 근기법이 적용되더라도 특별법(사립학교법)에 별도의 규정이 있는 사립학교 교원, 상시 근로자 4명 이하의 사업장에 대해서는 적용되지 않습니다.

　위의 사례에서 1일 평균임금이 10만 원이라면 감봉 1회는 1/2인 5만 원 안에서 할 수 있으므로, 감봉 3개월이면 총 150,000원 한도에서 가능합니다.

관련 법률

> **근로기준법 제95조(제재규정의 제한)**
> 　취업규칙에서 근로자에 대하여 감급(減給)의 제재를 정할 경우에 그 감액은 1회의 금액이 평균임금의 1일분의 2분의 1을, 총액이 1임금지급기의 임금총액의 10분의 1을 초과하지 못한다.

참고사례 ❶

> **결근, 지각, 조퇴로 인해 임금을 공제하는 경우에도 감봉제한규정이 적용되는지**
> 　지각, 조퇴, 결근에 대해서 근로가 없었던 시간만큼 임금을 차감하는 것은 징계조치로 이루어진 것이 아니므로, 여기서 말하는 제재로서의 감급에 해당하지 않습니다. 따라서 근로를 제공하지 않은 시간에 대한 삭감액이 법정감급한도를 초과하더라도, 이것을 감급한도 위반으로 볼 수는 없습니다(근기 1451-3247, 1983.12.30).

참고사례 ❷

출근정지 징계로 인해 임금의 일부를 지급받지 못한 경우 감급제재에 해당하는지

근로기준법 제95조에서 규정한 감급의 제재는 근로자가 근로를 제공함으로써 일단 발생한 임금채권을 감액하는 것으로서, 근로자가 자신의 귀책사유로 인해 취업규칙 등에 정한 정당한 사유에 의해 출근정지, 정직이나 직위해제 등의 징계를 받음으로서 임금의 전부 또는 일부를 지급받지 못했다면, 이는 징계의 결과 근로를 제공하지 못한데 따른 것으로서 근로기준법 제95조 위반으로 볼 수 없습니다(근기 68207-798, 1999.12.4).

#감급 #감봉 #출근정지 #결근 #지각 #조퇴

(당연퇴직사유와 징계사유의 중복) **취업규칙에서 동일한 사유에 대해 다른 처분의 사유로 중복 규정하고 있는 경우 어느 것을 적용해야 하나요?**

회사에서 인사업무를 담당하고 있는 3년차 회사원입니다. 직원 중 한 분이 여름 휴가를 사용한 이후 연락이 되지 않고, 7일째 출근하지 않고 있습니다. 취업규칙 에서는 '월 7일 이상 무단결근'에 대해 당연퇴직 사유로 규정하고 있으면서, 징계 해고 사유로도 규정하고 있습니다. 이 경우에는 어떤 처분을 해야 할까요?

당연퇴직 규정의 내용과 이행방법

당연퇴직이란 근로자와 회사의 의사표시 없이 특정한 사유가 발생하면 근로 관계를 자동적으로 종료시키는 것을 말합니다. 통상 당연퇴직사유에는 근로자의 사망이나 정년 도달, 근로계약기간의 만료가 있습니다. 그런데, 이렇게 근로관계 의 자동소멸사유로 보이는 경우 외에 사례의 '무단결근'처럼 다른 사유를 당연퇴 직사유로 규정했다면 이는 사실상 통상해고에 해당한다고 보아야 합니다. 따라 서 이러한 경우에도 정당한 이유 없이 해고할 수 없습니다(근로기준법 제23조 제1 항). 다만, 당연퇴직에 대해 별도의 절차를 규정하지 않은 경우, 소명기회 부여, 인사위원회 개최 등 특정한 절차를 진행해야 하는 것은 아닙니다.

특정한 행위가 당연퇴직사유와 징계해고사유에 모두 해당되는 경우

그렇다면 특정한 행위가 취업규칙상 당연퇴직(통상해고)사유와 징계해고사유에 모두 규정되어 있다면 어느 것을 적용해야 할까요? 같은 사유이기에 어떤 처분을 하더라도 규정의 적법한 적용으로 이해할 수 있습니다. 다만, 법원은 특별한 사유가 없는 한, '징계해고사유가 통상해고사유에도 해당하여 통상해고의 방법을 취하더라도, 징계해고에 따른 소정의 절차는 부가적으로 요구된다'고 보았습니다(대법원 2023.12.28, 2021두33470). 즉, 징계절차를 거치지 않으면 해고가 무효가 되는 것입니다.

취업규칙과 단체협약의 규정이 서로 다른 경우

만약, 징계사유와 관련하여 취업규칙과 단체협약에 규정된 내용이 다른 경우에는 무엇을 적용해야 할까요? 통상적으로 근로자에게 유리한 내용이 우선하여 적용된다는 유리성 원칙이 적용됩니다만, 단체협약은 노사합의로 만들어진 기준이기 때문에 근로자에게 불리하더라도 다른 규정에 우선하여 적용됩니다.

법원은 무단결근자를 엄중히 징계하기로 노사간에 합의하여 무단결근자의 면직기준일수를 월 7일에서 월 5일로 변경하는 단체협약을 개정, 시행하기로 한 경우, 취업규칙에 여전히 월 7일로 기재되어 있다 하더라도 단체협약을 적용해야 한다고 보았습니다. 단체협약이 개정되었는데도 불구하고, 취업규칙이 적용된다면 단체협약을 개정한 목적을 달성할 수 없기 때문입니다(대법원 2002.12.27, 2002두9063).

정리하면

위 사안에서 근로자의 무단결근은 통상해고 사유에 해당하기에 통상해고처분을 할 수도 있지만, 징계해고 사유로도 규정되어 있으므로 징계해고처분을 할 수도 있습니다. 둘 중 어느 처분을 하더라도 회사 내 징계절차가 규정되어 있지 않다면 절차를 거칠 필요가 없으나, 징계절차가 규정되어 있다면 해당 징계절차에 따라야 합니다. 당연퇴직과 징계해고는 각자 다른 성격의 처분입니다. 따라서 각각의 사유를 중복되지 않게 정하는 것이 인사운영상 혼란을 피할 수 있습니다.

참고사례 ❶

> **해고할 수 있는 징계사유를 규정한 취업규칙의 여러 규정의 내용이 서로 일부 다른 경우 무엇을 적용해야 하는지**
>
> 징계에 관한 내용이 취업규칙 제44조에 따른 별표 징계요령에서 징계사유와 그에 상응하는 징계처분의 종류를 명시적으로 구분하여 규정하고 있음에도 이와 별도로 제50조에서 퇴직 및 해고의 사유로 당연퇴직사유, 통상해고사유, 합의해지사유로 보여지는 사유 외에 위와 같이 징계사유로 보여지는 사유도 함께 규정하고 있는 바, 이와 같이 해고할 수 있는 징계사유를 규정한 취업규칙의 여러 규정의 내용이 서로 일부 다른 경우 어느 것을 적용하여야 하는지가 문제되나 이러한 경우에는 근로자에게 보다 유리한 규정을 적용하여야 한다고 본 사례가 있습니다. 법원은 위 사안에서 취업규칙에 따라 근로자를 징계해고함에 있어서는 해고에 해당하는 징계사유를 보다 제한적으로 규정하고 있는 별표 징계요령만을 적용하여야 하고, 다만 그것이 제50조 소정의 해고사유와 동일한 것으로 인정되는 경우에는 같은 조의 해당규정도 아울러 적용된다고 보았습니다(대법원 1994.5.27, 93다57551).

참고사례 ❷

비위행위가 있었던 이후에 취업규칙의 내용이 변경되면 무엇을 적용해야 하는지

비위행위가 있었을 때의 취업규칙 내용이 변경되었다고 하더라도 징계처분을 해야 할 때는 이전의(비위행위가 있었을 때의) 취업규칙을 적용해야 합니다. 취업규칙 위반행위시와 징계처분시에 있어서 서로 다른 내용의 취업규칙이 있는 경우, 다른 특별한 사정이 없는 한 해고 등의 의사표시는 의사표시의 시점에 시행되고 있는 신(新) 취업규칙 소정의 절차에 따라 행하면 족하지만, 징계권(징계사유)의 유무에 관한 결정은 징계가 근로자에게 있어서 불이익한 처분이므로 행위시에 시행되고 있던 구(舊) 취업규칙에 따라 행하여야 할 것이라고 판단한 사례가 있습니다(대법원 1994.12.13, 94다27960).

#당연퇴직사유 #징계해고사유 #취업규칙 #징계규정 #징계절차

34 (구직급여) **회사 사정으로 그만뒀는데, 실업급여를 받을 수 있나요?**

서울의 한 기업에서 3년 넘게 정규직 직원으로 근무하고 있습니다. 최근 회사가 세종시로 사업장 이전을 결정하여 직원들 모두 근무지를 이전해야 하는 상황입니다. 제가 사는 남양주에서 세종까지 출퇴근하면 왕복 4시간이 넘게 걸립니다. 회사에서는 사택 지원이 어렵다고 하여 어쩔 수 없이 사직했습니다. 저도 실업급여를 받을 수 있나요?

실업(구직)급여란

실업급여를 받을 수 있는지 확인하기 전에, 먼저 '실업급여'가 무엇인지 알아야 할 것입니다. '실업급여'란 고용보험에 가입한 실직 근로자에게 재취업 활동을 하는 기간 동안 실업으로 인한 생계 불안을 극복하고 생활이 안정될 수 있도록 지급하는 급여입니다. 이는 실직 근로자에게 재취업의 기회를 주기 위해 마련된 것입니다.

실업급여 수급요건

실직 근로자라고 하여 실업급여를 받을 수 있는 것은 아닙니다. 실업급여를 받기 위해서는 다음의 5가지 요건을 모두 충족해야 합니다.

① 이직일 이전 18개월 동안 피보험 단위기간을 합산하여 180일 이상이 되어야 합니다. 여기서 '이직일'이란, 근로자가 마지막으로 근로한 날을 말합니다. 예를 들어, 근로자가 6월 30일까지 근무하고 퇴사했다면 6월 30일이 이직일이고, 7월 1일은 고용보험 피보험 자격을 상실한 상실일이 됩니다.

그렇다면, 피보험 단위기간은 무슨 뜻일까요? '피보험 단위기간'이란, 이직일을 기준으로 하여 이전 18개월 동안에 고용보험에 가입해 임금을 받은 유급일수를 말합니다.

여기서 유의해야 할 점이 있는데요. 피보험 단위기간이 180일 이상이라고 하여 단순히 6개월이라고 생각하면 안 됩니다. 예를 들어 '주 5일제' 근무자의 경우 1주일의 유급일수는 주휴일을 포함하여 '주 6일'이 됩니다. 만약, 이직일이 7월 1일이라면, 1월부터 6월까지의 피보험 단위기간은 180일이 아니라 156일이 되는 것이지요.

한편, '주 6일제' 근무자의 경우, 1주일의 유급일수는 주휴일을 포함하여 '주 7일'이 됩니다. 이 경우에는 6개월 근무하면 피보험 단위기간이 180일이 될 수 있습니다.

그리고 한 회사에서 180일 동안 임금을 받아야 하는 것은 아닙니다. 이직일 이전 18개월 동안 여러 회사에 다닌 경우라도, 근무했던 회사에서의 피보험 단위기간을 합산해서 180일 이상이 되면 요건이 충족됩니다.

② 근로 의사와 능력이 있음에도 불구하고 취업하지 못한 상태여야 합니다. 쉽게 말해 실직상태에 있어야 합니다.

③ 실업 인정 기간 중에 재취업을 하기 위해 적극적으로 노력해야 합니다. 실업급여는 재취업을 위한 지원금이기에 구직활동을 했다는 것을 증명해야 할 필요가 있습니다.

④ 이직 사유가 비자발적 퇴사여야 합니다. 비자발적 퇴사에는 계약기간 만료, 권고사직, 해고, 정년퇴직이 있습니다. 만약, 회사에서 계약직 근로자에게 계

약기간 만료 시점에 재계약을 하자고 한 경우, 근로자가 거부하면 이는 자진 퇴사가 됩니다. 이러한 경우에는 실업급여를 받을 수 없습니다.

⑤ 이직사유가 중대한 귀책사유로 인한 해고, 근로자 개인 사정에 의한 이직 등 고용보험법 제58조에서 규정하는 수급자격 제한 사유에 해당하지 않아야 합니다.

자발적 퇴사여도 실업급여 받을 수 있어
—

실업급여를 받기 위해서는 비자발적으로 퇴사해야 합니다. 그런데, 근로조건의 저하, 임금체불, 사업장의 이전으로 통근이 곤란한 경우(통상의 교통수단으로 왕복 3시간 이상 소요되는 경우) 등 특정한 사유로 자발적인 퇴사를 한 경우에는 실업급여를 받을 수 있습니다.

위 사례에서 근로자는 회사의 이전으로 인한 통근 곤란을 이유로 사직하였습니다. 이렇게 '사업장의 이전 또는 지역을 달리하는 사업장으로의 전근 등에 의한 사유로 출퇴근 왕복 시간이 3시간 이상 소요'되어 퇴사하는 경우에는, 예외적으로 실업급여를 받을 수 있습니다.

실업급여를 받기 위한 허위신고는 처벌 대상
—

한편, 실업급여 수급 요건을 모두 충족하지 못하는데도 허위로 실업급여 수급 요건에 충족하는 것처럼 서류를 조작하거나 신고하는 경우에는, 실업급여 지급이 제한되며, 그간 받은 실업급여의 전액 반환 및 부정하게 받은 금액의 최대 5배가 추가 징수될 수 있습니다. 또한, 최대 3년 이하의 징역 또는 3천만 원 이하

의 벌금이 부과될 수 있고, 근로자가 회사와 공모한 경우에는 근로자와 회사의
대표에게 각각 최대 5년 이하의 징역 또는 5천만 원 이하의 벌금이 부과될 수
있습니다.

관련 법률

고용보험법 제40조(구직급여의 수급요건)

① 구직급여는 이직한 근로자인 피보험자가 다음 각 호의 요건을 모두 갖춘 경우에 지
급한다. 다만, 제5호와 제6호는 최종 이직 당시 일용근로자였던 사람만 해당한다.
  1. 제2항에 따른 기준기간(이하 "기준기간"이라 한다) 동안의 피보험 단위기간(제41
     조에 따른 피보험 단위기간을 말한다. 이하 같다)이 합산하여 180일 이상일 것
  2. 근로의 의사와 능력이 있음에도 불구하고 취업(영리를 목적으로 사업을 영위하
     는 경우를 포함한다. 이하 이 장 및 제5장에서 같다)하지 못한 상태에 있을 것
  3. 이직사유가 제58조에 따른 수급자격의 제한 사유에 해당하지 아니할 것
  4. 재취업을 위한 노력을 적극적으로 할 것
  5. 다음 각 목의 어느 하나에 해당할 것
     가. 제43조에 따른 수급자격 인정신청일이 속한 달의 직전 달 초일부터 수급자
         격 인정신청일까지의 근로일 수의 합이 같은 기간 동안의 총 일수의 3분의
         1 미만일 것
     나. 건설일용근로자(일용근로자로서 이직 당시에 「통계법」 제22조 제1항에 따
         라 통계청장이 고시하는 한국표준산업분류의 대분류상 건설업에 종사한 사
         람을 말한다. 이하 같다)로서 수급자격 인정신청일 이전 14일간 연속하여
         근로내역이 없을 것
  6. 최종 이직 당시의 기준기간 동안의 피보험 단위기간 중 다른 사업에서 제58조에
     따른 수급자격의 제한 사유에 해당하는 사유로 이직한 사실이 있는 경우에는 그
     피보험 단위기간 중 90일 이상을 일용근로자로 근로하였을 것
② 기준기간은 이직일 이전 18개월로 하되, 근로자인 피보험자가 다음 각 호의 어느
  하나에 해당하는 경우에는 다음 각 호의 구분에 따른 기간을 기준기간으로 한다.
  1. 이직일 이전 18개월 동안에 질병·부상, 그 밖에 대통령령으로 정하는 사유로
     계속하여 30일 이상 보수의 지급을 받을 수 없었던 경우: 18개월에 그 사유로
     보수를 지급 받을 수 없었던 일수를 가산한 기간(3년을 초과할 때에는 3년으
     로 한다)

2. 다음 각 목의 요건에 모두 해당하는 경우: 이직일 이전 24개월

　　가. 이직 당시 1주 소정근로시간이 15시간 미만이고, 1주 소정근로일수가 2일 이하인 근로자로 근로하였을 것

　　나. 이직일 이전 24개월 동안의 피보험 단위기간 중 90일 이상을 가목의 요건에 해당하는 근로자로 근로하였을 것

참고사항 ❶

근로자의 실업급여 수급자격이 제한되지 않는 정당한 이직사유
(고용보험법 시행규칙 별표 2)

1. 다음 각 목의 어느 하나에 해당하는 사유가 이직일 전 1년 이내에 2개월 이상 발생한 경우

　　가. 실제 근로조건이 채용 시 제시된 근로조건이나 채용 후 일반적으로 적용받던 근로조건보다 낮아지게 된 경우

　　나. 임금체불이 있는 경우

　　다. 소정근로에 대하여 지급받은 임금이 「최저임금법」에 따른 최저임금에 미달하게 된 경우

　　라. 「근로기준법」 제53조에 따른 연장 근로의 제한을 위반한 경우

　　마. 사업장의 휴업으로 휴업 전 평균임금의 70퍼센트 미만을 지급받은 경우

2. 사업장에서 종교, 성별, 신체장애, 노조활동 등을 이유로 불합리한 차별대우를 받은 경우

3. 사업장에서 본인의 의사에 반하여 성희롱, 성폭력, 그 밖의 성적인 괴롭힘을 당한 경우

3의2. 「근로기준법」 제76조의2에 따른 직장 내 괴롭힘을 당한 경우

4. 사업장의 도산·폐업이 확실하거나 대량의 감원이 예정되어 있는 경우

5. 다음 각 목의 어느 하나에 해당하는 사정으로 사업주로부터 퇴직을 권고받거나, 인원 감축이 불가피하여 고용조정계획에 따라 실시하는 퇴직 희망자의 모집으로 이직하는 경우

　　가. 사업의 양도·인수·합병

나. 일부 사업의 폐지나 업종전환

다. 직제개편에 따른 조직의 폐지·축소

라. 신기술의 도입, 기술혁신 등에 따른 작업형태의 변경

마. 경영의 악화, 인사 적체, 그 밖에 이에 준하는 사유가 발생한 경우

6. 다음 각 목의 어느 하나에 해당하는 사유로 통근이 곤란(통근 시 이용할 수 있는 통상의 교통수단으로는 사업장으로의 왕복에 드는 시간이 3시간 이상인 경우를 말한다)하게 된 경우

가. 사업장의 이전

나. 지역을 달리하는 사업장으로의 전근

다. 배우자나 부양하여야 할 친족과의 동거를 위한 거소 이전

라. 그 밖에 피할 수 없는 사유로 통근이 곤란한 경우

7. 부모나 동거 친족의 질병·부상 등으로 30일 이상 본인이 간호해야 하는 기간에 기업의 사정상 휴가나 휴직이 허용되지 않아 이직한 경우

8. 「산업안전보건법」 제2조제2호에 따른 "중대재해"가 발생한 사업장으로서 그 재해와 관련된 고용노동부장관의 안전보건상의 시정명령을 받고도 시정기간까지 시정하지 아니하여 같은 재해 위험에 노출된 경우

9. 체력의 부족, 심신장애, 질병, 부상, 시력·청력·촉각의 감퇴 등으로 피보험자가 주어진 업무를 수행하는 것이 곤란하고, 기업의 사정상 업무종류의 전환이나 휴직이 허용되지 않아 이직한 것이 의사의 소견서, 사업주 의견 등에 근거하여 객관적으로 인정되는 경우

10. 임신, 출산, 만 8세 이하 또는 초등학교 2학년 이하의 자녀(입양한 자녀를 포함한다)의 육아, 「병역법」에 따른 의무복무 등으로 업무를 계속적으로 수행하기 어려운 경우로서 사업주가 휴가나 휴직을 허용하지 않아 이직한 경우

11. 사업주의 사업 내용이 법령의 제정·개정으로 위법하게 되거나 취업 당시와는 달리 법령에서 금지하는 재화 또는 용역을 제조하거나 판매하게 된 경우

12. 정년의 도래나 계약기간의 만료로 회사를 계속 다닐 수 없게 된 경우

13. 그 밖에 피보험자와 사업장 등의 사정에 비추어 그러한 여건에서는 통상의 다른 근로자도 이직했을 것이라는 사실이 객관적으로 인정되는 경우

참고사항 ❷

실업급여 신청절차

1. 사업주에게 상실신고서 및 이직확인서* 제출 요청
   * 이직확인서: 실업급여 자격 판단에 필수적인 서류로 퇴사한 근로자 요청 시, 사업주는 10일 이내에 신고(교부)하여야 함(예술인·노무제공자는 불필요).
2. 워크넷(www.work.go.kr)을 통하여 구직신청
3. 실업급여 신청자 취업 지원 설명회 참석: 온라인 또는 거주지 관할 고용센터 방문, 수강
4. 수급자격인정신청서 제출: 신청자 본인이 거주지 관할 고용센터 방문, 제출

참고사항 ❸

실업급여 지급액 및 지급일수

- 실업급여 지급액 퇴직 전 평균임금의 60%×소정급여일 수
- 소정급여일수(실업급여를 받는 일수)

연령 및 가입기간	1년 미만	1년 이상 3년 미만	3년 이상 5년 미만	5년 이상 10년 미만	10년 이상
50세 미만	120일	150일	180일	210일	240일
50세 이상 및 장애인	120일	180일	210일	240일	270일

#실업급여 #계약기간만료 #권고사직 #해고 #정년퇴직 #이직확인서

(징계의 효력발생시기) 징계통지서를 발송했는데, 징계의 효력은 언제 발생하나요? (발송한 날?, 도달한 날?, 기재한 날?)

2024.7.8. 징계위원회에서는 횡령을 한 직원에게 정직 1개월의 징계처분을 하기로 결정했습니다. 2024.7.9. 위와 같은 징계처분 내용을 기재하여 해당 근로자에게 징계통지서를 발송하였고, 2024.7.12.에 근로자가 징계통지서를 받았다고 합니다. 그런데, 징계통지서에는 징계처분 개시일을 기재하지 않았습니다. 이 경우, 징계처분의 효력은 언제부터 발생하는 것인가요? 근로자를 언제 복직시켜야 하나요?

징계통지서에는 무엇을 기재해야 할까

근로자를 해고하려는 경우, 회사는 해고사유와 시기를 서면으로 통지해야 합니다(근로기준법 제27조). 한편, 근로자를 징계하려는 경우에는 어떻게 통지해야 할까요? 법적으로 정해진 것은 아닙니다만, 이 경우에도 해당 근로자에게 징계처분의 내용 및 사유와 징계처분 시기를 서면으로 통지해주는 것이 좋습니다.

원칙적으로 징계효력은 징계처분 개시일로 정한 날에 발생한다

징계통지서에서 징계처분 개시일을 정했다면 해당일에 징계처분 효력이 발생합니다. 만약 징계통지서에 징계처분 개시일을 기재하지 않았다면 어떻게 될까요? 이 경우 징계처분의 효력은 징계처분 통지서가 해당 근로자에게 도달했을 때 발생합니다(민법 제111조 제1항).

그래서 근로자는 해고의 경우에는 해고통지서에 기재된 해고일로부터 3개월 이내에, 노동위원회에 구제신청을 할 수 있습니다(노동위원회규칙 제40조 제1호). 다만, 해고통지서에 기재된 해고일이 해고통지서를 받은 날보다 이전인 때에는 근로자가 구제신청을 할 수 있는 기간이 단축되는 불이익이 없도록 해고통지서를 받은 날부터 3개월 이내에 노동위원회에 구제신청을 할 수 있습니다(노동위원회규칙 제40조 제1호).

한편, 해고 이외의 징벌은 근로자가 그 징벌에 관한 통지(구술통지 포함)를 받은 날로부터 3개월 이내에, 통지가 없었던 경우에는 징벌이 있었음을 안 날로부터 3개월 이내에 노동위원회에 구제신청을 할 수 있습니다(노동위원회규칙 제40조 제2호).

구두로 징계처분 통보를 한 경우
―

징계처분 통보를 서면이 아닌 구두로 할 수 있을까요? 할 수 있다면, 징계의 효력은 언제 발생할까요? 법에서는 징계처분 통보 방법에 대해 규정하고 있지 않습니다. 그래서 구두로도 징계처분 통보를 할 수 있는데요. 이렇게 근로자에게 구두로 징계처분을 통지한 경우에는 그 즉시 징계처분의 효력이 발생합니다.

정리하면
―

위 사안에서 해당 근로자가 받은 징계처분 통지서에는 징계처분 개시일이 기재되어 있지 않았기에 징계처분 통지서를 받은 2024. 7. 12.부터 1개월 동안 정직처분을 받게 되는 것입니다. 따라서 2024. 8. 12.에 해당 근로자를 복직시키면 됩니다.

이처럼 징계의 경우에도 구체적 내용이 명확하게 공유되지 않는다면, 불필요한 혼란과 분쟁의 원인이 될 수 있습니다. 그래서 단순히 구두로 통보하기보다 서면으로 징계사유와 내용 그리고 징계처분 개시일을 기재하여 근로자가 본인의 징계사유가 무엇 이고 어떠한 처분을 받았는지 명확하게 알 수 있도록 하는 것이 바람직합니다.

참고사례

근로자가 징계처분 통지서 수령을 거부하는 경우, 언제 효력이 생기는지

근로자가 징계처분 통지서 수령을 거부하는 경우에는 근로자가 통지의 내용을 알 수 있는 객관적 상태에 놓여 있는 때에 효력이 생긴다고 보아야 합니다. 계약의 해제와 같은 상대방 있는 의사표시는 그 통지가 상대방에게 도달한 때 효력이 생기는 것이고, 여기서 도달이라 함은 사회통념상 상대방이 통지의 내용을 알 수 있는 객관적 상태에 놓여 있는 경우를 가리키는 것으로서, 상대방이 통지를 현실적으로 수령하거나 통지의 내용을 알 것까지는 필요로 하지 않는 것이므로, 상대방이 정당한 사유 없이 통지의 수령을 거절한 경우에는 상대방이 그 통지의 내용을 알 수 있는 객관적 상태에 놓여 있는 때에 의사표시의 효력이 생기는 것으로 보아야 한다고 판단한 사례가 있습니다(대법원 2008.6.12, 2008다19973).

#징계 #징계처분 #징계처분통지 #징계처분통지서 #징계처분개시일 #발송일 #도달일 #통지일

사장님과 직장인이 꼭 알아야 할
노동법 상식 70선

36. (직장내 괴롭힘) 일 좀 잘하라고 독려했는데, 괴롭힘이라고 합니다.

37. (직장내 괴롭힘) 직장 내 괴롭힘 행위자보다 직책이 높아도 직장 내 괴롭힘 피해자가 될 수 있나

38. (직장내 괴롭힘) 직장내 괴롭힘 신고했는데, 사실관계 조사가 제대로 되지 않은 것 같습니다.

39. (직장내 성희롱) 농담으로 한 말인데, 성희롱이라구요?

CHAPTER 04

직장내 괴롭힘, 직장내 성희롱

CHAPTER
04

직장내 괴롭힘, 직장내 성희롱

36 (직장내 괴롭힘) **일 좀 잘하라고 독려했는데, 괴롭힘이라고 합니다.**

얼마 전 부서에 신입사원이 들어왔습니다. 그런데, 업무를 할 때마다 실수를 합니다. 처음에는 그럴 수도 있다고 생각했지만, 지적을 해도 나아지지 않고 오히려 같은 실수를 반복하고 있습니다. 참다못해 신입사원에게 처음으로 화를 내며 '정신 똑바로 안차려요?'라고 한 마디 했습니다. 다음날 신입사원이 저를 직장 내 괴롭힘 가해자로 신고했습니다. 욕을 한 것도 아닌데, 이것도 괴롭힘에 해당하나요?

직장내 괴롭힘은 법적으로 금지되어 있어

회사의 경영진이나 근로자는 회사에서의 지위 또는 관계 등의 우위를 이용해서 업무상 적정범위를 넘어 다른 근로자에게 신체적·정신적 고통을 주거나 근무환경을 악화시키는 행위, 이른바 직장내 괴롭힘을 해서는 안됩니다(근로기준법 제76조의2).

직장내 괴롭힘 성립요건

―

어떠한 행위가 직장내 괴롭힘에 해당하기 위해서는 다음의 요건을 모두 충족해야 합니다. 먼저, 회사의 상사 또는 근로자가 같은 회사 소속의 근로자(또는 파견근로자)에게 한 행위여야 합니다.

두 번째로 직장내 괴롭힘 행위는 지위상 우위(지위, 직급 등 공식적 지휘·명령 권한)이나 관계상 우위(행위자가 다수이거나 권력부서, 나이가 많다는 등의 영향력)를 이용한 것이어야 합니다.

세 번째로 업무와 관련된 상황에서 이루어진 것으로서, 업무상 적정성을 넘는 행위여야 합니다. 상사가 개인적인 용무를 처리하기 위해 부하 직원에게 심부름을 시키는 것처럼 업무를 수행하는데 필요하지 않는 행위나 업무를 수행하는데 필요한 행위라고 하더라도 폭언·폭행 등 사회통념상 용인되기 어려운 행위를 하는 것은 업무상 적정범위를 넘어서는 것입니다.

마지막으로, 앞서 살펴본 3가지의 요건을 충족한 행위로 인해 근로자가 신체적·정신적 고통을 받았거나 근로자의 근무환경이 악화된 결과가 있어야 합니다. 여기서 근무환경이 악화되었다는 것은 괴롭힘 행위로 피해근로자가 업무를 하는데 제 능력을 발휘하지 못할 정도로 상당한 지장을 받는 것을 말합니다.

정리하면

___

위 사례에서는 업무를 할 때 같은 실수를 반복하는 신입사원에게 화를 낸 행위가 업무상 적정범위를 넘은 행위로 볼 수 있는지가 관건입니다. 해당 행위는 업무를 하는데 있어 필요하지 않은 행위라고 볼 수 없고, 폭언이 포함되지 않은 일회적인 행위를 직장내 괴롭힘에 해당한다고 단정하는 것은 아무래도 어렵습니다.

한편, 직장내 괴롭힘이 발생했다면 누구든지 회사에 신고할 수 있습니다. 이때 회사는 ① 지체없이 사실 확인을 위한 조사를 실시해야 하고, ② 조사결과 직장내 괴롭힘에 해당한다면 피해근로자의 의견을 들어 행위자를 징계하는 등의 조치를 해야 합니다. 만약, 회사에서 제대로 조사를 하지 않았거나, 회사의 대표가 직장내 괴롭힘을 하여 공정한 조사를 기대하기 어렵다면 고용노동청에 진정을 제기하는 방법으로 구제받을 수 있습니다.

관련법률

근로기준법 제76조의2(직장 내 괴롭힘의 금지)

사용자 또는 근로자는 직장에서의 지위 또는 관계 등의 우위를 이용하여 업무상 적정범위를 넘어 다른 근로자에게 신체적·정신적 고통을 주거나 근무환경을 악화시키는 행위(이하 "직장 내 괴롭힘"이라 한다)를 하여서는 아니 된다.

근로기준법 제76조의3(직장 내 괴롭힘 발생 시 조치)

① 누구든지 직장 내 괴롭힘 발생 사실을 알게 된 경우 그 사실을 사용자에게 신고할 수 있다.

② 사용자는 제1항에 따른 신고를 접수하거나 직장 내 괴롭힘 발생 사실을 인지한 경우에는 지체 없이 당사자 등을 대상으로 그 사실 확인을 위하여 객관적으로 조사를

실시하여야 한다.
③ 사용자는 제2항에 따른 조사 기간 동안 직장 내 괴롭힘과 관련하여 피해를 입은 근로자 또는 피해를 입었다고 주장하는 근로자(이하 "피해근로자등"이라 한다)를 보호하기 위하여 필요한 경우 해당 피해근로자등에 대하여 근무장소의 변경, 유급휴가 명령 등 적절한 조치를 하여야 한다. 이 경우 사용자는 피해근로자등의 의사에 반하는 조치를 하여서는 아니 된다.
④ 사용자는 제2항에 따른 조사 결과 직장 내 괴롭힘 발생 사실이 확인된 때에는 피해근로자가 요청하면 근무장소의 변경, 배치전환, 유급휴가 명령 등 적절한 조치를 하여야 한다.
⑤ 사용자는 제2항에 따른 조사 결과 직장 내 괴롭힘 발생 사실이 확인된 때에는 지체 없이 행위자에 대하여 징계, 근무장소의 변경 등 필요한 조치를 하여야 한다. 이 경우 사용자는 징계 등의 조치를 하기 전에 그 조치에 대하여 피해근로자의 의견을 들어야 한다.
⑥ 사용자는 직장 내 괴롭힘 발생 사실을 신고한 근로자 및 피해근로자등에게 해고나 그 밖의 불리한 처우를 하여서는 아니 된다.
⑦ 제2항에 따라 직장 내 괴롭힘 발생 사실을 조사한 사람, 조사 내용을 보고받은 사람 및 그 밖에 조사 과정에 참여한 사람은 해당 조사 과정에서 알게 된 비밀을 피해근로자등의 의사에 반하여 다른 사람에게 누설하여서는 아니 된다. 다만, 조사와 관련된 내용을 사용자에게 보고하거나 관계 기관의 요청에 따라 필요한 정보를 제공하는 경우는 제외한다.

참고사항

직장내 괴롭힘 행위(예시)

1. 정당한 이유 없이 업무능력이나 성과를 인정하지 않거나 조롱하는 행위
2. 정당한 이유 없이 훈련, 승진, 보상, 일상적인 대우 등에서 차별하는 행위
3. 다른 근로자들과는 달리 특정 근로자에 대하여만 근로계약서 등에 명시되어 있지 않는 모두가 꺼리는 힘든 업무를 반복적으로 부여하는 행위
4. 근로계약서 등에 명시되어 있지 않는 허드렛일만 시키거나 일을 거의 주지 않는 행위
5. 정당한 이유 없이 업무와 관련된 중요한 정보제공이나 의사결정과정에서 배제시키는 행위

6. 정당한 이유 없이 휴가나 병가, 각종 복지혜택 등을 쓰지 못하도록 압력을 행사하는 행위
7. 다른 근로자들과는 달리 특정 근로자의 일하거나 휴식하는 모습만을 지나치게 감시하는 행위
8. 사적 심부름 등 개인적인 일상생활과 관련된 일을 하도록 지속적·반복적으로 지시하는 행위
9. 정당한 이유 없이 부서이동 또는 퇴사를 강요함
10. 개인사에 대한 뒷담화나 소문을 퍼뜨리는 행위
11. 신체적인 위협이나 폭력을 가함
12. 욕설이나 위협적인 말을 하는 행위
13. 다른 사람들 앞이나 온라인상에서 나에게 모욕감을 주는 언행
14. 의사와 상관없이 음주, 흡연, 회식 참여를 강요하는 행위
15. 집단 따돌림
16. 업무에 필요한 주요 비품(컴퓨터, 전화 등)을 주지 않거나, 인터넷·사내 네트워크 접속을 차단하는 행위

#직장내괴롭힘 #조사의무 #분리조치 #지위상우위 #관계상우위 #따돌림 #왕따 #폭언 #업무상적정범위

37 **(직장내 괴롭힘) 직장 내 괴롭힘 행위자보다 직책이 높아도 직장 내 괴롭힘 피해자가 될 수 있나요?**

저는 헤어샵에서 팀장직을 맡고 있습니다. 저희 팀에 저보다 나이가 10살이나 많고 경력도 저보다 훨씬 오래된 팀원이 있는데, 그 팀원이 제게 고장난 열펌기계를 직접 가져다 버리라고 지시하는 메일을 보냈습니다. 저는 그 팀원에게 왜 이런 메일을 보낸 것인지 물어보기 위해 얼굴을 보면서 얘기하자고 했습니다. 그런데, 팀원이 자신이 나이가 더 많고, 근무 경력도 길다는 이유로 거부하면서 "팀장님 얼굴을 보거나 목소리를 듣는 것만으로 스트레스를 받아 미칠 지경이에요"라고 했습니다. 제가 팀원보다 직책이 높은데 직장 내 괴롭힘 피해자가 될 수 있나요?

직장내 괴롭힘은 지위 또는 관계의 우위를 이용해야

직장내 괴롭힘은 지위 또는 관계의 우위를 이용해야 성립합니다. 여기서 '우위성'이란 피해자가 괴롭힘 행위에 대해 저항 또는 거절이 어려울 가능성이 높은 상태를 의미합니다.

우위성 판단요소

행위자가 직위·직급체계상 상위에 있지 않더라도 나이·성별 등 다양한 사정을 고려했을 때 우위성을 인정할 수 있다면 관계의 우위가 인정됩니다. 따라서 직장 내 괴롭힘 판단에 있어 단순히 상급자가 아니라는 이유로 괴롭힘을 부정할 것이 아니라, '직장 내 괴롭힘 행위가 발생하게 된 경위', '당사자 및 직장동료들의 관계', '직장 내 영향력' 등 다양한 요소를 고려하여 종합적으로 판단해야 합니다.

행위자가 피해자와의 관계에서 우위성이 있는지는 특정 요소에 대한 사업장 내 통상적인 사회적 평가를 토대로 판단하되, 관계의 우위성은 상대적이므로 행위자－피해자 간에 이를 달리 평가해야 할 특별한 사정이 있는지도 함께 확인하는 것이 필요합니다.

정리하면

사례에서는 팀원이 팀장에게 한 행위를 관계상 우위를 이용한 행위로 볼 수 있는지가 관건입니다. 팀원은 팀장보다 나이가 10살이나 많고, 근무경력이 길다는 점을 내세운 것으로 관계상 우위를 이용한 것으로 볼 수 있습니다.

그리고 팀원은 본인보다 직책이 높은 팀장의 지도 및 감독권한을 무시하며, 오히려 팀장에게 부당한 업무지시를 했습니다. 이는 업무상 적정범위를 넘어 팀장에게 정신적 고통을 주거나 근무환경을 악화시켰다고 볼 수 있습니다.

직장내 지위가 아닌 관계의 우위를 이용한 행위도 직장내 괴롭힘 행위가 될 수 있으므로, 행위자가 관계상의 우위를 이용했는지 확인하는 것은 매우 중요합니다. 관계의 우위는 연차, 근속년수, 직장내 영향력 등 사실상 우위를 점하고 있다고 판단되는 모든 내용이 포함될 수 있습니다.

직장내 괴롭힘을 예방하고 대응하기 위해서는

━━

직장내 괴롭힘 금지규정은 2019년 근로기준법이 개정되면서 도입되었습니다. 언론 매체에서 직장내 괴롭힘에 대해 많이 다루고 있지만, 직장내 괴롭힘이 어떠한 경우에 성립되는지, 직장내 괴롭힘을 예방하고 대응하기 위해서 어떻게 해야 하는지 잘 모르는 경우가 많습니다.

그리하여 고용노동부에서는 직장내 괴롭힘 발생을 사전에 예방하고, 슬기롭게 대응할 수 있도록 직장내 괴롭힘 예방·대응 매뉴얼을 발간하고 있습니다. 해당 매뉴얼은 '고용노동부 홈페이지 – 정책자료실'에서 확인할 수 있습니다.

참고사례 ❶

> **관계의 우위성이 인정되어 팀장에 대한 팀원의 직장 내 괴롭힘으로 인정된 경우**
>
> 청원경찰 조원인 행위자는 메일을 통해 청원경찰 조장이던 피해자3에게 손괴된 무전기 안테나 덮개에 대한 조치를 취하도록 지시하거나, 방검복 착용에 관한 내부 방침 변경에 대해 비꼬는 말투로 시정할 것을 요구하였으며, 직접 대면하여 이야기할 것을 요구한 피해자3에게 자신의 근무경력이나 연령 등을 내세워 거부하면서 피해자3의 얼굴을 보거나 목소리 듣는 것만으로 스트레스를 받아 미칠 지경이라는 표현을 사용하였습니다. 법원은 행위자가 조장의 지도 및 감독권한을 무시하고 직장에서의 지위 또는 관계 등의 우위를 이용하여 조장인 피해자3에게 부당한 업무지시를 한 것은 업무상 적정범위를 넘어 정신적 고통을 주거나 근무환경을 악화시키는 행위에 해당한다고 판단하였습니다(서울행정법원 2022.1.18, 2020구합84143).

참고사례 ❷

피해자가 행위자의 상급자임에도 불구하고 직장 내 괴롭힘으로 인정된 경우

　피해자는 행위자의 상급자이나 행위자는 피해자를 자신의 상급자로 대우하지 않고, 오히려 피해자를 무시하는 언동을 보였으며, 피해자의 거부에도 대화를 계속 녹음하고, 확인서 작성을 거듭 요구하는 등 과도하고 집착적인 행동을 하였습니다. 또한, 위와 같은 행동은 피해자의 업무지시 중에 이루어졌고, 당시 불법행위나 그에 대한 채증의 필요성이 있었던 것으로 보이지도 않습니다. 따라서 이는 업무상 적정 범위를 넘어 피해자에게 정신적 고통을 주거나 근무환경을 악화시키는 행위로서 괴롭힘에 해당됩니다(서울행정법원 2022.12.15, 2021구합87118).

#직장내괴롭힘 #우위성 #지위의우위 #관계의우위

38 (직장내 괴롭힘) **직장내 괴롭힘 신고했는데, 사실관계 조사가 제대로 되지 않은 것 같습니다.**

회사에 직장내 괴롭힘 신고를 했습니다. 신고가 접수된 후 인사담당자는 제가 진술한 피해사실을 녹음해 피신고인에게 전달했습니다. 이후, 인사위원회가 열렸는데, 인사위원회에서는 피신고인에게만 소명할 수 있도록 하고, 제게는 의견진술의 기회를 주지 않았습니다. 그 결과, 회사는 직장내 괴롭힘이 없었다고 결론을 내렸고, 피신고인은 직장내 괴롭힘과 무관한 관리 책임 소홀에 대한 견책 처분을 받았습니다. 아무래도 조사가 제대로 이루어지지 않은 것 같은데, 어떻게 해야 하나요?

직장내 괴롭힘 신고가 접수되면 '지체 없이', '객관적으로' 조사를 해야

회사는 직장내 괴롭힘 신고를 접수 받았거나 직장내 괴롭힘 발생 사실을 인지한 경우에 지체 없이 당사자 등을 대상으로 사실 확인을 위해 객관적인 조사를 실시해야 합니다(근로기준법 제76조의3 제2항).

여기서 '지체 없이'란, '사정이 허락하는 범위에서 가장 신속하게 해야 한다'는 의미로 회사에서는 최대한 빠른 시일 내에 조사를 실시하는 것이 바람직합니다.

조사는 어떻게 진행해야 할까

　회사는 직장내 괴롭힘 신고가 접수되면 조사를 해야 합니다. 그런데, 근로기준법에서는 조사절차에 대하여는 명확하게 규정하고 있지 않습니다. 회사에서 괴롭힘 조사를 할 때에는, 아래의 절차를 참고할 수 있을 것입니다.

　(1) 충분한 자료 수집: 조사를 진행하기에 앞서, 직장내 괴롭힘 신고인에게 육하원칙에 기반해 작성한 직장내 괴롭힘 신고내용과 이를 뒷받침할 수 있는 증거를 제출하도록 합니다.

　(2) 조사대상자 선정 및 조사: 먼저 신고인이 제출한 자료를 토대로 조사대상자를 선정합니다. 조사대상자는 신고인, 피신고인, 참고인으로 구성됩니다. 여기서 '참고인'은 신고인이 피신고인 행위의 목격자로 주장한 사람이나, 신고인과 피신고인의 주장이 다를 때 당시 상황을 객관적으로 확인할 수 있었던 사람으로 지정하는 것이 바람직합니다. 통상 조사순서는 신고인 → 참고인 → 피신고인 순으로 진행하는데, 사건의 성격에 따라 순서를 다르게 정할 수도 있습니다.

　조사대상자가 선정되고 나면 조사를 진행합니다. 조사 시에는 '사건의 경위', '피해자·행위자 인적사항 및 당사자 관계', '괴롭힘 행위의 반복성 또는 지속성 여부', '행위로 인한 피해자의 피해 정도', '조사과정에서의 피해자 요청사항', '괴롭힘 인정 후 행위자 조치에 관한 피해자 의견'을 확인하고, '직접증거 및 정황증거(목격자, 이메일, 녹음, 메신저 대화내용, 일기, 치료기록 등)'를 검증해야 합니다.

　(3) 조사결과에 따른 판단: 우선, 당사자들의 주장과 객관적인 근거자료를 종합하여 사실 여부를 파악합니다. 사실관계 파악이 완료된 이후에는 사실로 인정된 행위에 한해 법률적인 판단을 합니다. 사실로 인정된 행위가 근로기준법에서 규정하고 있는 직장 내 괴롭힘 행위 요건을 충족하는지 따져보는 것입니다.

　(4) 해결: 직장내 괴롭힘 행위가 있었다고 인정된다면, 회사는 피신고인 즉,

행위자에게 징계, 근무장소의 변경 등의 조치를 해야 합니다. 징계 등 조치를 하기 전에 회사는 신고인 즉, 피해자의 의견을 들어야 합니다.

만약, 직장내 괴롭힘 행위가 없었다고 인정된다면, 회사는 아무런 조치를 취하지 않아도 될까요? 직장내 괴롭힘 행위가 없었다고 하더라도 신고인과 피신고인 간에 갈등이 있다는 것은 부정할 수 없는 사실이므로, 당사자들이 한 공간에서 근무한다면 당사자들의 의견을 들어 근무장소를 변경해줄 수 있을 것입니다. 그리고 근로자들에게 직장내 괴롭힘 예방교육을 하여 정확한 지식을 전달하고, 상호존중 문화를 통해 직장내 괴롭힘 사건을 예방하는 노력이 필요할 것입니다.

정리하면

사례에서 회사는 직장내 괴롭힘 신고 사건에 대해 제대로 사실확인 조사를 하지 않은 채 인사위원회를 개최했습니다. 인사위원회에서는 괴롭힘에 대해 신고인에게는 의견을 진술할 기회를 주지 않았는데, 피신고인에게는 소명할 수 있는 기회를 주었습니다.

한편, 인사담당자는 신고인이 호소하는 피해사실을 알고 있으면서 이를 인사위원회에 알리지 않았고, 본인의 지위를 이용하여 신고인의 진술을 녹음해 피신고인에게 공유했습니다. 이를 종합적으로 고려할 때, 회사는 괴롭힘 발생 사실에 대해 객관적으로 조사했다고 보기 어렵습니다.

따라서 회사는 직장내 괴롭힘 발생 사실에 대한 객관적인 조사의무를 위반한 것이므로 500만 원 이하의 과태료가 부과될 수 있고, 신고인은 고용노동청에 진정을 제기하여 구제받을 수 있습니다.

회사는 안전한 근무환경을 조성하여 근로자의 생명, 신체, 건강을 보호해야 할 의무가 있습니다. 그러나 이처럼 직장내 괴롭힘 발생 사실을 제대로 조사하지 않는 것은 회사가 근로자들의 근무환경을 악화시키는 것과 다르지 않습니다.

회사에서는 근로자에 대한 안전배려의무가 있다는 것을 명심하고, 건강하고 안전한 근무환경과 조직을 만들기 위해 노력하는 것이 필요합니다.

관련 법률

근로기준법 제76조의3(직장 내 괴롭힘 발생 시 조치)

① 누구든지 직장 내 괴롭힘 발생 사실을 알게 된 경우 그 사실을 사용자에게 신고할 수 있다.

② 사용자는 제1항에 따른 신고를 접수하거나 직장 내 괴롭힘 발생 사실을 인지한 경우에는 지체 없이 당사자 등을 대상으로 그 사실 확인을 위하여 객관적으로 조사를 실시하여야 한다.

③ 사용자는 제2항에 따른 조사 기간 동안 직장 내 괴롭힘과 관련하여 피해를 입은 근로자 또는 피해를 입었다고 주장하는 근로자(이하 "피해근로자등"이라 한다)를 보호하기 위하여 필요한 경우 해당 피해근로자등에 대하여 근무장소의 변경, 유급휴가 명령 등 적절한 조치를 하여야 한다. 이 경우 사용자는 피해근로자등의 의사에 반하는 조치를 하여서는 아니 된다.

④ 사용자는 제2항에 따른 조사 결과 직장 내 괴롭힘 발생 사실이 확인된 때에는 피해근로자가 요청하면 근무장소의 변경, 배치전환, 유급휴가 명령 등 적절한 조치를 하여야 한다.

⑤ 사용자는 제2항에 따른 조사 결과 직장 내 괴롭힘 발생 사실이 확인된 때에는 지체 없이 행위자에 대하여 징계, 근무장소의 변경 등 필요한 조치를 하여야 한다. 이 경우 사용자는 징계 등의 조치를 하기 전에 그 조치에 대하여 피해근로자의 의견을 들어야 한다.

⑥ 사용자는 직장 내 괴롭힘 발생 사실을 신고한 근로자 및 피해근로자등에게 해고나 그 밖의 불리한 처우를 하여서는 아니 된다.

⑦ 제2항에 따라 직장 내 괴롭힘 발생 사실을 조사한 사람, 조사 내용을 보고받은 사람 및 그 밖에 조사 과정에 참여한 사람은 해당 조사 과정에서 알게 된 비밀을 피해근로자등의 의사에 반하여 다른 사람에게 누설하여서는 아니 된다. 다만, 조사와 관련된 내용을 사용자에게 보고하거나 관계 기관의 요청에 따라 필요한 정보를 제공하는 경우는 제외한다.

참고사례

피고 ○○전기는 원고로부터 피고 박○○의 성희롱 사실을 고지받은 직후인 2005. 7.경부터 2006. 1.말경까지 특정 부서에 배치하지 아니한 채 발령대기 상태에 머무르게 하였던 점, 이후 새로운 부서 배치 이후에도 원고의 지위 등에 비추어 적절한 업무를 부여하지 않은 점, 사업주에 대하여 근로자가 성희롱 피해사실을 주장할 경우 그 진위 여부에 대하여 신속하고 정확하게 철저한 사고조사 및 재발방지 대책을 수립하여야 함에도 피고 ○○기는 2005. 6. 17. 원고로부터 피고 박○○의 성희롱 사실을 고지받고도 성희롱 가해자인 피고 박○○과 그와 새로운 회사인 '○○'로 이동하게 되는 윤○○ 상무의 진술만을 청취한 채 진위를 파악하려는 추가 조사를 하지 아니한 채 종결하여 철저한 조사를 하지 아니하였고 그에 따라 어떠한 재발방지 대책도 수립하지 아니한 점, 피해자인 원고가 가해자인 피고 박○○과의 분리를 요청하면서 다른 사업으로의 전보를 요구하였음에도 약 7개월간 별다른 조치를 취하지 아니하였던 점 등에 비추어 보면, 피고 ○○전기는 원고가 성희롱 피해를 당하였음에도 불구하고 그에 대한 적절한 조치를 취하지 않았고, 오히려 불이익한 조치까지 취하였으며, 이로 인하여 원고가 정신적 고통을 입게 되었음은 경험칙상 명백하므로, 피고 ○○전기는 원고에게 위와 같은 정신적 손해를 금전으로나마 위자할 의무가 있습니다(수원지방법원 2010.4.15, 2008가합5314)

#직장내괴롭힘 #객관적조사 #안전배려의무

39 (직장내 성희롱) **농담으로 한 말인데, 성희롱이라구요?**

저는 회사에서 17년 차 팀장으로 근무하고 있습니다. 옆 부서 동료가 본인 부서 신입사원 환영 회식에 초대해주었습니다. 이제 막 사회생활을 시작한 신입직원과 대화를 나누다가 신입직원이 사내 기타동호회에 가입했다는 것을 듣고 "내 입사 동기도 사내 기타동호회 회원인데 둘이 한번 잘해봐"라고 했습니다. 그리고 신입 직원에게 야구 보는 것을 좋아하는지 물었는데, 좋아한다고 하여, "내 입사 동기도 야구 좋아하는데 둘이 천생연분이네"라고 했습니다. 신입직원은 "저 이제 야구 안 좋아하는 것 같아요"라고 했지만, 저는 아쉬운 마음에 "그 친구 돈도 많은데, 한번 만나봐."라고 했습니다. 농담으로 한 말이 직장내 성희롱인가요?

직장내 성희롱은 법적으로 금지되어 있어

회사의 대표나 근로자는 직장 내의 지위를 이용하거나 업무와 관련해 다른 근로자에게 성적 언동(성적인 언어나 행동) 등으로 성적 굴욕감 또는 혐오감을 느끼게 하거나 성적 언동 또는 그 밖의 요구 등에 따르지 않았다는 이유로 근로조건 및 고용에서 불이익을 주어서는 안됩니다(남녀고용평등법 제2조 제2호, 동법 제12조).

사례에서, 팀장은 성희롱을 한 것이 아니라 '농담을 한 것'이라고 하는데 상대방에게 성희롱 피해를 발생시킬 동기나 의도를 가지고 한 행위가 아니더라도 직장내 성희롱이 될 수 있습니다.

CHAPTER 04 직장내 괴롭힘, 직장내 성희롱 **201**

직장내 성희롱 성립요건

어떠한 행위가 직장내 성희롱에 해당하기 위해서는 다음의 요건을 모두 충족해야 합니다. 먼저, 회사의 대표나 근로자(상급자, 동료, 하급자)가 같은 회사 소속의 근로자(또는 파견근로자)에게 한 행위여야 합니다.

두 번째로 직장내 성희롱 행위는 직장 내 지위를 이용하거나, 업무와 관련하여 이루어져야 합니다. 실제로 업무를 수행하는 과정에서 이루어진 행위뿐만 아니라 권한을 남용하거나 업무를 수행하는 것처럼 속여 회사 밖에서 또는 근무시간 외에 한 행위도 직장내 성희롱으로 인정될 수 있습니다.

세 번째로 성적 언동에 의하거나 이를 조건으로 이루어진 것이어야 합니다. 성적 언동은 남녀 간의 육체적 관계나 신체적 특성과 관련된 육체적, 언어적, 시각적 행위로 객관적으로 상대방과 같은 처지에 있는 일반적이고 평균적인 사람에게 성적 굴욕감이나 혐오감을 느끼게 하는 행위를 말합니다. 단 1번의 성적 언동이라도 직장내 성희롱이 될 수 있습니다.

마지막으로, 앞서 살펴본 3가지의 요건을 충족한 행위로 인해 근로자가 성적 굴욕감 또는 혐오감을 느꼈다거나 성적 요구에 불응한 것을 이유로 근로자에게 채용 탈락, 승진 탈락, 업무 과다부여, 해고 등 채용 또는 근로조건에서 불이익을 주어야 합니다.

성적 언동 등으로 상대방이 성적 굴욕감 또는 혐오감을 느꼈는지는 당사자의 관계, 행위가 행해진 장소와 상황, 행위에 대한 상대방의 명시적 또는 추정적인 반응의 내용, 행위의 내용과 정도, 행위가 일회적 또는 단기간의 것인지 아니면 계속적인 것인지 등 구체적인 사정을 고려해 판단합니다.

정리하면

위 사례에서는 팀장이 한 발언이 성적 언동에 해당하여 신입직원이 성적 굴욕감 또는 혐오감을 느꼈다고 볼 수 있는지가 관건입니다. 신입직원은 본인보다 나이가 많은 남성과 이성적인 만남을 가져보라는 팀장의 권유를 에둘러 거절했습니다. 그런데도 팀장은 다른 직원들이 함께 있는 공개적인 자리에서 신입직원에게 돈 많은 남성이면 나이, 외모 등과 관계없이 젊은 여성과 이성 교제를 할 수 있다는 투로 발언하였고, 결국 성적 언동으로 신입직원에게 성적 굴욕감을 느끼게 했다고 볼 수 있습니다.

한편, 직장내 성희롱이 발생했다면 누구든지 회사에 신고할 수 있습니다. 이 때 회사는 ① 지체 없이 사실확인을 위한 조사를 해야 하고, ② 조사 결과 직장내 성희롱에 해당한다면 피해근로자의 의견을 들어 행위자를 징계하는 등의 조치를 해야 합니다. 만약, 회사에서 제대로 조사하지 않았거나, 회사의 대표가 직장내 성희롱을 하여 공정한 조사를 기대하기 어렵다면 고용노동청에 진정을 제기하는 방법으로 구제받을 수 있습니다.

직장내 성희롱은 무엇보다 예방하는 것이 가장 중요합니다. 그러기 위해서는 연 1회 회사의 대표를 포함한 모든 근로자가 직장내 성희롱 예방 교육을 성실히 이수하고, 구성원 간 배려하고 소통하는 문화를 만들어야 합니다.

관련 법률

> **남녀고용평등법 제2조(정의)**
> 이 법에서 사용하는 용어의 뜻은 다음과 같다.

2. "직장 내 성희롱"이란 사업주·상급자 또는 근로자가 직장 내의 지위를 이용하거나 업무와 관련하여 다른 근로자에게 성적 언동 등으로 성적 굴욕감 또는 혐오감을 느끼게 하거나 성적 언동 또는 그 밖의 요구 등에 따르지 아니하였다는 이유로 근로조건 및 고용에서 불이익을 주는 것을 말한다.

남녀고용평등법 제12조(직장 내 성희롱의 금지)

사업주, 상급자 또는 근로자는 직장 내 성희롱을 하여서는 아니 된다.

참고사항

직장 내 성희롱 행위(예시)

1. 육체적 성희롱 행위

   - 안마를 해준다며 특정 신체 부위를 만지는 행위
   - 업무를 보고 있는데 의자를 끌어와 몸을 밀착시키거나 얼굴을 지나치게 가까이 들이대는 행위
   - 업무 과정에서 격려한다는 핑계로 머리나 등을 쓰다듬거나 엉덩이를 툭툭 치는 행위
   - 술에 취해서 부축해 준다며 과도하게 신체적 접촉을 하는 행위

2. 언어적 성희롱 행위

   - "여자가 들어갈 때 들어가고 나올 데 나와야 하는데 넌 말라서 안 섹시해."
   - "여자가 그렇게 뚱뚱해서 어떤 남자가 좋아하겠어?"
   - "○○씨도 여잔데 미니스커트나 파인 옷 같은 것도 입고 다녀."
   - "술집 여자같이 그런 옷차림이 뭐야?"
   - "몸매 진짜 좋다. 누가 보면 처녀인 줄 알겠어."
   - "남자는 허벅지가 튼실해야 하는데, 좀 부실하다."
   - "운동하고 왔어? 어깨 한번 만져보고 싶다."
   - "아기 낳은 적 있어? 무슨 잔머리가 이렇게 많아? 아기 낳은 여자랑 똑같아."
   - "오늘 치마 입고 왔네? 남친이랑 어디 가니? 불금이라고 오늘 외박해?"

- "요즘 왜 이렇게 살쪘어? 그래서 남친이 성적 매력을 느끼기나 하겠어?"
- "술은 여자가 따라야 제맛이지. ○○씨가 부장님 술 좀 따라드려."

3. 시각적 성희롱 행위

- 컴퓨터 모니터로 야한 사진을 보여주거나 바탕화면, 스크린세이버로 깔아놓는 것
- 음란한 시선으로 빤히 쳐다보는 것
- 가슴이나 엉덩이, 다리 등 특정 신체 부위를 빤히 쳐다보는 것

4. 기타 성희롱 행위

- 원하지 않는 만남이나 교제를 강요하는 행위
- 좋아한다며 원치 않는 접촉을 계속 시도하는 행위
- 사적인 내용의 문자를 보내서 보내지 말라고 했더니 동료들 앞에서 인격적으로 무시하는 행위
- 퇴폐적인 술집에서 이루어진 회식에 참석을 종용하는 행위
- 거래처 접대를 해야 한다며 원치 않는 식사, 술자리 참석을 강요하거나 거래처 직원과의 만남을 강요하는 행위

참고사례 ❶

언어적 성희롱으로 인정된 경우

성적 수치심을 불러일으킬 수 있는 표현을 하는 것은 언어적 성희롱으로 인정될 수 있습니다. 원고와 피고는 경북 C소방서 D119안전센터(이하 'D센터'라 한다)에서 2021.7.경부터 2021.10.2.까지 같이 근무한 소방관들이고, 피고는 원고가 속한 팀의 팀장입니다. 피고는 2021.8.20. 야간근무 중 D센터 1층에서 원고를 포함한 직원들과 대화중 "애는 여자 찌찌를 먹고 자라야 한다."라고 발언하였습니다. 이 사건 발언은 원고가 성적 수치심을 느낄 수 있는 것으로서 직장 내 성희롱 내지 언어적 방법에 의한 성희롱 발언에 해당한다고 판단한 사례가 있습니다(대구지방법원 2023.2.23, 2022가단104119).

참고사례 ❷

동성간에도 직장 내 성희롱을 인정한 경우

직장 내 성희롱은 동성간에도 인정될 수 있습니다. 진정인과 피진정인1이 모두 남성인 경우에, 성희롱의 당사자가 반드시 이성간이어야 인정되는 것이 아니므로, 동성 간에도 성적 함의가 담긴 피진정인의 언동으로 인하여 진정인이 성적 굴욕감 또는 혐오감을 느꼈을 경우라면 성희롱이 성립됩니다. 피진정인 1이 접촉한 엉덩이나 배, 가슴부위는 남성에게도 성적으로 민감한 부위이며, 이러한 부위를 접촉하는 행위는 동성 간이라 하더라도 직장 내에서 격려의 마음이나 친밀감을 표현하는 수준을 넘어 진정인에게 성적 굴욕감과 혐오감을 줄 수 있다고 판단한 사례가 있습니다(국가인권위원회 2020.7.30, 18진정0858400).

#직장내성희롱 #직장내지위 #성적언동 #성적굴욕감 #혐오감

40. (연차휴가 일수) 1년을 근무하고 퇴직하면 연차휴가 미사용수당은 며칠 분을 받을 수 있나요?

41. (주휴수당) 지각, 조퇴, 외출을 3회 이상 하면 주휴수당을 받을 수 없나요?

42. (일용직) 편의점/물류센터 등에서 일하는 일용근로자는 주휴수당을 받을 수 없나요?

43. (통상임금 산정방법) 연장근로, 휴일근로, 야간근로수당은 어떻게 계산하나요?

44. (휴일대체) 이번 주 휴일에 근무하고 다른 날 쉬라고 합니다. 휴일근무수당을 받을 수 있나요?

45. (임금체불) 임금을 받지 못했습니다. 임금체불로 신고하면 어떻게 처리되나요?

46. (포괄임금약정) 우리 회사의 근로계약서에는 모든 수당을 포함해서 월 300만 원만 지급한다고 ⋯ 있습니다. 이런 경우 야근해도 별도의 추가수당이 없나요?

47. (연장근로 여부) 연장근로는 1주 12시간을 초과할 수 없다고 하는데, 연장근로인지를 어떻게 판⋯ 나요?

48. (최저임금 위반 여부 판단) 최저임금 위반인지 아닌지는 어떻게 알 수 있나요?

49. (최저임금 감액) 수습근로자는 최저임금을 감액할 수 있나요?

근로조건 보호
(임금, 근로시간, 휴일, 휴가 등)

CHAPTER 05

근로조건 보호(임금, 근로시간, 휴일, 휴가 등)

40 (연차휴가 일수) **1년을 근무하고 퇴직하면 연차휴가 미사용수당은 며칠 분을 받을 수 있나요?**

저는 계약 기간을 1년으로 한 기간제 근로자로 취직하여 근무하였습니다. 최근 계약 기간이 종료되어 퇴사하였는데요. 저는 근무한 1년 동안 휴가를 5일 밖에 가지 못했습니다. 저에게 남은 연차휴가가 있나요? 이제 퇴사해서 연차휴가를 쓸 수 없게 되었는데 1년만 일하고 퇴사한 경우에도 연차휴가 수당을 받을 수 있나요?

연차휴가란

연차휴가는 1년 단위로 근로자에게 휴가를 부여하여 정신적·육체적 휴식을 제공하는 제도입니다. 법으로 정해진 보상의 성격을 가지는 휴가이며, 유급휴가

이므로 휴가 기간에도 회사는 급여를 제공해야 합니다(근로기준법 제60조).

연차휴가는 근로자의 권리이기 때문에, 회사는 근로자가 청구한 시기에 연차휴가를 주어야 합니다. 따라서 기본적으로 사용자가 특정 시기를 정해서 연차휴가를 사용하게 할 수는 없습니다. 예를 들어 해고예고기간 중 강제로 연차휴가를 사용하게 하거나 연차휴가 사용 시 업무 대체자를 정하도록 하는 것은 근로자의 휴가 사용권을 침해하는 행위입니다. 다만, 근로자가 신청한 시기에 휴가를 주는 것이 사업 운영에 막대한 지장이 있는 경우에는 회사가 그 휴가시기를 변경할 수 있습니다(근로기준법 제60조 제5항).

1년 미만 근무의 경우

회사는 계속하여 근로한 기간이 1년 미만인 근로자에게 1개월 개근 시 1일의 유급휴가를 주어야 합니다(근로기준법 제60조 제2항). 이 경우에는 입사일로부터 1년간 사용하지 않으면 휴가를 사용할 수 없고, 사용하지 않은 휴가에 대해서는 미사용수당을 지급해야 합니다(근로기준법 제60조 제7항). 이 경우 사용자가 연차휴가를 사용하도록 촉진하는 조치를 시행한 경우에는 수당지급의무가 없습니다(근로기준법 제61조 제2항).

따라서 1년 미만 근속 기간 중 발생한 휴가를 사용하지 못하고 입사 후 1년이 지나기 전에 퇴직하는 경우에는 사용하지 않은 휴가에 대해 연차휴가미사용수당을 지급해야 합니다.

1년 이상 근무한 경우

그렇다면 1년 이상 근무한 경우에는 어떨까요? 회사는 1년간 80% 이상 출근한 근로자에게 15일의 유급휴가를 주어야 합니다(근로기준법 제60조 제1항). 이를 위반할 경우 2년 이하의 징역 또는 2천만 원 이하의 벌금에 처합니다.

이때 1년간 80% 이상 출근했는지 여부는 1년 중 휴일 등을 제외한 연간 근로의무가 있는 일수 중에서 근로자가 현실적으로 근로를 제공한 출근 일수의 비율을 기준으로 판단합니다(대법원 2017.5.17, 2014다232296).

판례에 따르면 위 15일의 휴가는 1년이 지난 다음날에 발생하는 것이므로, 1년만 근무하고 근로관계가 종료하는 경우 15일의 휴가는 발생하지 않습니다. 판례가 최초 1년간 80퍼센트 이상 출근한 근로자가 그다음 해에도 근로관계를 유지하는 것을 전제로 하여 2년차에 15일의 유급휴가를 주어야 한다고 해석하고 있기 때문입니다. 따라서, 1년 근무 후 기간의 만료, 사직, 해고 등으로 근로관계가 종료되는 경우 15일의 휴가는 발생하지 않으므로 1년 미만에 대한 휴가 일수 11일만 인정됩니다(대법원 2021.10.14, 2021다227100). 만약 1년의 기간제 근로자가 총 26일의 휴가를 얻게 된다면, 장기근속자들의 경우 근로기준법 제60조 제4항에 따라 총 휴가 일수가 25일로 정해진 만큼 기간제 근로자만 우대하는 결과가 나올 수 있습니다.

연차휴가미사용수당

연차휴가를 1년간 사용하지 않아 휴가를 더 이상 신청하지 못하게 되면 미사용분에 대한 수당을 청구할 수 있습니다. 이를 연차휴가 미사용수당이라고 합니다. 연차휴가 미사용수당의 경우 (1) 근로자가 연차휴가를 1년간 신청하지 않았고 사용자도 사용촉진조치를 하지 않은 경우나 (2) 사용자의 잘못으로 근로자가 연차휴가를 1년간 사용하지 못한 후 근로자가 휴가 대신 수당 지급을 원하는 경우 (3) 퇴직이나 해고 등으로 근로관계가 종료되어 근로자가 연차휴가를 사용하지 못하게 된 경우에 발생합니다.

위 사례의 경우 1년 근무 후 기간 만료로 인해 근로관계가 종료되었으므로 1년 미만 근로에 대한 휴가 11일만 발생합니다. 그중 5일을 사용하였다면 미사용한 6일 분에 대해서는 연차휴가미사용수당을 청구할 수 있을 것으로 보입니다.

관련법률

근로기준법 제60조(연차 유급휴가)

① 사용자는 1년간 80퍼센트 이상 출근한 근로자에게 15일의 유급휴가를 주어야 한다.
② 사용자는 계속하여 근로한 기간이 1년 미만인 근로자 또는 1년간 80퍼센트 미만 출근한 근로자에게 1개월 개근 시 1일의 유급휴가를 주어야 한다.
④ 사용자는 3년 이상 계속하여 근로한 근로자에게는 제1항에 따른 휴가에 최초 1년을 초과하는 계속 근로 연수 매 2년에 대하여 1일을 가산한 유급휴가를 주어야 한다. 이 경우 가산휴가를 포함한 총 휴가 일수는 25일을 한도로 한다.
⑤ 사용자는 제1항부터 제4항까지의 규정에 따른 휴가를 근로자가 청구한 시기에 주어야 하고, 그 기간에 대하여는 취업규칙 등에서 정하는 통상임금 또는 평균임금을 지급하여야 한다. 다만, 근로자가 청구한 시기에 휴가를 주는 것이 사업 운영에 막대한 지장이 있는 경우에는 그 시기를 변경할 수 있다.
⑥ 제1항 및 제2항을 적용하는 경우 다음 각 호의 어느 하나에 해당하는 기간은 출근한 것으로 본다.
1. 근로자가 업무상의 부상 또는 질병으로 휴업한 기간
2. 임신 중의 여성이 제74조 제1항부터 제3항까지의 규정에 따른 휴가로 휴업한 기간
3. 「남녀고용평등과 일·가정 양립 지원에 관한 법률」 제19조 제1항에 따른 육아휴직으로 휴업한 기간
⑦ 제1항·제2항 및 제4항에 따른 휴가는 1년간(계속하여 근로한 기간이 1년 미만인 근로자의 제2항에 따른 유급휴가는 최초 1년의 근로가 끝날 때까지의 기간을 말한

다) 행사하지 아니하면 소멸된다. 다만, 사용자의 귀책사유로 사용하지 못한 경우에는 그러하지 아니하다.

참고사례 ❶

<table>
<tr><td>종류와 기간을 특정하지 않은 연차휴가신청의 효력</td></tr>
</table>

연차휴가권이 근로기준법상의 성립요건을 충족하는 경우에 당연히 발생하는 것이라고 하여도 그 휴가권을 구체화하려면 근로자가 자신에게 맡겨진 시기지정권을 행사하여 어떤 휴가를, 언제부터 언제까지 사용할 것인지에 관하여 특정하여야 합니다. 근로자가 이와 같은 특정을 하지 아니한 채 시기지정권을 행사한 경우에는 적법한 시기 지정이라고 볼 수 없어 연차휴가 신청의 효력이 발생할 수 없습니다 (대법원 1997.3.28, 96누4220).

참고사례 ❷

<table>
<tr><td>사용자가 연차휴가사용촉진조치를 하였음에도 근로자가 지정된 휴가일에 출근하여 근로를 제공한 경우, 사용하지 않은 휴가에 대하여 보상할 의무를 부담하는지</td></tr>
</table>

사용자가 연차휴가 사용촉진조치를 하였음에도 근로자가 휴가를 사용하지 않아서 연차휴가가 소멸된 경우에는 사용자는 보상할 의무가 없습니다. 다만, 위와 같은 휴가 미사용은 근로자의 자발적인 의사에 따른 것이어야 하며, 사용자가 근로자가 휴가일에 근로한다는 사정을 인식하고도 노무의 수령을 거부한다는 의사를 명확하게 표시하지 아니하거나 근로자에 대하여 업무 지시를 하였다면 특별한 사정이 없는 한 근로자의 자발적인 의사에 따른 것이라고 보기 어려워 사용자는 이러한 근로의 제공으로 인해 미사용된 휴가에 대하여 여전히 보상할 의무를 부담합니다(대법원 2020.2.27, 2019다279283).

참고사례 ❸

연차휴가수당은 평균임금과 통상임금 중 어느 것을 기초로 산정해야 하는지

연차휴가수당은 취업규칙 등에서 산정기준을 정하지 않았다면, 그 성질상 통상임금을 기초로 하여 산정할 수당으로 보는 것이 타당합니다(대법원 2019.10.18, 2018다239110).

#연차휴가 #연차휴가수당 #기간제 #유급휴가

41 (주휴수당) **지각, 조퇴, 외출을 3회 이상 하면 주휴수당을 받을 수 없나요?**

오늘 월급날인데, 하루치가 공제돼서 나왔습니다. 회사에 물어보니까 이번 달에 지각을 3번 했기 때문에 하루 결근으로 쳐서 주휴수당 1일치를 공제했다고 합니다. 지각을 3번 이상하면 주휴수당을 받을 수 없나요?

※ 이 회사는 월요일~금요일 근무, 주휴일은 일요일

주휴수당이란

━

임금은 근로의 대가로 지급하는 것이므로, 결근이나 휴일·휴가 등으로 일을 하지 않았다면 임금을 받을 수 없는 것이 원칙입니다. 그런데 근로기준법에서는 매주 1일 이상 부여해야 하는 휴일(주휴일이라고 함)에는 일을 하지 않아도 임금을 지급하게 되어 있는데(근로기준법 제55조), 이것을 흔히 '주휴수당'이라고 합니다.

주휴수당은 무조건 지급?

━

그런데 여기서 자주 발생하는 다툼이 있는데요, 근로기준법에 보면 주휴수당을 무조건 지급해야 하는 것이 아니라 주 소정근로일 즉, 한 주 일하기로 한 날

(예를 들어, 월요일에서 금요일까지 5일)을 '개근'하는 경우에 지급한다고 되어 있는데(근로기준법시행령 제30조), 여기서 '개근'이 뭔지가 애매하기 때문입니다.

일부 회사의 규정을 보면 "주 3회 이상 지각이나 조퇴, 외출을 하면 결근으로 본다"는 내용이 있는데요, 위의 사례가 바로 이런 경우에 해당합니다. 왜 이런 규정이 만들어졌을 까요? 뭔가 이유가 있을 것 같은데, 이것은 바로 '개근'을 '만근'으로 잘 못 이해했기 때문입니다. 많은 사람들이 주휴수당을 받으려면 '만근'을 해야 하고, 만근(滿勤)이 되려면 주 5일을 하루도 빠짐없이 출근하거나 주40시간을 모두 근무해야 되는 것으로 알고 있기 때문입니다.

개근인지 아닌지 어떻게 판단?

'개근'이란 일을 하기로 한 날에 출근한 것을 말하며, '개근'의 반대말인 '결근'은 일하기로 한 날에 정당한 이유도 없이 출근하지 않는 것을 말합니다. 위의 사례에서 근로자가 비록 지각을 했지만 출근을 했으므로 이것은 결근이 아닌 '개근'에 해당하고, 따라서 주휴수당을 월급에서 공제할 수 없습니다.

주휴수당을 좀 더 이해하기 위해 주로 다툼이 있는 몇 가지 사례를 소개합니다.

첫째, 휴일이나 휴가를 쓰고 주 중 하루만 출근해도 개근으로 봅니다. 휴일이나 휴가는 결근이 아니기 때문이죠.

둘째, 노동조합 파업에 참가하여 주 중 하루도 출근하지 않은 경우에는 결근은 아니지만 출근한 날이 없으므로, 주휴수당이 지급되지 않습니다.

셋째, 이번 주까지만 출근하고 다음 주부터 출근하지 않는 경우(퇴사, 해고, 계약기간 만료 등)에도 계약기간이 이번 주 일요일까지 걸쳐 있다면(즉, 퇴직일이 다음 주 월요일이면) 주휴수당을 지급해야 합니다.

넷째, 주휴수당은 한 주 일하기로 한 근로시간(소정근로시간이라고 함)이 15시간 이상이어야 발생합니다.

5명 미만 사업장에도 적용

참고로 주 중에 결근한 경우 주휴수당이 발생하지 않는다는 것이지 주휴일도 발생하지 않는다는 것은 아닌데요. 휴일은 원래대로 사용할 수 있으나 무급이라는 의미입니다. 그리고 주휴일 규정은 상시 근로자 5명 미만인 사업장에도 적용되는데(개근하면 1일 이상의 유급주휴일 부여), 주휴일에 근무하더라도 휴일근로 가산수당은 적용되지 않습니다.

관련 법률

근로기준법 제55조(휴일)
① 사용자는 근로자에게 1주에 평균 1회 이상의 유급휴일을 보장하여야 한다.

근로기준법시행령 제30조(휴일)
① 법 제55조 제1항에 따른 유급휴일은 1주 동안의 소정근로일을 개근한 자에게 주어야 한다.

참고사례 ❶

주휴수당 계산방법

1일 8시간, 주 40시간을 근무하는 근로자의 주휴수당(시급 1만 원, 별도 수당은 없음)
- 한 주를 개근한 경우 1일분의 주휴수당 발생
- 통상시급은 1만 원, 1일 통상임금은 1만 원 × 8시간 = 8만 원
- 주휴수당은 1일 통상임금을 지급해야 하므로 8만 원

참고사례 ❷

1주란 월요일부터 일요일까지를 의미하나요?

근로기준법에서 말하는 1주간은 7일간을 의미합니다. 따라서 반드시 월요일부터 일요일까지를 의미하는 것은 아니며, 화요일부터 월요일까지로 하는 등 회사의 업무성격에 따라 정하여 운영할 수 있습니다(근기 68207-2855, 2000.9.19).

참고사례 ❸

임금을 월급제로 정한 경우 주휴수당을 별도로 지급해야 하나요?

'월급'이라 함은 임금이 월단위로 결정되어 월의 근로일수나 근로시간의 많고 적음에 관계없이 일정한 임금이 지급되는 임금형태를 말합니다. 따라서 근로자에 대한 임금을 월급으로 지급할 경우 월급에는 주휴수당도 포함되어 있으므로, 별도로 주휴수당을 지급해야 하는 것은 아닙니다(대법원 1994.5.24, 93다32514).

#주휴일 #주휴수당 #유급휴일 #개근 #결근 #소정근로일 #1주 #5명미만

42 (일용직) 편의점/물류센터 등에서 일하는 일용근로자는 주휴수당을 받을 수 없나요?

편의점에서 5일 동안 1일 8시간씩 근무하며 일급 8만 원을 받는 아르바이트를 하게 되었습니다. 정규직 근로자는 주 5일 근무하면 주휴수당을 받는데, 저는 받을 수 없다고 합니다. 일용직 근로자는 주휴수당을 받을 수 없나요?

※ 근로자는 2024. 6. 10.부터 2024. 6. 14.까지 총 5번의 근로계약서를 작성하여 1일 단위의 근로계약을 반복 체결하였음.

• 1차 근로계약 기간: 2024. 6. 10.~2024. 6. 10.
• 2차 근로계약 기간: 2024. 6. 11.~2024. 6. 11.
• 3차 근로계약 기간: 2024. 6. 12.~2024. 6. 12.
• 4차 근로계약 기간: 2024. 6. 13.~2024. 6. 13.
• 5차 근로계약 기간: 2024. 6. 14.~2024. 6. 14.

주휴수당이란

회사는 1주 동안 소정근로일을 개근한 근로자에게 1주 평균 1회 이상의 유급휴일을 주어야 합니다(근로기준법 제55조 제1항 및 동법 시행령 제30조 제1항). 이 유급휴일을 '주휴일'이라고 하는데, 주휴일에 대한 수당이 '주휴수당'입니다. 즉, 1주 소정근로일을 개근하면, 근로하지 않더라도 1일분의 임금을 지급해야 합니다. 여기서 '1주'란 연속적인 7일의 기간을 말합니다.

주휴수당 지급요건

___

주휴수당은 다음의 요건을 모두 충족하면 받을 수 있습니다.

① 근로기준법상 근로자여야 함

② 1주간 근로관계가 유지되어야 하고, 그 기간 동안의 소정근로일을 개근하여야 함

③ 4주 동안(4주 미만으로 근로한 경우에는 그 기간)을 평균하여 1주 동안의 소정근로시간이 15시간 이상이어야 함

위 요건 ②에서 '1주간 근로관계가 유지'되어야 한다는 의미는 무엇일까요? 바로 7일간 근로관계가 유지되어야 한다는 것입니다(임금근로시간과－1736, 2021.8.4.).

<예시> 소정근로일이 월요일~금요일, 주휴일이 일요일, 근로자가 개근을 한 경우
- 월요일~금요일까지 근로관계를 유지하고 토요일에 퇴직 → 주휴수당 미발생
- 월요일~토요일까지 근로관계를 유지하고 일요일에 퇴직 → 주휴수당 미발생
- 월요일~일요일까지 근로관계를 유지하고 그 다음 월요일에 퇴직 → 주휴수당 발생

주휴수당 계산방법

___

주휴수당은 '1일 소정근로시간×통상시급'으로 계산하면 됩니다.

주휴수당 = 1일 소정근로시간 × 통상시급

① 연봉제/월급제를 적용받는 근로자에게는 주휴수당을 별도로 지급할 필요가 없습니다. 통상적으로 연봉/월급 금액에 주휴수당이 포함되어 있기 때문입니다. 따라서 근로자가 월 소정근로일에 결근한 적이 없다면, 회사는 연봉/월급 금액 그대로 지급하면 됩니다.

② 일급제/시급제를 적용받는 근로자에게는 주휴수당을 계산하여 지급해야 하는 경우가 있습니다.

예를 들어, 월요일부터 일요일까지 근로관계를 유지하고 있는 근로자가 주 5일, 일 8시간 근무했을 때, 1주 동안의 임금을 계산해보겠습니다. 이때, 일급제 근로자에게는 '6일×일급'의 금액을, 시간제 근로자에게는 '48시간(1주 40시간+ 유급 주휴 8시간)×시급'의 금액을 지급해야 합니다.

일용직 근로자도 주휴수당을 받을 수 있을까

통상 위 사례와 같이, 1일 단위로 근로계약을 체결한 근로자를 '일용직 근로자'라고 합니다(근기 68201-1, 2000.1.3).

근로기준법상의 주휴일은 1주간의 소정근로일수를 개근한 자에게 주도록 되어 있으므로 근로계약이 1일 단위로 체결되어 1주간의 소정근로일수를 산정할 수가 없는 일용근로자에게는 원칙적으로 주휴일을 부여할 수 없습니다(근기 68207-424, 1997.4.2).

그러나 일용직 근로자라고 하더라도 주휴수당 지급요건을 충족하는 경우에는 주휴일을 부여해야 하고, 주휴수당을 지급해야 합니다.

사례의 근로자는 회사와 1일 단위의 근로계약을 반복 체결했는데, 총 근로계약 기간이 5일이므로, 1주간 근로관계를 존속하지 못한 채 퇴사했습니다. 따라서 회사는 근로자에게 주휴수당을 지급할 의무가 없습니다.

주휴수당 미지급은 임금체불

주휴수당은 법적 지급 의무가 있는 임금입니다. 회사는 근로자에게 주휴수당을 지급할 의무가 있는지 확인해야 하며, 지급의무가 있는데도 주휴수당을 받지 못한 근로자는 고용노동청에 임금체불로 진정을 제기하여 구제받을 수 있습니다.

관련 법률

근로기준법 제55조(휴일)
① 사용자는 근로자에게 1주에 평균 1회 이상의 유급휴일을 보장하여야 한다.

근로기준법 시행령 제30조(휴일)
① 법 제55조 제1항에 따른 유급휴일은 1주 동안의 소정근로일을 개근한 자에게 주어야 한다.

참고사항 ❶

5인 미만 회사에 다니는 근로자의 주휴수당

5인 미만 회사의 경우, 근로기준법의 일부 규정을 적용받지 않습니다. 그러나 주휴일 규정은 회사 규모에 상관없이 적용되므로, 주휴수당을 지급해야 합니다(근로기준법 제11조 제2항 및 동법 시행령 [별표 1] 상시 4명 이하의 근로자를 사용하는 사업 또는 사업장에 적용하는 법 규정).

참고사항 ❷

단시간 근로자의 주휴수당 계산방법

단시간 근로자는 1주 동안의 소정근로시간이 그 사업장에서 같은 종류의 업무에 종사하는 통상 근로자의 1주 동안의 소정근로시간에 비해 짧은 근로자를 말합니다.

단시간 근로자의 주휴수당은 단시간 근로자의 4주 동안의 소정근로시간을 통상 근로자의 4주 동안의 총 소정근로일수로 나눈 값에 시급을 곱하면 됩니다.

〈예시〉

- 통상 근로자: 1일 8시간, 1주 5일 근무
- 단시간 근로자: 1일 6시간, 1주 5일 근무
- 시급: 10,000원

위 예시에서 단시간 근로자의 4주 동안의 소정근로시간인 120시간(6시간×5일×4주)을, 통상 근로자의 4주 동안의 총 소정근로일수인 20일(5일×4주)로 나눈 값 (6)에 시급인 10,000원을 곱하면 60,000원이 됩니다. 단시간 근로자의 주휴수당은 60,000원입니다.

#주휴일 #주휴수당 #소정근로일 #개근 #일용직 #아르바이트 #임금제불

43 (통상임금 산정방법) **연장근로, 휴일근로, 야간근로수당은 어떻게 계산하나요?**

> 　회사 일이 많아서 이번 달에 연장근무 10시간, 휴일근무 8시간, 야간근무 5시간을 했습니다. 제 월급이 다음과 같을 때 제가 받을 수 있는 연장, 휴일근로수당은 얼마나 되나요?
> - 월급 300만 원(기본급 200만 원, 식대 월 20만 원, 교통비 월 20만 원, 근속수당 월 10만 원, 전년도 미사용연차휴가수당 50만 원)
> - 식대, 교통비는 근무일수에 관계없이 정기적·일률적으로 지급
> - 근속수당은 근속 3년 이상인 자에 한해 지급
> - 1일 8시간, 주40시간 근무

통상임금이란

　연장근로나 휴일근로 또는 야간근로를 하면 통상임금의 50% 이상을 가산하여 지급해야 합니다(근로기준법 제56조). 여기서 '통상임금'이란 근로자가 소정근로시간에 통상적으로 제공하는 근로인 소정근로의 대가로 지급하기로 약정한 금품으로서, 정기적·일률적·고정적으로 지급되는 임금을 말합니다(대법원 전원합의체 2013.12.18, 2012다94643).

　이때 연장근로수당, 야간근로수당, 휴일근로수당의 의미는 아래와 같습니다.

　(1) 연장근로수당이란 근로자가 1일 8시간 또는 1주 40시간 이상을 근로할 경우 통상임금의 50%를 가산해서 받는 것입니다.

(2) 야간근로수당이란 흔히 야근수당이라고 불리는데, 근로자가 오후 10시부터 다음날 오전 6시까지 근로할 경우 통상임금의 50%를 가산해서 받는 것입니다.

(3) 휴일근로수당이란 근로자가 유급휴일 또는 무급휴일에 근로할 경우 근로시간이 8시간 이내는 통상임금의 50%를, 8시간을 초과하는 부분에 대해서는 통상임금의 100%를 가산해서 받는 것입니다.

이러한 연장근로수당, 야간근로수당, 휴일근로수당은 상시 근로자가 5인 이상인 사업장에 적용됩니다.

소정근로의 대가

'소정근로'란 근로자가 소정근로시간(예를 들어, 1일 8시간)에 통상 제공하는 근로를 의미하며, '소정근로의 대가'란 근로자가 소정근로시간에 통상적으로 제공하기로 정한 근로에 대해 회사와 근로자가 지급하기로 약정한 금품을 말합니다. 따라서 근로자가 소정근로시간을 초과하여 근로를 제공하여 지급받는 임금(예를 들어, 연장근로수당)은 '소정근로의 대가'로 볼 수 없으므로 통상임금 산정에 포함할 수 없습니다.

정기적·일률적·고정적으로 지급되는

'정기적'이란 미리 정해진 일정한 기간마다 정기적으로 지급되는 것을 의미하는데, 1개월을 초과하는 기간마다 지급되더라도 일정한 간격을 두고 계속적으로 지급되는 것이면 통상임금이 될 수 있습니다(예: 격월, 분기별, 반기별, 매년 등)(대법원 2017.9.26, 2016다238120).

그리고 '일률적'이란 '모든 근로자'에게 지급되는 것(예: 회사는 전 사원에게 월 20만 원의 식비를 지급한다)과 '일정한 조건 또는 기준에 달한 모든 근로자'에게 지급되는 것(예: 팀장에게 매월 20만 원의 직책수당을 지급한다)을 말합니다.

'고정적'이란 근로자가 제공한 근로에 대하여 그 업적이나 성과 기타의 추가적인 조건과 관계없이 당연히 지급될 것이 확정되어 있는 것을 의미합니다. 따라서 근로자가 소정근로를 제공하더라도 추가적인 조건을 충족해야 지급되는 임금이나 그 조건 충족 여부에 따라 지급액이 변동되는 임금은 고정성을 갖춘 것이 아니어서 통상임금으로 볼 수 없습니다(대법원 전원합의체 2013.12.18, 2012다89399).

통상임금을 산정하면

위의 사례에서 월급 300만 원 중 기본급, 식대, 교통비, 근속수당은 소정근로의 대가로 정기적·일률적·고정적으로 지급되는 것으로 보아 통상임금에 해당하고, 반면에 연차휴가미사용수당은 연차휴가를 사용하지 않아서 지급된 것이므로 통상임금에 포함될 수 없습니다.

그렇다면 이 근로자의 시간당 통상임금은 250만 원 ÷ 209시간 = 11,962원

연장근로수당은 11,962원 × 10시간 × 150% = 179,430원

휴일근로수당은 11,962원 × 8시간 × 150% = 143,544원

야간근로수당은 11,962원 × 5시간 × 150% = 89,715원이 됩니다.

※ (209시간으로 나눈 이유) 1일 소정근로시간이 8시간인 월급제 근로자의 시간당 통상임금을 계산하기 위함임. 주 소정근로시간은 48시간[(8시간 × 5일) + 유급주휴 8시간], 1달은 4.3452주(365일 ÷ 12월 ÷ 7일)이므로, 1달 근무시간은 대략 208.57시간(48시간 × 4.3452)으로 통상 209시간으로 산정

만약 이 근로자가 휴일에 10시간을 근무한다면 8시간을 초과하는 시간은 50%가 아닌 100%를 가산하여 지급해야 하므로(근로기준법 제56조 제2항)

휴일근로수당은 8시간×11,962원×150%＝143,544원

2시간×11,962원×200%＝47,848원

참고로 이 근로자에 대해 해고를 하면서 30일 전 해고예고 대신 해고수당을 지급해야 한다면

11,962원×8시간(1일)×30일＝2,870,880원이 됩니다.

관련 법률

근로기준법시행령 제6조(통상임금)

① 법과 이 영에서 "통상임금"이란 근로자에게 정기적이고 일률적으로 소정(所定)근로 또는 총 근로에 대하여 지급하기로 정한 시간급 금액, 일급 금액, 주급 금액, 월급 금액 또는 도급 금액을 말한다.

근로기준법 제56조(연장·야간 및 휴일 근로)

① 사용자는 연장근로(제53조·제59조 및 제69조 단서에 따라 연장된 시간의 근로를 말한다)에 대하여는 통상임금의 100분의 50 이상을 가산하여 근로자에게 지급하여야 한다.

② 제1항에도 불구하고 사용자는 휴일근로에 대하여는 다음 각 호의 기준에 따른 금액 이상을 가산하여 근로자에게 지급하여야 한다.

1. 8시간 이내의 휴일근로: 통상임금의 100분의 50
2. 8시간을 초과한 휴일근로: 통상임금의 100분의 100

③ 사용자는 야간근로(오후 10시부터 다음 날 오전 6시 사이의 근로를 말한다)에 대하여는 통상임금의 100분의 50 이상을 가산하여 근로자에게 지급하여야 한다.

참고사례 ❶

귀성여비, 휴가비, 개인연금보험료, 직장단체보험료가 통상임금인지?

지급일 그 밖의 특정시점에 재직 중인 사람에게만 지급하고 기왕에 근로를 제공하였더라도 위 시점에 재직하지 않는 사람에게는 지급하지 않기로 하는 노사합의가 이루어졌거나 그러한 관행이 확립된 것으로 볼 여지가 있는 귀성여비, 휴가비, 개인연금보험료, 직장단체보험료는 통상임금에 해당한다고 볼 수 없습니다(대법원 2015. 11.27, 2012다10980).

참고사례 ❷

근무일수를 기준으로 지급되는 식대, 교통비가 통상임금에 해당하는지?

월 근무일수를 기준으로 지급액이 달라지기는 하지만 소정근로를 제공하면 적어도 일정액 이상의 임금은 지급될 것이 확정되어 있으므로, 그와 같이 최소한도로 확정되어 있는 범위에서는 고정성이 인정되고 그동안 근로자에게 정기적·일률적으로 지급되었으므로, 통상임금에 해당합니다(대법원 2016.2.18, 2012다62899).

참고사례 ❸

> **연장근무를 전제로 지급하는 고정연장근로수당이 통상임금에 해당하는지?**
>
> 실제 연장·야간근로시간을 별도로 산정하지 않은 채 기본급 20% 상당액을 시간외 수당으로 지급한 것으로 보아 월급제 근로자의 소정근로시간에 통상적으로 제공하기로 정한 근로의 대가라고 보기 어렵고, 고정연장근로수당을 신규채용자, 중도입사자, 복직자, 병가자, 휴직자, 퇴직자 등에게 일할 계산하여 지급했다고 하더라도, 단지 이를 이유로 고정연장근로수당을 '소정근로의 대가'로 지급되었다고 단정할 수 없다고 보아, 통상임금에 해당하지 않는다고 보았습니다(대법원 2021. 11.11, 2020다224739).

#통상임금 #연장근로수당 #야간근로수당 #휴일근로수당 #소정근로 #정기적 #일률적 #고정적 #고정연장근로수당

44 (휴일대체) **이번 주 휴일에 근무하고 다른 날 쉬라고 합니다. 휴일 근무수당을 받을 수 있나요?**

회사에서 일이 많다고 이번 주 일요일(주휴일)에 근무를 하고 대신 다음 주 중에 하루 쉬는 것으로 하자고 합니다. 그렇게 하면 일요일에 근무하더라도 휴일근무수당을 받을 수 없다고 하는데 사실인가요?

휴일대체를 하면 휴일근무수당은

잘 알다시피 휴일에 근무하면 휴일근무수당을 받는 것은 당연합니다. 그런데 사례의 경우처럼 사전에 회사와 근로자가 합의하여 당초 휴일에 근무하고 대신 다른 날에 쉬는 것으로 하면 휴일근무가 아니기 때문에, 휴일근무수당을 지급할 필요가 없게 됩니다. 이것을 '휴일대체'라고 합니다.

휴일대체를 실시하려면

그렇다면 회사와 근로자가 합의하기만 하면 모든 휴일에 대해 '휴일대체'를 실시할 수 있을까요. 그렇지 않습니다. 휴일대체가 인정되는 것이 있고 안되는 것이 있는데요, 이에 대해 살펴볼까요.

주휴일 대체

첫째, 위의 사례에서처럼 '주휴일 대체'는 취업규칙에 관련 근거가 있거나 회사와 근로자 간 개별합의로 가능합니다. 대법원 판례(2008.11.13, 2007다590)에서 휴일대체가 정당하기 위해서는 취업규칙·단체협약 등에서 필요한 경우 특정된 휴일에 근로를 하고 대신 다른 근로일을 휴일로 교체할 수 있도록 하는 규정을 두거나 근로자의 동의를 얻어야 한다고 하였습니다.

취업규칙 등에 근거하여 휴일대체를 하고자 할 때에는 그러한 사유를 밝히면서 적어도 24시간 이전에 근로자에게 통보해 주어야 합니다(근기 68207-806, 1994.5.16). 따라서 사전에 통보하지 않고 휴일근로를 시킨 후 나중에 대체되는 휴일을 주더라도 이는 정당한 휴일대체로 볼 수 없으므로, 휴일근로수당을 지급해야 합니다(근로기준정책과-7347, 2016.11.18).

그리고 대체된 주휴일의 부여시기는 당초의 주휴일로부터 다음 주휴일 이전에 부여하는 것이 타당합니다. 만약 근로자가 대체된 휴일 이전에 퇴직하여 대체휴일을 사용하지 못한 경우에는 결과적으로 근로기준법 제55조 제1항에 의한 1수일에 평균 1일의 유급휴일(주휴일)을 주지 않은 결과가 되므로, 회사는 1일분의 휴일수당을 지급해야 합니다.

공휴일 대체

둘째, '공휴일 대체'입니다. 설날·어린이날 등의 공휴일에 근무하고 대신 다른 근무일에 쉬는 것을 말합니다. '공휴일 대체'를 실시하기 위해서는 '주휴일 대체'와 달리 반드시 근로자대표와 서면으로 합의를 해야 합니다(근로기준법 제55조 제

2항). 일부 회사에서 근로자대표하고 합의하지 않고 개별 근로자와 합의하여 실시하는 경우가 있는데, 이는 적법한 공휴일 대체라고 할 수 없습니다.

근로자의 날

마지막으로, 법정휴일 중에 '근로자의 날'(5월 1일)이 있는데요. '근로자의 날'은 법정휴일로서 특정사실을 기념하기 위해 특정일로 정해져 있으므로, 노사가 합의하더라도 다른 날로 휴일을 대체할 수 없다고 봅니다(근로기준과-829, 2004.2. 19). 즉, '근로자의 날'에 근무하면 휴일근무로 보아 휴일근로수당을 지급해야 합니다. 참고로 '근로자의 날'은 '휴일대체'는 인정되지 않지만, 휴일근로에 대해 수당을 지급하는 대신 그만큼 나중에 휴가를 쓸 수 있게 하는 것은 가능합니다(근로기준법 제57조). 이것을 보상휴가 또는 대체휴가라고 하는데요, 8시간 휴일근무에 대해 150%(12시간) 휴일근로임금을 지급하는 대신 12시간을 휴가로 가는 것을 말합니다.

정리하면

위의 사례에서 회사와 근로자가 휴일대체를 합의했다면 휴일근로수당을 지급할 의무가 없습니다. 그런데 근로자의 동의를 받지 않고 일방적으로 지시하거나 공휴일 대체를 근로자대표가 아닌 개별 근로자와 합의해서 실시하는 경우에는 적법한 휴일대체로 볼 수 없으므로, 휴일근로수당을 지급해야 할 것입니다.

관련법률

근로기준법 제55조(휴일)

② 사용자는 근로자에게 대통령령으로 정하는 휴일을 유급으로 보장하여야 한다. 다만, 근로자대표와 서면으로 합의한 경우 특정한 근로일로 대체할 수 있다.

근로기준법 제57조(보상휴가제)

사용자는 근로자대표와의 서면 합의에 따라 제51조의3, 제52조 제2항 제2호 및 제56조에 따른 연장근로·야간근로 및 휴일근로 등에 대하여 임금을 지급하는 것을 갈음하여 휴가를 줄 수 있다.

참고사례

적법한 휴일대체없이 휴일근로를 시키고 나중에 대체휴일을 부여한 경우 정당한지

적법한 휴일대체인 경우에는 원래의 휴일은 통상의 근로일이 되어 휴일근로가 아닌 통상근로가 되므로 사용자는 근로자에게 휴일근로수당을 지급할 의무를 지지 않을 것이나(대법원 2000.9.22, 99다7367), 적법한 휴일대체 없이 휴일근로를 시킨 경우라면 사후에 대체휴일을 주더라도 휴일근로 가산수당은 발생할 것입니다(근로기준정책과-7347, 2016.11.18).

#휴일대체 #대체휴일 #대체휴가 #휴가대체 #공휴일 #공휴일대체 #휴일근로 #보상휴가 #근로자의날 #주휴일 #근로자대표

45 (임금체불) **임금을 받지 못했습니다. 임금체불로 신고하면 어떻게 처리되나요?**

20살이 되어 처음으로 강남에 있는 회사에서 아르바이트를 시작했습니다. 사장님이 매월 마지막 날에 월급을 준다고 했는데, 월급일이 일주일이나 지났는데도 아직 월급을 받지 못했습니다. 다른 직원들은 월급을 받았다고 하는데, 저만 월급을 받지 못한 것 같습니다. 월급을 받기 위해서는 어떻게 해야 하나요? 사장님을 임금체불로 신고하면 월급을 받을 수 있는 건가요? 신고는 어디에 해야 하고, 신고하면 어떻게 처리되는 건가요?

임금은 정기적으로 지급해야

임금은 ① 매월 1회 이상, ② 일정한 날짜를 정해, ③ 전액을, ④ 직접 근로자에게 지급해야 합니다(근로기준법 제43조). 그러나 회사의 대표가 이를 어겨 임금을 제때에 지급하지 않는다면 근로자는 고용노동청에 진정을 제기하거나 고소할 수 있습니다. 여기서 진정이란, 밀린 임금을 지급받을 수 있도록 해달라고 요구하는 것이고, 고소란 회사가 근로기준법을 위반하였으니 처벌해달라고 요구하는 것을 말합니다. 통상적으로 임금체불의 경우, 고용노동청에 진정을 제기하여 해결을 시도하는 경우가 많습니다. 이하에서는 진정을 제기하였을 때의 경우에 대해 살펴보겠습니다.

고용노동청에 진정을 제기하는 방법

임금을 받지 못했을 때, 고용노동청에 진정을 제기하는 방법은 총 3가지입니다. 진정서를 작성하여 회사가 위치한 사업장을 관할하는 고용노동청에 ① 직접 방문해서 제출하거나 ② 우편으로 제출하거나 ③ 인터넷(https://labor.moel.go.kr/minwonApply/minwonFormat.do?searchVal=SN001)으로 제출하면 됩니다.

임금체불 진정 제기 시, 노동청 처리절차

(1) 접수사실 안내: 진정서가 접수되면 고용노동청에서 근로자(진정인)에게 진정서가 접수되었다는 사실을 주로 문자메시지로 통보합니다.

(2) 근로감독관 배정: 접수된 진정사건에 근로감독관이 배정되면 근로자와 회사(피진정인)에게 우편 또는 문자메시지로 출석을 통보합니다(출석 일시, 출석 장소, 담당 근로감독관, 지참 서류 안내 등). 통보받은 출석 일시에 부득이하게 출석하기 어렵다면 출석 전에 미리 담당 근로감독관에게 연락하여 일정을 조정할 수 있습니다. 또한, 회사의 대표 또는 담당자와 대면하고 싶지 않다면, 마찬가지로 근로감독관에게 미리 연락하여 조사 일정을 따로 잡아줄 것을 요청할 수 있습니다.

(3) 조사: 조사는 근로감독관이 근로자와 회사 대표에게 출석을 요구하여 진행됩니다. 당사자들이 같은 날에 출석할 수 있다면 함께 대질 조사를 받습니다. 조사를 받고 나서, 담당 근로감독관이 진술 조서의 내용이 사실인지 확인하고 날인하도록 하는데, 이때 조서의 내용을 꼼꼼히 읽어야 합니다. 만약, 사실과 달라 수정할 부분이 있다면 반드시 근로감독관에게 수정을 요청하시기 바랍니다.

(4) 조사결과의 처리: 진정이 접수되고 나서 처리기간은 25일(토요일, 공휴일 제외)이며, 2차에 걸쳐 연장할 수 있습니다. 근로감독관은 회사에서 근로자에게 임금을 미지급한 사실을 확인하면 회사에 임금을 지급하도록 지시합니다. 회사에서 근로자에게 임금을 지급하면 사건을 종결시킵니다. 그런데, 근로감독관의 시정지시에도 불구하고 임금을 지급하지 않는다면 즉시 수사를 한 후 해당 사건을 검찰에 송치하게 됩니다.

정리하면

─

사례에서 근로자는 월급일에 임금을 받지 못했으므로 회사가 위치한 강남지역을 관할하는 서울강남고용노동지청에 임금체불 진정을 제기하면 임금을 받을 수 있습니다. 진정사건 처리기한과 절차 등을 고려할 때, 당사자간 합의로 해결하는 것도 효과적 대안이 될 수 있습니다. 진정과정에서 근로감독관의 전문적 도움을 받아 합리적으로 합의하여 화해종결하는 것도 가능한 방법입니다.

임금체불은 근로자와의 근로계약을 미이행하는 것이며, 근로자의 생계를 위협하는 행위입니다. 회사는 정해진 날짜에 정확한 금액의 임금을 지급해야 하며, 임금체불이 발생하면 법적으로 처벌받을 수 있다는 것을 명심해야 할 것입니다.

관련 법률

근로기준법 제43조(임금지급)
① 임금은 통화(通貨)로 직접 근로자에게 그 전액을 지급하여야 한다. 다만, 법령 또는 단체협약에 특별한 규정이 있는 경우에는 임금의 일부를 공제하거나 통화 이외의 것으로 지급할 수 있다.

② 임금은 매월 1회 이상 일정한 날짜를 정하여 지급하여야 한다. 다만, 임시로 지급하는 임금, 수당, 그 밖에 이에 준하는 것 또는 대통령령으로 정하는 임금에 대하여는 그러하지 아니하다.

참고사례

임금채권의 소멸시효는 어떻게 되는지

근로자는 회사의 임금체불에 대해 임금지급을 청구할 권리가 있습니다. 이를 임금채권이라고 합니다. 임금채권은 영원히 존재하는 것이 아니고, 일정 기간이 지나면 소멸하게 되는데요. 임금채권의 소멸시효기간은 채권을 행사할 수 있는 날부터 진행한다고 본 사례가 있습니다(대법원 1980.5.13, 79다2322). 즉, 임금의 경우에는 임금정기지급일부터 3년간, 퇴직금의 경우에는 퇴직일로부터 3년간 임금채권을 행사할 수 있습니다(근로기준법 제49조).

#임금체불 #임금채권 #소멸시효 #근로감독관 #진정 #고소

46 (포괄임금약정) 우리 회사의 근로계약서에는 모든 수당을 포함해서 월 300만 원만 지급한다고 적혀 있습니다. 이런 경우 야근해도 별도의 추가수당이 없나요?

저는 IT 기업에서 모바일 게임을 개발하는 개발자인데, 평소 일이 많아서 자주 야근합니다. 저의 근로계약서에는 "임금 300만 원(연장·야간·휴일근로수당 포함)"이라고 적혀 있는데요. 그럼 저는 야근을 해도 월급을 300만 원만 받는 건가요? 이건 '공짜 야근' 아닌가요?

포괄임금제란

근로자는 원칙적으로 자신이 일하는 만큼 임금을 받습니다. 그러나 IT 개발직처럼 야근이나 주말 출근이 잦은 직군이라면 회사는 근로자가 매달 얼마나 일했는지 정확히 계산하기가 쉽지 않습니다. 바로 이런 경우에 회사는 '포괄임금제'를 도입합니다.

포괄임금제란 ① 기본임금을 정하지 않고 각종 수당(야간근로수당 등)을 합친 금액을 월 급여로 정하거나, ② 기본임금을 정한 뒤 매월 일정액을 각종 수당으로 추가로 지급하는 것을 말합니다.

만약 "임금 300만 원(연장·야간·휴일근로수당 포함)" 또는 "기본급 300만 원, 법정수당 20만 원"이라고 근로계약서에 적혀 있다면 근로자가 받는 수당이 정해져 있기 때문에 포괄임금제에 해당합니다. 이처럼 회사는 포괄임금제가 적용되면 근로자가 오래 일해도(연장근로수당), 야근해도(야간근로수당), 쉬는 날에 일해도

(휴일근로수당) 근로자에게 정해진 월급만 주면 됩니다.

포괄임금제가 적용될 수 없는 조건

　한편, 법원은 근로시간을 산정하는 게 어렵지 않다면 포괄임금제를 적용할 수 없다고 판단합니다(대법원 2010.5.13, 2008다6052). 이때 근로시간의 산정이 어려운 직업으로 어떤 게 있을까요? 차량 운전원이나 경비원(감시·단속적 근로)은 연장근무가 잦고 대기시간이 많기 때문에 근로시간 산정이 어려워서 포괄임금제가 적용되는 대표적인 직업입니다. 그러나 위 직업에 해당해도 근로자가 일한 시간을 산정하는 게 어렵지 않다면 회사는 포괄임금제를 적용할 수 없습니다.

　또한, 근로형태나 업무성격상 연장·야간·휴일근로가 당연히 예상되는 경우라도, 단체협약, 취업규칙, 급여규정 등에서 기본급과 별도로 연장·야간·휴일근로수당을 세부항목으로 나눠서 지급하도록 정했다면 포괄임금제를 적용하지 않았다고 봅니다.

　그러면 사례 속 개발자는 포괄임금제 때문에 딱 300만 원만 받아야 할까요? 자신의 근로계약서에 "임금 300만 원(연장·야간·휴일근로수당 포함)"이라고 적혀 있어도 취업규칙, 단체협약 등에 각 수당에 관한 구체적인 지급 규정이 있다면 포괄임금제는 적용되지 않습니다. 즉, 수당마다 근로자에게 얼마를 주기로 따로 정해두었다면 회사는 근로자에게 '포괄'해서 월급을 주면 안 되는 거죠. 또한 개발자가 사무직 인만큼 근로 시간을 산정하는 게 어렵지 않아서 포괄임금제가 적용될 수 없을 가능성이 큽니다.

포괄임금제가 무효일 경우

———

만약, 포괄임금제가 적용될 수 없다면, 근로자는 회사에게 근로기준법에 따라 계산한 연장·야간·휴일근로수당 중 포괄임금제 때문에 받지 못한 부분(미달된 부분)을 청구할 수 있습니다.

참고로, 근로자의 실제 연장근로시간이 1주 기준으로 12시간을 초과했다면 근로기준법 제53조에 위반됩니다. 따라서 포괄임금제가 유효해도 근로자는 1주에 12시간을 초과해서 연장근로를 할 수 없습니다.

정리하면

———

회사가 포괄임금제를 시행하더라도 (1) 근로시간을 산정하는 게 어려운지 (2) 기본급과 별도로 수당지급규정을 세부적으로 정했는지를 살펴보고 포괄임금제의 적용 가능성을 판단해야 합니다.

포괄임금제 적용을 둘러싸고 서로 다투지 않으려면, (1) 회사는 명백하게 근로시간을 산정하기 어려운지 파악해야 하고, (2) 근로자는 취업규칙 등에서 수당에 관한 지급규정이 어떻게 되어 있는지 정확하게 확인해야 합니다.

관련 법률

근로기준법 제53조(연장 근로의 제한)
① 당사자 간에 합의하면 1주간에 12시간을 한도로 제50조의 근로시간을 연장할 수 있다.

근로기준법 제56조(연장 · 야간 및 휴일 근로)

① 사용자는 연장근로(제53조 · 제59조 및 제69조 단서에 따라 연장된 시간의 근로를 말한다)에 대하여는 통상임금의 100분의 50 이상을 가산하여 근로자에게 지급하여야 한다.

② 제1항에도 불구하고 사용자는 휴일근로에 대하여는 다음 각 호의 기준에 따른 금액 이상을 가산하여 근로자에게 지급하여야 한다.
   1. 8시간 이내의 휴일근로: 통상임금의 100분의 50
   2. 8시간을 초과한 휴일근로: 통상임금의 100분의 100

③ 사용자는 야간근로(오후 10시부터 다음 날 오전 6시 사이의 근로를 말한다)에 대하여는 통상임금의 100분의 50 이상을 가산하여 근로자에게 지급하여야 한다.

참고사례 ❶

근로시간 산정이 어려워 포괄임금약정이 가능한 업무로 볼 수 있는 경우

(1) 매일의 기상조건, 자재 및 장비의 수급 등 현장공사 여건에 따라 근로시간이 달라지는 염전회사직원, 건설공사 현장근로자(대법원 1982.12.28, 80다3120)처럼 근로와 휴식의 명백한 구분이 어렵고 실제 근무여부와 정확한 근로시간 확인이 어려운 근로

(2) 사업장 밖을 떠나 장거리 운행을 해야 하는 화물운송운전자(서울민사지법 1991. 4.11, 89가합69194), 근로와 휴식의 구분이 어려운 관광버스운전자, 택시운전자, 시외버스운전자, 각기 근로시간이 일정치 않은 운전기사(대법원 2020. 6.25, 2015다8803)처럼 실제근로시간수를 정확히 파악하기 어려운 경우

(3) 감시 · 단속적 업무로써 24시간 휴식없이 계속 근무하는 업무가 아니나 원칙적으로 근무장소에서 이탈할 수 없는 것으로, 한사람이 근무하기에는 부적합한 근로형태의 경우에 그 형편과 요령에 따라 작업 · 휴식 · 수면을 반복하면서 명백한 작업시간과 휴게시간을 구별하기 어려운 경우. 예를 들어, 아파트의 경비 · 관리(대법원 1983.10.25, 83도1050), 버스회사 배차원(대법원 1982.3.9, 80다 2384), 시설의 작동 · 고장관리인, 보일러공 등 고용노동부 승인 여부를 불문하고 감시적인 업무에 종사하거나 장소를 이탈할 수 없는 상태에서 근로시간 조정이 가능한 단속적 업무의 경우

참고사례 ❷

포괄임금약정이 무효인 경우 법정수당을 지급해야 하는지

근로시간 산정이 어려운 등의 사정이 없음에도 포괄임금제 방식으로 약정된 경우 그 포괄임금에 포함된 정액의 법정수당이 근로기준법이 정한 기준에 따라 산정된 법정수당에 미달하는 때에는 그에 해당하는 포괄임금제에 의한 임금지급계약 부분은 근로자에게 불리하여 무효입니다. 따라서 회사는 근로자에게 미달되는 법정수당을 지급해야 합니다(대법원 2010.5.13, 2008다6052).

#포괄임금제 #포괄임금계약 #야근 #공짜야근 #주말출근 #초과근무 #야간근로수당 #연장근로수당 #휴일근로수당 #추가수당 #운전원 #경비원

47 (연장근로 여부) **연장근로는 1주 12시간을 초과할 수 없다고 하는데, 연장근로인지를 어떻게 판단하나요?**

주 5일(월~금), 1일 8시간, 주40시간 일하기로 계약한 근로자입니다. 주중에 하루 연차휴가를 사용한 상태에서 휴무일인 토요일에 출근하여 8시간을 근무했습니다. 그렇다면 저는 연장근로를 한 것이므로, 연장근로가산수당을 받을 수 있는 건가요?

연장근로 인지를 따지는 이유

'연장근로'('시간외근로'라고도 함)인지를 따지는 이유는 크게 2가지인데요, 하나는 가산수당(통상임금 50% 이상)을 지급해야 하기 때문이고(근로기준법 제56조), 두 번째는 1주 12시간을 초과하면 원칙적으로 근로기준법 위반이 되기 때문입니다(근로기준법 제53조).

일을 더 하면 연장근로?

먼저 '연장근로'인지 여부를 어떻게 판단할까요? '연장근로'란 근로자가 실제로 일한 근로시간이 근로기준법 제50조에서 정한 '법정근로시간'(1일 8시간, 1주 40시간, 18세 미만인 근로자는 1일 7시간, 주 35시간)을 초과하는 시간을 말합니다. 여기서 '실제로 일한 근로시간'에는 일하기 위해 대기하고 있는 시간은 포함되지만(근로기준법 제50조 제3항), 휴게시간, 지각·조퇴시간, 결근한 시간, 휴일, 휴가, 휴업, 파업 등으로 일하지 않은 시간은 근로시간에 포함되지 않습니다.

그렇다면 위의 사례에서 이 근로자가 주중에 40시간 정상 근무를 하고 토요일에 8시간을 더 근무했다면 40시간을 초과한 8시간이 '연장근로'에 해당하여 가산수당(통상임금의 150%)을 지급해야 합니다. 그런데 이 근로자가 하루 연차휴가를 사용했기 때문에 휴무일인 토요일에 정상 근무를 했더라도 주 40시간을 초과하지 않았으므로(32시간+8시간=40시간), '연장근로'에 해당하지 않습니다. 회사는 가산수당을 지급할 의무가 없는 것이죠.

대부분 가산수당을 지급

그런데 이 경우 실제 대부분의 회사에서는 주중에 휴일이나 휴가를 갔더라도 휴무일인 토요일에 근무하는 경우 가산수당을 지급하고 있습니다. 토요일에 근무하기만 하면 가산수당을 지급한다는 근거가 회사 규정 어디에도 없지만, 관행적으로 지급하고 있다고 볼 수 있습니다.

토요일이 아닌 일요일에 근무하는 경우

만약, 위의 사례에서 이 근로자가 '토요일'이 아닌 '일요일'에 근무한다면 어떻게 될까요? 월~금 주5일제인 회사에서 토요일이 '휴무일'이라면 일요일은 '휴일'이 되는데요, '휴일'에 근무하면 주중에 몇 시간 근무했는지 관계없이 무조건 휴일근로 가산수당(통상임금의 150%, 8시간을 초과하는 시간은 200%)이 지급되어야 합니다.

'1주 12시간'을 위반했는지 판단은

그 다음 '1주 12시간'을 초과했는지 여부는 어떻게 판단할까요? 만약 1일 12시간씩 주4일을 근무한 경우 이것이 근로기준법 위반인지에 대해 살펴봅시다. 1일 12시간씩 4일을 근무하면 1주 48시간이 되는데, 1일 단위로 연장근로를 계산하면 주16시간(1일 4시간×4일)이 되어 근로기준법 위반이 되고, 1주 단위로 연장근로를 계산하면 8시간(40시간을 초과하는 8시간)이 되어 연장근로 위반이 아닌 게 됩니다.

최근 대법원은 1주 12시간을 초과했는지 여부(근로기준법 제53조 위반)는 1일 단위로 판단하지 않고 1주 단위로 판단해야 한다고 판결하였습니다(2023.12.7, 2020도15393). 따라서 하루 단위로 개산하면 주 12시간을 초과했지만 주 단위로는 12시간을 초과하지 않았으므로 근로기준법 위반에 해당하지 않습니다. 다만, 이 경우 가산수당은 8시간이 아닌 16시간으로 지급해야 합니다.

관련 법률

> **근로기준법 제53조(연장근로의 제한)**
> ① 당사자 간에 합의하면 1주간에 12시간을 한도로 제50조의 근로시간을 연장할 수 있다.
>
> **근로기준법 제56조(연장, 야간 및 휴일근로)**
> ① 사용자는 연장근로(제53조·제59조 및 제69조 단서에 따라 연장된 시간의 근로를 말한다)에 대하여는 통상임금의 100분의 50 이상을 가산하여 근로자에게 지급하여야 한다.

참고사례 ❶

토요일 휴무일에 근무한 경우 '연장근로'인지 '휴일근로'인지

특정주의 월요일부터 금요일까지 매일 8시간씩 근로할 경우 근로를 제공하지 않는 토요일(이 경우 일요일은 주휴일)은 노사가 휴일로 정하지 않는 이상 '무급휴무일'이 될 것입니다. 이 때 무급휴무일인 토요일에 근로를 함으로써 그 주에 40시간을 초과하여 근로하였다면 연장근로수당을 지급해야 합니다(근로기준과-2325, 2004. 5.10).

참고사례 ❷

주중에 휴일·휴가·파업 등이 있었을 경우 연장근로 여부의 판단

주중에 휴일 또는 휴가가 있어 근로를 제공하지 않은 경우 그러한 휴일 또는 휴가기간은 실근로시간에 포함되지 않으므로, 그 시간을 제외하고 1주 40시간을 초과한 경우에 연장근로가 됩니다(대법원 1992.10.9, 91다14406).

#연장근로 #시간외근로 #법정근로시간 #휴일 #휴무일 #가산수당 #통상임금 #대기시간 #결근 #지각 #조퇴

48 (최저임금 위반 여부 판단) **최저임금 위반인지 아닌지는 어떻게 알 수 있나요?**

> 편의점에 알바로 취업을 했는데요, 시급 9,500원을 받기로 하고 1일 5시간 근무에 하루 47,500원을 받았습니다. 최저임금 이상으로 받은 건지 아닌지 어떻게 알 수 있나요?(2024년 기준 시간급 최저임금액 9,860원)

임금은 반드시 최저임금 이상으로 지급해야

회사가 근로자한테 지급하는 임금은 월급제·일급제·시급제 등 어떤 형태로 정하든 괜찮은데, 반드시 최저임금 이상으로 지급되어야 합니다. 최저임금은 매년 고용노동부장관이 정해서 발표하는데요, 2024년의 경우 시간당 9,860원입니다.

최저임금 위반 여부의 판단방법

그렇다면 최저임금 위반 여부는 어떻게 판단할까요?

먼저, 임금을 시급제로 정한 경우를 살펴봅시다. 임금이 시간급인 경우에는 해당연도의 시간급 최저임금과 직접 비교하여 최저임금 미만이면 법위반입니다(최저임금법시행령 제5조 제1호). 위의 사례에서 시간당 9,500원을 받기로 하고 1일

5시간 근무에 하루 47,500원을 받았다면, 47,500원÷5시간=9,500원이 되어 최저임금법 위반이 됩니다(2024년 기준).

둘째, 임금을 일급으로 정한 경우입니다. 일(日) 단위로 정해진 임금은 그 금액을 1일의 소정근로시간 수(일하기로 정한 시간)로 나눈 금액(1일의 소정근로시간이 정해져 있으나 날짜마다 소정근로시간 수가 다른 경우에는 1주간의 1일 평균 소정근로시간 수로 나눈 금액)을 시간급 최저임금과 비교합니다(최저임금법시행령 제5조 제2호).

예를 들어, 하루 임금이 63,000원인 근로자가 1일 소정근로시간이 7시간인 경우 63,000원÷7시간=9,000원이므로 최저임금법 위반이 됩니다(2024년 기준).

만약, 하루 임금이 90,000원인 근로자가 1일 근로시간이 9시간인 경우에는 90,000원÷(8시간+연장 1.5시간)=9,474원이므로, 최저임금법 위반이 됩니다(2024년 기준, 상시근로자 5명 이상인 경우).

마지막으로 월급제인 경우에는 월급에서 '최저임금의 적용을 위한 임금에 산입하지 않는 임금'을 제외한 임금을 1개월의 최저임금 적용기준시간 수로 나눈 금액을 시간급 최저임금과 비교합니다(최저임금법시행령 제5조 제4호).

예를 들어, 소정근로시간이 1주 40시간(주 5일, 1일 8시간)인 근로자가 최저임금에 산입되지 않는 임금을 제외하고 200만 원의 월급을 받은 경우 200만 원÷208.57시간≒9,589원이므로, 최저임금법 위반이 됩니다(2024년 기준).

※ 1개월 최저임금 적용기준시간 수 208.57시간

(주 40시간+유급주휴 8시간)×(365일÷7일)÷12월≒208.57시간

만약, 상시근로자가 4명 이하인 회사에서 소정근로시간이 1주 44시간(월~금요일 8시간, 토요일 4시간)인 근로자가 최저임금에 산입되지 않는 임금을 제외한 200만 원의 월급을 받은 경우 200만 원÷225.95시간≒8,852원이므로, 최저임금법 위반입니다(2024년 기준).

※ 1개월 최저임금 적용기준시간 수 225.95시간

(주 44시간＋유급주휴 8시간)×(365일÷7일)÷12월≒225.95시간(상시 근로자 4명 이하 사업장은 연장근로 가산임금이 적용되지 않음)

수습근로자인 경우

참고로 1년 이상 근로계약을 체결하면서 수습기간을 둔 경우 수습 3개월까지는 시간급 최저임금액에서 100분의 10을 뺀 금액(즉, 시간급 최저임금액의 90% 지급)을 지급할 수도 있습니다. 다만, 1년 미만 근로계약을 체결하거나 고용노동부 장관이 정하여 고시한 단순노무업무에 종사하는 근로자에 대해서는 감액을 할 수 없습니다.

최저임금 모의계산은 '고용노동부–최저임금 모의계산기(moel.go.kr)'에서 확인 가능합니다.

관련법률

최저임금법 제5조(최저임금액)
② 1년 이상의 기간을 정하여 근로계약을 체결하고 수습 중에 있는 근로자로서 수습을 시작한 날부터 3개월 이내인 사람에 대하여는 대통령령으로 정하는 바에 따라 제1항에 따른 최저임금액과 다른 금액으로 최저임금액을 정할 수 있다. 다만, 단순노무 업무로 고용노동부장관이 정하여 고시한 직종에 종사하는 근로자는 제외한다.

최저임금법 제5조(최저임금의 효력)
① 사용자는 최저임금의 적용을 받는 근로자에게 최저임금액 이상의 임금을 지급하여야 한다.
③ 최저임금의 적용을 받는 근로자와 사용자 사이의 근로계약 중 최저임금액에 미치지

못하는 금액을 임금으로 정한 부분은 무효로 하며, 이 경우 무효로 된 부분은 이 법으로 정한 최저임금액과 동일한 임금을 지급하기로 한 것으로 본다.

참고사례 ❶

고정적 성격의 시간외수당(고정O/T수당)이 최저임금에 포함되는지

실제 근로여부와 관계없이 일정액이 고정적으로 지급되더라도 시간외수당이 만들어진 배경, 그 명칭이 갖는 의미 등을 종합적으로 고려할 때, 시간외근무를 전제로 지급하는 수당이라면 최저임금 산입을 위한 임금에 포함하기는 어렵습니다(임금 68200-850, 2001.12.13).

참고사례 ❷

근로시간 산정이 가능한 경우 포괄임금제 계약을 했더라도 최저임금에 미달하는 부분은 무효

근로시간의 산정이 어려운 경우가 아니라면 근로기준법상의 근로시간에 관한 규정을 그대로 적용할 수 없다고 볼 만한 특별한 사정이 없는 한 근로기준법상의 근로시간에 따른 임금지급의 원칙이 적용되어야 하므로, 이러한 경우에 포괄임금제 방식의 임금 지급계약을 체결한 때에는 그것이 근기법이 정한 근로시간에 관한 규제를 위반하는지를 따져, 포괄임금에 포함된 법정수당이 근기법이 정한 기준에 따라 산정된 법정수당에 미달한다면 그에 해당하는 포괄임금제에 의한 임금지급계약 부분은 근로자에게 불이익하여 무효입니다. 따라서 사용자는 근로기준법의 강행성과 보충성 원칙에 의하여 근로자에게 그 미달되는 법정수당을 지급할 의무가 있습니다(대법원 2016.9.8, 2014도8873).

#최저임금 #최저임금위반 #최저임금감액 #포괄임금 #수습 #고정O/T #고정연장수당 #단순노무업무 #최저임금적용기준시간수

49 (최저임금 감액) **수습근로자는 최저임금을 감액할 수 있나요?**

저는 오랜 노력 끝에 원하던 대기업 채용시험에 합격했습니다. 첫 출근일에 근로계약서를 작성하려고 보니, 3개월간 수습 기간의 평가에 따라 정규직 전환 여부를 결정한다는 규정이 있었습니다. 그런데, 수습 기간 동안에는 최저임금의 90%가 지급된다고 합니다. 최저임금을 감액할 수 있나요?

최저임금이란

'최저임금'이란, 근로자에게 지급할 수 있는 최하한의 금액을 말합니다. 고용노동부장관은 매년 8월 5일까지, 다음연도에 적용될 최저임금을 결정하여 지체 없이 고시해야 합니다(최저임금법 제8조 제1항 전문, 동법 제10조 제1항).

회사는 근로자에게 최저임금액 이상의 임금을 지급해야 하는데(최저임금법 제6조 제1항), 이는 근로자의 안정된 생활을 보장하고, 노동력을 질적으로 향상시키기 위함입니다.

그런데 사례와 같이 근로자의 수습 기간에 최저임금의 90%만 지급하는 것이 가능할까요?

최저임금을 감액하거나 최저임금액 이상을 지급하지 않아도 되는 경우

---

(1) 최저임금 감액이 가능한 경우: 1년 이상의 기간을 정해 근로계약을 체결하고 수습 시작일로부터 3개월까지는 최저임금액의 10%를 감액하여 지급할 수 있습니다(최저임금법 제5조 제2항 본문 및 동법 시행령 제3조). 다만, 단순 노무 업무를 하는 근로자의 경우에는 위 요건을 충족하더라도 최저임금액을 감액할 수 없습니다(최저임금법 제5조 제2항 단서).

(2) 최저임금액 이상을 지급하지 않아도 되는 경우: 동거하는 친족만을 사용하는 사업과 가사사용인(최저임금법 제3조 제1항 단서), 선원법의 적용을 받는 선원과 선원을 사용하는 선박의 소유자(최저임금법 제3조 제2항), 정신 또는 신체의 장애가 업무 수행에 직접적으로 현저한 지장을 주는 것이 명백하다고 인정되는 자로서 고용노동부장관의 인가를 받은 자(최지임금법 제7조 및 동법 시행령 제6조)

최저임금을 감액할 수 없는 단순노무업무 종사자란

'단순노무업무종사자'는 한국표준직업분류상 대분류 9에 해당하는 자로서, 건설(건설 및 광원 단순종사자), 운송(택배원, 음식 및 기타 배달원, 하역 및 적재 단순종사자, 이삿짐운반원), 제조(수작업 포장원, 제조업 단순종사원, 제품 단순 선별원), 청소(청소원, 환경미화원, 재활용수거원), 경비(건물관리원, 검표원, 아파트경비원), 가사(가사도우미, 육아도우미), 음식, 판매(주방보조원, 패스트푸드준비원, 주유원 등 판매관련 단순종사자), 기타(주차관리원, 세탁원)로 구분됩니다.

수습 근로자가 최저임금액 이상의 임금을 받고 있는지 판단하는 방법

───

앞서 살펴본 일부 경우를 제외하고 회사는 근로자에게 최저임금액 이상의 임금을 지급해야 합니다. 그렇다면, 회사에서 최저임금액 이상을 지급하고 있는지 어떻게 확인해야 할까요? 먼저 회사로부터 지급받는 임금에서 최저임금액과 비교할 비교대상임금을 구한 후, 비교대상임금을 시간급으로 환산하여 고시된 최저임금과 비교하면 됩니다(최저임금법 시행령 제5조 제1항).

(1) 최저임금액과 비교할 비교대상임금 산정방법

비교대상임금에는 통상적으로 '매월 1회 이상 정기적으로 지급하는 임금', '1개월을 초과하는 기간에 걸친 상여금, 장려가급, 능률수당, 근속수당, 1개월을 초과하는 기간의 출근성적에 따라 지급하는 정근수당', '식비, 교통비 등 근로자의 생활보조 또는 복리후생을 위한 성질의 임금'이 포함됩니다.

그러나 '연장·휴일근로에 대한 임금 및 연장·야간·휴일가산수당', '연차유급휴가 미사용수당', '주휴일을 제외한 법정·약정휴일에 대한 임금'은 비교대상임금에 포함되지 않습니다.

(2) 비교대상임금을 시간급으로 환산하는 방법

① 시간급의 경우에는 올해 최저시급과 직접 비교하면 됩니다.
② 일급의 경우에는 일급 금액을 1일의 소정근로시간 수(8시간)로 나눈 금액과 최저시급을 비교하면 됩니다.

③ 주급의 경우에는 주급 금액을 1주 최저임금 적용기준시간수(1주 동안의 소정근로시간 수(40시간)와 주휴일에 따라 유급 처리되는 시간 수(8시간)를 합산한 시간 수)로 나눈 금액과 최저시급을 비교하면 됩니다.

④ 월급의 경우에는 월급 금액을 1개월의 최저임금 적용기준시간수(1주 동안의 소정근로시간 수와 유급 주휴 시간 수를 합산한 시간 수(48시간)에 1년 동안의 평균 주의 수(4.345주)를 곱한 시간 수)로 나눈 금액과 최저시급을 비교하면 됩니다.

정리하면

___

1년 이상의 기간을 정해 근로계약을 체결한 경우, 3개월의 수습기간 동안에는 근로자에게 최저임금액의 90%를 지급할 수 있습니다. 수습기간이 종료되면 회사는 당연히 근로자에게 최저임금액 이상의 임금을 지급해야 합니다. 수습기간이 6개월이라고 하더라도, 최초 3개월의 수습기간에는 최저임금액의 90%를 지급하고, 그 이후부터는 최저임금액 이상의 임금을 지급해야 합니다.

회사와 근로자 간 분쟁의 대부분은 임금과 관련된 것이 많습니다. 특히 최저임금법 위반 여부는 고용노동부에서 사업장 근로감독을 할 때, 기본적으로 확인하는 사항입니다. 회사에서는 실수로라도 근로자에게 최저임금액 미만의 임금을 지급해서는 안 되고, 근로자는 최저임금액 이상을 지급 받지 못했다면 고용노동청에 임금체불로 진정을 제기하여 구제받을 수 있습니다.

관련 법률

참고사례

외국인 근로자에게 숙소를 제공하고 있는데, 근로자 대신 지불하는 숙소비를 최저임금액과 비교할 비교대상임금에 포함해도 되는지

회사에서 근로자에게 직접 숙소를 제공하는 경우, 회사가 근로자 대신 지불하는 숙소비용을 최저임금액과 비교할 비교대상임금에 포함할 수 없습니다. 최저임금법 에서 근로자의 생활 보조 또는 복리후생을 위한 성질로 통화 이외의 것으로 지급하 는 것은 최저임금액과 비교할 비교대상임금에 포함되지 않는다고 보고 있기 때문입 니다(최저임금법 제6조 제4항 제3호 가목).

최저임금법 제6조(최저임금의 효력)

① 사용자는 최저임금의 적용을 받는 근로자에게 최저임금액 이상의 임금을 지급하여야 한다.

③ 최저임금의 적용을 받는 근로자와 사용자 사이의 근로계약 중 최저임금액에 미치지 못하는 금액을 임금으로 정한 부분은 무효로 하며, 이 경우 무효로 된 부분은 이 법으로 정한 최저임금액과 동일한 임금을 지급하기로 한 것으로 본다.

④ 제1항과 제3항에 따른 임금에는 매월 1회 이상 정기적으로 지급하는 임금을 산입(算入)한다. 다만, 다음 각 호의 어느 하나에 해당하는 임금은 산입하지 아니한다.

  3. 식비, 숙박비, 교통비 등 근로자의 생활 보조 또는 복리후생을 위한 성질의 임금으로서 다음 각 목의 어느 하나에 해당하는 것

    가. 통화 이외의 것으로 지급하는 임금

참고사항

2025년 최저시급 및 최저월급

- 최저시급: 10,030원
- 최저월급: 2,096,270원

#최저임금 #수습근로자 #감액 #시급 #숙소제공

50. (단시간근로자 초과근로) 하루 4시간 근무하기로 하고 5시간을 근무하면 가산수당을 받을 수 있나요

51. (갱신기대권) 계약기간이 만료되어 재계약을 하지 않았는데, 부당해고라고 주장합니다.

52. (차별여부) 기간제 근로자에게 성과금을 지급하지 않았습니다. 차별 아닌가요?

53. (기간의 만료) 계약 기간이 종료되는 경우에도 한 달 전에 해고예고를 해야 하나요?

54. (파견근로자 직접고용) 파견근로자가 2년을 초과해서 근무하면 회사가 직접 고용해야 한다던데 이
    파견근로자를 기간제근로자로 채용해도 되나요?

55. (계약기간) 공사종료일을 근로기간 만료일로 정할 수 있나요?

56. (계속 근로) 공개채용을 거쳐 계속 근무하는 경우에는 2년을 초과해도 되나요?

57. (기간제한의 예외) 55세 이상은 기간 제한을 받지 않고 계속 고용할 수 있나요?

58. (단시간 근로자) 1주 15시간 미만인 근로자는 연차휴가가 없나요?

비정규직 보호

CHAPTER
06

비정규직 보호

> **50** (단시간근로자 초과근로) **하루 4시간 근무하기로 하고 5시간을 근무하면 가산수당을 받을 수 있나요?**

카페에서 알바하고 있는데, 하루 7시간 주 5일 근무하기로 정했습니다. 가끔 손님이 많을 때 1시간 정도 일을 더 하는 경우가 있는데요, 이 경우 당초 정한 시간보다 일을 더 했으므로 1시간에 대해 가산수당도 받아야 하는 것 아닌가요?

일을 더하면 무조건 연장근로?

근로자가 일을 했을 때 가산수당(통상임금 50% 이상)을 받을 수 있는 경우는 연장근로, 야간근로, 휴일근로를 할 때입니다(근로기준법 제56조 제1항). 여기서 '연장근로'란 법정근로시간을 초과한 시간을 말하므로, 당초 일하기로 정한 시간(이를 '소정근로시간'이라고 함)을 초과하더라도 법정근로시간인 1일 8시간이나 한 주 40시간(18세 미만인 연소자는 1일 7시간, 주 35시간)을 초과하지 않으면 '연장근로'에 해당하지 않습니다.

그렇다면, 위의 사례에서 하루 7시간을 근무하기로 한 상태에서 1시간을 더 근무하더라도 법정근로시간인 하루 8시간을 초과하지 않았으므로, 연장근로에 해당하지 않고 따라서 연장근로 가산수당 지급대상이 되지 않습니다. 만약, 하루 2시간을 더 했다면 9시간을 일한 것이므로 처음 1시간은 가산수당 지급대상이 아니지만(예를 들어, 시급이 10,000원이면 10,000원만 지급), 8시간을 초과하는 1시간 은 가산수당을 지급해야 합니다(즉, 10,000원+5,000원).

법정근로시간을 초과하지 않더라도 가산수당을 지급해야 하는 경우
—

그런데 법정근로시간을 초과하지 않더라도 가산수당을 지급해야 하는 경우가 있는데요, 바로 '단시간근로자(실무에서는 주로 '시간제근로자'라고 부름)'인 경우입니다. '단시간근로자'란 '1주 동안의 소정근로시간이 그 사업장에서 같은 종류의 업무에 종사하는 통상근로자의 1주 동안의 소정근로시간에 비하여 짧은 근로자'를 말합니다(근로기준법 제1조 제1항 제9호).

예를 들어, 마트에서 물건을 계산해 주는 일을 하고 있는 근로자가 10명이 있는데, 6명은 하루 8시간, 주 40시간 근무를 하고 있고 나머지 4명은 하루 4시간, 주 20시간을 근무한다면, 10명 모두 같은 업무를 하고 있지만 소정근로시간이 다르기 때문에, 6명은 '통상근로자'에 해당하고 나머지 4명은 '단시간근로자'에 해당합니다. 이러한 '단시간근로자'에 대해서는 당초 정한 근로시간보다 더 일을 하면(이것을 '초과근로'라고 함) 무조건 가산수당을 지급하라고 규정하고 있습니다

(기간제 및 단시간근로자 보호 등에 관한 법률 제6조 제3항). 비정규직 근로자를 보호하는 취지입니다.

'단시간근로자'에 대해 정확히 이해해야

'단시간근로자'인지 아닌지에 대해 가끔 오해가 있는데요. 소정근로시간을 하루 8시간보다 적게 정하면 무조건 단시간근로자라고 생각하는 경우입니다. 예를 들어, 100명의 근로자가 근무하는 제조업에서 사무직과 생산직 근로자는 소정근로시간이 하루 8시간, 주 40시간이고 운전직 근로자 5명은 하루 6시간, 주 30시간인 경우, 운전직 근로자가 사무직과 생산직 근로자보다 소정근로시간이 적더라도 같은 업무를 하는 근로자들이 아니므로 비교대상에 해당하지 않고 따라서 '단시간근로자'에 해당하지 않습니다. 즉, 운전직 5명 모두 '통상근로자'에 해당합니다.

'단시간근로자'인지 여부에 따라 가산수당에 차이

그렇다면 위의 사례에서 이 카페에서 같은 일을 하는 모든 근로자가 하루 7시간, 주 35시간 근무자라면 전부 통상근로자에 해당하므로, 1시간 초과근무에 대해서 가산수당을 지급할 필요가 없습니다(시급이 10,000원이라면 10,000원만 지급). 그런데 그 카페에서 같은 일을 하는 근로자 중에서 한 사람이라도 한 주 소정근로시간이 35시간보다 많은 사람이 있다면, 이 근로자는 '단시간근로자'에 해당하므로 가산수당을 지급해야 합니다(즉, 10,000원+5,000원).

관련법률

근로기준법 제2조(정의)

9. "단시간근로자"란 1주 동안의 소정근로시간이 그 사업장에서 같은 종류의 업무에
   종사하는 통상근로자의 1주 동안의 소정근로시간에 비하여 짧은 근로자를 말한다.

기간제 및 단시간근로자 보호 등에 관한 법률 제6조(단시간근로자의 초과근로 제한)

③ 사용자는 제1항에 따른 초과근로에 대하여 통상임금의 100분의 50 이상을 가산하
   여 지급하여야 한다.

참고사례

1주 소정근로시간이 39시간이면 '단시간근로자'인지

근로기준법 제2조는 '이 법에서 단시간근로자라 함은 1주간의 소정근로시간이
당해 사업장의 동종업무에 종사하는 통상근로자의 1주간의 소정근로시간에 비하여
짧은 근로자를 말한다'고 규정하고 있는 바, 사업 또는 사업장에서 특정 근로지의 1
주간의 소정근로시간이 39시간이라 하여 반드시 동법 동조의 단시간근로자인 것은
아니며, 당해 사업장의 '동종업무'에 종사하는 '통상근로자'에 비하여 1주간의 소정
근로시간이 짧은 자라야 할 것입니다(근로기준과-3789, 2004.7.23).

#단시간근로자 #통상근로자 #시간제 #소정근로시간 #가산수당 #초과근로 #알바

51 (갱신기대권) **계약기간이 만료되어 재계약을 하지 않았는데, 부당해고라고 주장합니다.**

경비업무를 수행하는 근로자와 1년 기간의 근로계약을 체결하였습니다. 근로계약 기간이 종료되어 재계약을 하지 않았는데 근로자는 해당 근로계약서에 '당사자간 합의에 따라 근로계약 기간을 최대 1년의 범위에서 갱신할 수 있다'고 기재되어 있는 것을 이유로 부당해고라고 주장합니다. 이런 경우도 부당해고에 해당하나요?

원칙적으로 근로계약기간 만료 통보는 해고 아냐

회사는 최대 2년까지 근로계약 기간의 정함이 있는 이른바 기간제 근로자를 고용할 수 있습니다(기간제법 제4조 제1항). 이렇게 기간제 근로계약을 체결한 경우 특별한 사정이 없는 한 근로계약 기간이 만료됨에 따라 회사와 근로자 간의 근로관계는 당연히 종료됩니다. 그러므로 회사에서 근로계약 기간의 만료를 이유로 근로계약을 갱신하지 않겠다고 하는 것은 원칙적으로 해고가 아닙니다.

근로자의 갱신기대권이 인정된다면, 근로계약기간 만료 통보는 해고

한편, ① 근로계약이 반복적으로 갱신되어 사실상 기간을 정하지 않은 근로계약과 다르지 않다거나 ② 근로계약, 취업규칙, 단체협약 등에서 '근로계약 기간

CHAPTER 06 비정규직 보호 **267**

의 만료에도 불구하고 일정한 요건이 충족되면 근로계약을 갱신한다'는 명시적인 규정이 있는 등근로자에게 근로계약이 갱신될 수 있다는 정당한 기대권(이하 '갱신기대권')이 있는 경우에는, 회사에서 기간제 근로자와의 근로계약을 갱신하지 않고 종료하는 것은 문제가 될 수 있습니다.

①의 경우는 외형상으로는 기간의 정함이 있는 근로계약이지만, 실질적으로는 기간의 정함이 없는 근로계약을 체결한 것입니다. 따라서 계약기간 만료를 이유로 한 근로관계 종료에 '정당한 이유'가 없다면 부당해고에 해당합니다.

②의 경우는 기간의 정함이 있는 근로계약을 체결하였더라도 근로자에게 갱신기대권이 있는 경우입니다. 근로자의 갱신기대권이 인정되면, 회사가 합리적 이유 없이 근로계약의 갱신을 거절하는 것은 해고에 해당합니다. 따라서 회사의 근로계약 갱신거절에 '합리적 이유'가 없다면 부당해고에 해당합니다. 하지만 이때 근로자가 가지는 기대권은 '동일한 계약을 1회 체결할' 기대권이므로 곧바로 기간의 정함이 없는 근로자로 인정되지는 않습니다.

기간제법이 제정되기 이전에 회사는 아무런 제한 없이 근로자와 최대 1년의 근로계약을 반복해서 체결하는 것이 가능했습니다(구 근로기준법 제16조). 그래서 회사에서는 자유롭게 근로자를 해고할 수 있도록 근로자와 기간의 정함이 있는 근로계약을 횟수 제한 없이 반복적으로 체결하는 경우가 많았습니다. 법원에서는 이러한 문제를 해결하기 위해 근로자의 갱신기대권을 인정해주었습니다.

정리하면

━━━━

근로자에게 갱신기대권이 있다고 인정되려면 ① 근로계약, 취업규칙, 단체협약 등에 '기간만료에도 불구하고 일정한 요건이 충족되면 당해 근로계약이 갱신된다는 취지의 규정'을 두고 있거나, 그러한 규정이 없더라도 ② '근로계약의 내용과 근로계약이 이루어지게 된 동기 및 경위, 계약 갱신의 기준 등 갱신에 관한 요건이나 절차의 설정 여부 및 그 실태, ③ 근로자가 수행하는 업무의 내용, ④ 타 근로자들에 대한 계약갱신 관행' 등 근로관계를 둘러싼 여러 사정을 종합할 때 근로계약이 갱신된다는 신뢰관계가 형성되어 있다고 볼 수 있어야 합니다. 근로자에게 근로계약이 갱신될 수 있으리라는 정당한 기대권이 인정되는 경우에는 회사가 부당하게 근로계약의 갱신을 거절하는 것은 부당해고와 마찬가지로 아무런 효력이 없고, 기간만료 후의 근로관계는 종전의 근로계약이 갱신된 것과 동일합니다(대법원 2011.4.14, 2007두1729 등 참고).

위 사례에서처럼 근로계약서에 당사자간 합의에 따라 근로계약이 갱신될 수 있다는 규정이 있다는 사실만으로 근로자에게 갱신기대권이 인정된다고 볼 수는 없고, 따라서 근로계약 기간의 만료로 근로자와의 근로관계를 종료하는 것은 해고에 해당하지 않습니다.

참고사례 ❶

정년을 경과한 기간제 근로자도 갱신기대권이 인정되는지

정년을 도과한 상태에서 기간제 근로계약을 체결한 경우에도 갱신기대권은 인정될 수 있습니다. 이 경우에는 해당 직무의 성격에 의하여 요구되는 직무수행능력과 당해 근로자의 업무수행 적격성, 연령에 따른 작업능률 저하나 위험성 증대의 정도, 해당 사업장에서 정년을 경과한 고령자가 근무하는 실태 및 계약이 갱신되어 온 사례 등을 종합적으로 고려하여 근로계약 갱신에 관한 정당한 기대권이 인정되는지 여부를 판단합니다(대법원 2017.2.3, 2016두50563).

참고사례 ❷

기간제 근로자를 3개월의 공백기간이 지나서 재채용한 경우 계속 근무한 것으로 볼 수 있는지

회사와 근로자 사이의 근로관계가 기간 만료로 종료하여 3개월이 지난 후 다시 근로계약을 체결한 경우, 공백기간 전후의 근로관계가 단절 없이 계속되었다고 볼 수 없습니다. 따라서 새롭게 계약이 체결된 시점부터 다시 근무기간이 산정되어야 합니다(대법원 2019.10.17, 2016두63705).

참고사례 ❸

'공사종료일'을 근로계약기간 만료일로 정한 경우

근로계약기간은 근로계약의 존속기간으로서 기간제법 제17조에 따라 서면으로 명시해야 하는 근로조건이며, 근로계약 당사자는 원칙적으로 이를 당사자의 합의에 의해 임의로 정할 수 있습니다. 따라서 특정사업(공사)의 완료에 필요한 근로계약기간을 정함에 있어 날씨 등의 사유로 사업완료일을 확정할 수 없는 경우에는 근로계약기간 만료일을 당해 특정사업(공사)의 공사종료일로 정하여 근로계약을 체결할 수 있습니다. 다만, 이 근로계약기간이 2년을 초과하는 경우 사용기간제한의 예외 규정에 해당하지 않는 한, 그 계약은 '기간의 정함이 없는 근로계약'으로 간주됩니다(비정규직대책팀-2917, 2007.7.18).

참고사례 ❹

퇴직금 지급을 회피할 목적으로 임의로 사직처리하고 재입사시킨 경우

계약기간이 만료되고 일정기간이 경과한 후 다른 업무를 위하여 새로운 근로계약을 체결하였다면 이는 계속근로로 볼 수 없습니다. 다만, 사업이 단절됨이 없이 계속되는 업무임에도 불구하고 퇴직금 지급을 회피할 목적으로 사업주가 임의로 사직처리하고 일정기간의 휴직기간을 거친 후 재입사시키는 등을 반복적으로 행하는 경우라면 동일사업에 사실상 계속근로 하였다고 봐야 할 것입니다(근기 68207-2991, 2000.9.28).

#갱신기대권 #기간제근로 #무기계약 #정년 #근로계약기간 #근로계약

> 기간제 근로자로 근무를 하고 있습니다. 회사에서 작년 실적이 좋다며 정규직 근로자들에게 동일한 액수의 성과금을 지급하였습니다. 그런데, 정규직 근로자와 똑같은 업무를 하고 있는 기간제 근로자들에게는 성과금을 전혀 지급하지 않았습니다. 기간제 근로자라는 이유로 성과금을 지급하지 않는 것은 차별 아닌가요? 저도 성과금을 받으려면 어떻게 해야 하나요?

근로자별 근로조건은 다를 수 있어

회사는 기간제 근로자라는 이유로 임금, 성과금, 근로조건 및 복리후생 등과 관련하여 같은 회사에서 동종, 유사업무를 하는 기간의 정함이 없는 정규직 근로자와 차별할 수 없습니다(기간제법 제8조). 차별에 해당하는지 판단하려면 우선 비교할 수 있는 대상이 존재해야 합니다. 이를 '비교대상근로자'라고 합니다. 기간제 근로자의 비교대상근로자는 같은 사업 또는 사업장에서 동종 또는 유사업무를 하는 기간의 정함이 없는 근로자가 됩니다. 한편, 기간제 근로자와 정규직 근로자의 근로조건이 다른 것이 모두 차별로 인정되지는 않습니다. 여기서 차별은 합리적 이유없이 다르게 대한다는 뜻입니다.

차별은 합리적 이유가 없어야

근로자간 유리·불리한 근로조건을 적용하는 것에 합리적 이유가 있을 수 있고, 합리적 이유가 없을 수도 있습니다. 우리 법이 금지하는 '차별'은 '합리적 이유가 없는 불리한 처우'입니다. 합리적인 이유가 있다는 것은 정규직 근로자와 기간제 근로자가 동일한 업무를 하더라도 업무강도나 질의 차이가 있는 경우와 같이, 근로자간 다르게 대우할 만한 사정이 있는 때를 의미합니다. 이러한 사정이 없는데도 기간제 근로자에게 불리한 처우를 한다면 이는 '비정규직 차별'에 해당할 수 있습니다. 그리고 '합리적 이유'가 있는지 여부는 회사가 입증하여야 합니다.

위 사례에서처럼 정규직 근로자와 기간제 근로자의 업무 내용, 업무강도나 책임 및 권한이 동일한데도 기간제 근로자는 아예 성과금을 지급하지 않고 정규직 근로자에게만 성과금을 지급하였다면, 이는 합리적 이유가 없어 '차별'에 해당할 수 있습니다.

정리하면

차별적 처우를 받은 기간제 근로자는, 노동위원회에 차별시정신청을 할 수 있습니다(기간제법 제9조). 다만, 시정신청은 차별이 있었던 날로부터 6개월 이내에만 가능하니, 시정신청 전에 신청기한이 지났는지를 확인해야 합니다.

이때 차별 판단은 차별이 있었던 시기를 기준으로 합니다. 그렇기 때문에, 예를 들어 동종 또는 유사 업무를 했던 정규직 근로자가 퇴사하여 현재는 재직중이 아니라도 차별적 처우로 인정될 수 있습니다. 또한, 2년의 근로계약이 초과되어 무기계약직으로 전환이 된 경우에도 차별을 받았을 때부터 6개월이 지나지 않았다면 노동위원회에 차별시정신청을 할 수 있습니다.

관련 법률

파견근로자 보호 등에 관한 법률 제21조(차별적 처우의 금지 및 시정 등)

① 파견사업주와 사용사업주는 파견근로자라는 이유로 사용사업주의 사업 내의 같은 종류의 업무 또는 유사한 업무를 수행하는 근로자에 비하여 파견근로자에게 차별적 처우를 하여서는 아니 된다.

② 파견근로자는 차별적 처우를 받은 경우 「노동위원회법」에 따른 노동위원회(이하 "노동위원회"라 한다)에 그 시정을 신청할 수 있다.

③ 제2항에 따른 시정신청, 그 밖의 시정절차 등에 관하여는 「기간제 및 단시간근로자 보호 등에 관한 법률」 제9조부터 제15조까지 및 제16조 제2호·제3호를 준용한다. 이 경우 "기간제근로자 또는 단시간근로자"는 "파견근로자"로, "사용자"는 "파견사업주 또는 사용사업주"로 본다.

④ 제1항부터 제3항까지의 규정은 사용사업주가 상시 4명 이하의 근로자를 사용하는 경우에는 적용하지 아니한다.

참고사례 ❶

비교대상 근로자가 존재하지 않는 경우 차별 여부의 판단

기간제법상 기간제·단시간 근로자에 대한 차별판단을 위해서는 당해 사업(장)에서 동종 또는 유사한 업무에 종사하는 무기계약근로자·통상근로자가 존재해야 합니다. 따라서 비교대상 근로자가 존재하지 않는 경우에는 당해 근로자가 노동위원회에 차별시정을 신청하더라도 차별 여부를 판단할 수가 없습니다(비정규직대책팀-2411, 2007.6.26).

참고사례 ❷

중식대와 통근비를 비교대상근로자에 비해 적은 금액으로 책정하여 지급한 경우

중식대와 통근비는 실비변상 내지 복리후생적인 목적에 따라 지급되는 것으로서 업무의 범위, 업무의 난이도, 업무량 등에 따라 차등하여 지급될 성질의 것이 아니고, 부수적으로 복리후생적인 목적이 있다고 하더라도 이를 장기근속의 유도와 직접 연관시키기는 어렵다고 볼 수 있습니다. 따라서 중식대와 통근비를 비교대상 근로자에 비해 적은 금액으로 책정하여 지급한 것은 불리한 처우에 해당하고, 중식대와 통근비를 차별하여 지급한 데에 합리적인 이유가 있는 것으로 볼 수 없습니다 (대법원 2012.11.15, 2011두11792).

#파견근로자 #비교대상근로자 #차별 #차별시정 #합리적이유 #성과금 #중식대 #통근비

53 (기간의 만료) **계약 기간이 종료되는 경우에도 한 달 전에 해고예고 를 해야 하나요?**

> 프랜차이즈 음식점을 운영하며 근로자를 고용하고 있습니다. 직원 중 한 명이 입대 전 1년 동안만 근로하기로 하여 올해 7월 31일 자로 근로계약이 종료됩니다. 근로자를 해고할 때는 해고하기 한 달 전에 해고예고를 해야 한다고 하던데, 계약직 근로자에게도 계약 기간이 종료되기 한 달 전에 해고예고를 해야 하나요?

해고와 근로계약 기간만료는 엄연히 달라

—

근로계약 기간이 만료되면 해고와 마찬가지로 근로자와의 고용 관계는 종료됩니다. 그래서 근로계약 기간만료 시에도 해고예고를 해야 한다고 생각할 수 있습니다. 그런데, 이 둘은 엄연히 다릅니다.

'해고'는 사업장에서 실제로 불리는 명칭이나 절차에 관계없이 근로자의 의사와는 무관하게 회사에서 일방적으로 근로관계를 종료시키는 행위를 말합니다. 한편, '근로계약 기간만료'는 근로계약에 정해진 계약의 종기에 도달하여 계약이 당연 종료되는 것입니다.

근로계약 기간만료는 해고예고 대상 아냐

회사는 근로자를 해고하는 경우, 적어도 30일 전에 알려야 하고, 그렇지 않을 때는 30일분 이상의 통상임금을 지급해야 할 의무가 있습니다(근로기준법 제26조). 그러나 근로계약 기간이 종료되는 경우에는 회사가 별도로 조치할 의무가 없습니다. 해고예고제도는 갑작스런 실직의 위험에서 근로자를 보호하기 위함인데, 기간제 근로계약은 계약기간이 정해져 있어 근로자가 갑작스럽게 실직을 당할 위험이 있다고 보지 않아 근로기준법상 해고예고제도가 적용되지 않는 것입니다.

다만, 기간제 근로계약을 맺었어도 근로자와의 고용관계를 종료하기 위해 해고예고를 해야 하는 경우가 있습니다. 바로 '기간제 근로자에게 근로계약의 갱신기대권이 인정'되거나, '계약 기간이 2년을 초과하여 사실상 무기계약을 체결한 근로자가 있는 경우'입니다. 이때에는 회사가 정당한 사유 없이 근로자를 해고할 수 없으며, 해고하려는 경우에는 30일 전에 해고예고를 해야 하고, 30일 전에 해고예고를 하지 않았다면 30일분 이상의 통상임금을 지급해야 합니다.

정리하면

위 사례의 근로자는 ① 입대 전 1년 동안만 근로하는 기간제 근로계약을 체결했으므로, ② 근로계약 갱신기대권이 있다고 볼 수 없으며, ③ 근로계약 기간이 2년을 초과하지도 않습니다. 따라서 계약기간의 만료로 별도의 조치 없이 회사와의 고용관계가 종료됩니다.

기간제 근로자에게도 근로계약 기간만료 통보를 하자

회사는 기간제 근로자에게 근로계약 기간 종료 통보를 할 법적 의무가 없습니다. 그럼에도 회사는 근로자가 취업 준비를 할 수 있도록 근로계약이 종료된다는 사실을 근로계약 종료일로부터 30일 전에 알리는 것이 바람직합니다.

한편, 근로계약 기간을 정했음에도 불구하고 근로자는 근로계약이 갱신될 것이라는 기대를 할 수 있습니다. 최근 회사와 근로자 간에 근로계약 갱신기대권 존부에 대한 다툼이 많이 발생하고 있는 것도 바로 이러한 이유 때문입니다. 사전에 근로자에게 근로계약이 종료된다는 사실을 명확하게 알림으로써 불필요한 분쟁의 소지를 예방할 수 있을 것입니다.

참고사례 ❶

근로계약기간이 만료되는 경우 근로계약이 자동으로 갱신되는지
기간을 정하여 근로계약을 체결한 근로자의 경우 기간이 만료됨으로써 근로자의 신분관계는 종료되고 근로계약을 갱신하지 못하면 갱신 거절의 의사표시가 없어도 당연 퇴직되는 것이 원칙입니다(대법원 2017.10.12, 2015두59907).

참고사례 ❷

근로계약기간 만료시 해고예고를 해야 하는지

사업완료나 업무완성에 필요한 기간을 정한 근로계약이나 기간으로 근로계약을 체결한 경우에는 근로계약기간이 만료되면 근로관계가 자동으로 종료되는 것으로 해고예고를 필요로 하지 않습니다(대법원 1965.11.30, 65다1593).

#기간제근로자 #기간만료 #근로계약종료 #해고 #해고예고 #프리랜서 #플랫폼노동자

근로계약 종료 통보서 양식

<table>
<tr><td colspan="5" align="center">**근로계약 종료 통보서**</td></tr>
<tr><td rowspan="3">인적사항</td><td>소속</td><td></td><td>직급</td><td></td></tr>
<tr><td>성명</td><td></td><td>생년월일</td><td></td></tr>
<tr><td>주소</td><td colspan="3"></td></tr>
<tr><td rowspan="2">계약사항</td><td>계약기간</td><td colspan="3"></td></tr>
<tr><td>계약종료일</td><td colspan="3"></td></tr>
</table>

상기인과 당사 간에 체결한 2000년 ○○월 ○○일 근로계약이 만료됨에 따라 2000년 ○○월 ○○일자로 근로계약이 정당하게 종료됨을 예고 통지합니다.

20   년   월   일

(주) ○○○○ 대표이사 ○○○   (인)

54 (파견근로자 직접고용) **파견근로자가 2년을 초과해서 근무하면 회사가 직접 고용해야 한다던데 이때 파견근로자를 기간제근로자로 채용해도 되나요?**

> 저희 회사에는 용역업체가 파견한 콜센터 직원들이 근무하고 있습니다. 올해로 콜센터 직원들이 회사에서 일한 지 2년이 넘었는데, 저희 회사에게 직접 고용 의무가 있다면서 정규직 채용을 요구하고 있습니다. 그런데 지금 회사 사정이 좋지 않아서 콜센터 직원들을 정규직으로 채용하기가 어렵습니다.
> 저희 회사가 콜센터 직원들을 정규직이 아니라 기간제근로자로 채용할 수 있나요?

근로자 파견이란

일반적으로 근로자를 어떤 회사에 파견할 때, 세 개의 주체가 등장합니다. ① 근로자를 근무할 회사에 보내는 용역업체(파견사업주), ② 용역업체와 근로계약을 했지만 파견된 회사에서 일하는 근로자(파견근로자), ③ 근로자에게 실제로 업무 명령을 하는 회사(사용사업주)입니다(파견법 제2조). 근로자 입장에서는 용역업체와 근로계약서를 썼지만 출퇴근하는 곳은 회사이고, 근무할 때 지휘나 명령하는 주체도 회사입니다. 그래서 파견근로자는 용역업체와 근로계약을 체결했지만 자신의 사장(사용자)은 회사라고 여기게 되는 겁니다.

직접고용의무의 내용

—

이처럼 회사는 파견근로자와 직접 근로계약을 체결하지 않으면서도 근로를 제공받을 수 있습니다. 다만 회사가 파견 제도를 이용하여 근로자를 직접 고용하지 않을 수도 있어서 관련법에서는 파견근로자에 대한 직접 고용 의무를 정해 두었습니다.

파견법에 따르면 원칙적으로 근로자를 파견할 수 있는 기간은 1년을 초과할 수 없지만, 용역업체·파견근로자·회사가 모두 합의하면 1년을 초과하지 않는 범위에서 파견 기간을 연장할 수 있습니다. 즉 2년을 초과하지 않는 기간까지는 근로자 파견이 가능하다는 거죠.

그러나 파견 기간이 2년을 초과한다면 어떻게 될까요? 근로자의 파견 기간이 2년을 초과한다면 회사가 근로자를 직접 고용해야 하는 의무가 발생합니다. 이때 파견근로자가 직접 고용을 반대하는 의사를 표시하는 경우에는 적용되지 않습니다.

한편, 회사가 근로자를 직접 고용해야 하는 의무가 발생하는 조건으로는, 파견 기간 2년을 초과한 경우 외에도 파견 금지 업무나 파견 대상 업무에 해당하지 않는 업무에 근로자를 파견하는 경우 등이 있습니다.

파견기간이 2년을 초과했을 때 회사는 파견근로자를 기간제근로자로 채용 가능?

—

위 사례에서는 이미 파견 기간이 2년을 초과했기 때문에 회사는 파견근로자인 콜센터 직원들을 직접 고용할 의무가 있습니다. 그러나 파견법에서는 회사가 근로자를 꼭 정규직으로 고용해야만 하는지 정확히 규정하지 않았습니다. 이와 관련하여 법원은 직접 고용 의무가 있는 회사가 근로자를 직접 고용하면서 특별한 사정이 없는데도 기간제 근로계약을 체결하면 직접 고용 의무를 완전하게 이행했다고 보지 않습니다. 결국 회사와 파견근로자가 기간제 근로계약을 체결할 시 파견법을 위반했기 때문에 근로계약은 무효가 됩니다(대법원 2022.1.27, 2018다207847).

여기서 특별한 사정은 구체적으로 어떤 상황을 말할까요? ① 파견근로자가 회사를 상대로 직접고용의무를 이행해달라고 요구할 수 있는 걸 알면서도 기간제 근로계약을 희망하거나, ② 회사의 근로자 중 해당 파견근로자와 같은 종류의 업무 또는 유사한 업무를 수행하는 근로자가 대부분 기간제 근로계약을 체결하고 근무하고 있어 파견근로자가 애초부터 기간을 정하지 않은 근로계약 체결을 기대하기 어려웠던 경우 등을 말합니다. 위 특별한 사정 때문에 파견근로자와 기간제 근로계약을 체결했다는 점은 회사가 증명해야 합니다.

따라서 사례 속 회사는 콜센터 직원들이 정규직 채용을 요구하고 있고, 회사의 비슷한 콜센터 업무를 하는 근로자가 대부분 기간제근로자가 아니라면 정규직 채용 요구를 거절하기 어렵습니다.

정리하면

파견근로자를 사용하는 회사는 예외적인 경우가 아니라면 파견근로자를 2년을 초과하여 사용할 시 정규직으로 채용할 의무가 있습니다.

따라서 (1) 회사는 파견근로자를 직접 고용할 의사가 없다면 파견 기간이 2년을 초과하지 않도록 유의해야 하고, (2) 파견근로자는 파견 기간이 2년을 초과한다면 회사에게 직접 고용을 주장할 수 있습니다.

관련 법률

파견법 제6조(파견기간)

① 근로자파견의 기간은 제5조 제2항에 해당하는 경우를 제외하고는 1년을 초과하여서는 아니 된다.

② 제1항에도 불구하고 파견사업주, 사용사업주, 파견근로자 간의 합의가 있는 경우에는 파견기간을 연장할 수 있다. 이 경우 1회를 연장할 때에는 그 연장기간은 1년을 초과하여서는 아니 되며, 연장된 기간을 포함한 총 파견기간은 2년을 초과하여서는 아니 된다.

파견법 제6조의2(고용의무)

① 사용사업주가 다음 각 호의 어느 하나에 해당하는 경우에는 해당 파견근로자를 직접 고용하여야 한다.
  1. 제5조 제1항의 근로자파견 대상 업무에 해당하지 아니하는 업무에서 파견근로자를 사용하는 경우(제5조 제2항에 따라 근로자파견사업을 한 경우는 제외한다)
  2. 제5조 제3항을 위반하여 파견근로자를 사용하는 경우
  3. 제6조 제2항을 위반하여 2년을 초과하여 계속적으로 파견근로자를 사용하는 경우
  4. 제6조 제4항을 위반하여 파견근로자를 사용하는 경우
  5. 제7조 제3항을 위반하여 근로자파견의 역무를 제공받은 경우

② 제1항은 해당 파견근로자가 명시적으로 반대의사를 표시하거나 대통령령으로 정하는 정당한 이유가 있는 경우에는 적용하지 아니한다.

#파견근로자 #사용사업주 #파견사업주 #직접고용 #직접고용의무 #파견 #파견계약 #비정규직 #고용의무 #기간제근로자 #도급 #파견기간

55 (계약기간) 공사종료일을 근로기간 만료일로 정할 수 있나요?

아파트 건축 현장에서 일할 건설 인부와 기간제 근로계약을 체결하려고 합니다. 아파트의 완공일은 정해져 있지만 날씨가 좋지 않으면 공사 일정이 자주 밀리곤 하는데요. 공사가 언제 끝날지 정확히 예측하기 어려운 상황이라 근로계약서상 근로계약기간을 공사 종료일까지라고 정해도 문제없나요?

기간제근로자란

'기간제근로자'란 근로기간이 정해져 있는 근로계약을 체결한 근로자를 의미합니다(기간제법 제2조 제1호). 따라서 특정 시기까지 일하기로 정하고 근로계약을 체결하는 건설 인부는 기간제근로자에 해당합니다.

그런데 근로계약기간을 특정 날짜가 아니라 공사 완료일까지라는 막연한 시기로 정할 수 있을까요? 공사 완료일과 같이 장래에 일어날 것은 확실하나 그 시기가 정해지지 않은 경우를 '불확정기한'이라고 합니다. 일반적으로 근로계약서에서는 근로계약기간을 특정한 기간으로 정하지만, 상황에 따라 불확정기한으로 정할 수도 있습니다.

근로계약기간을 공사 완료일까지라고 정해도 될까

위 사례처럼 근로계약기간을 정할 때 날씨 등의 사유로 공사완료일을 확정할 수 없는 경우에는 근로계약 만료일을 공사 종료일로 정하여 근로계약을 체결할 수 있습니다. 따라서 기간제 근로계약을 체결할 때 근로계약기간을 공사 완료일까지라고 기재할 수 있습니다.

공사 완료일까지 2년이 넘게 걸리는 경우?

회사는 근로계약기간을 불확정기한으로 정할 수 있는 것과 별개로 근로계약기간을 유의 깊게 보아야 합니다. 기간제법에 따르면, 회사가 2년을 초과하여 기간제근로자를 사용하는 경우 기간제근로자는 기간의 정함이 없는 근로계약을 체결한 근로자(무기계약 근로자)로 전환되기 때문입니다.

그러나 기간제근로자가 2년을 초과하여 일했다고 무조건 무기계약 근로자로 전환되는 건 아닙니다. 기간제법에서는 2년을 초과하여 기간제근로자를 사용할 수 있는 예외를 정하고 있는데요. 그 예외로는 ① 사업의 완료 또는 특정한 업무의 완성에 필요한 기간을 정한 경우, ② 휴직·파견 등으로 결원이 발생하여 해당 근로자가 복귀할 때까지 그 업무를 대신할 필요가 있는 경우, ③ 55세 이상의 고령자와 근로계약을 체결하는 경우 등이 있습니다.

따라서 만약 공사를 완료하기까지 2년이 넘게 걸릴 경우 회사가 근로자와 기간제 근로계약을 체결하였고 건설 공사 등 일정한 시간이 걸리는 사업이라는 게 객관적으로 명백할 시 2년을 초과하여 기간제근로자를 사용할 수 있습니다.

한편, 정해진 공사 기간이 끝나기 전에 갑자기 회사에서 내일부터 나오지 말라고 한다면 부당해고일까요? 원칙적으로 건설 인부가 1일 단위로 회사와 근로계약을 했다면 당일 일하는 시간이 끝날 때 회사의 근로자가 아니므로 해고에 해당하지 않습니다. 그러나 건설 인부가 매일 같은 공사 현장에 출근하고 일을 했다면 사실상 기간제 근로자와 동일하므로 부당해고에 해당한다고 볼 수 있습니다. 당일 근로 시간 중에 갑자기 회사가 일용근로자를 해고한 경우도 부당해고에 해당합니다.

정리하면

(1) 회사는 기간제근로자와 공사 완료일처럼 확실하게 정해지지 않은 기한으로 근로계약기간을 정할 수 있으나 이때 계약기간이 2년을 초과하는지 유의해야 합니다.

(2) 기간제근로자는 회사에서 2년을 초과하여 일한다면 무기계약 근로자로 전환되었음을 주장할 수 있으나, 객관적으로 공사기간이 2년 이상일 경우 전환되지 않을 수 있습니다. 또한 계약 시에는 계약기간 및 조건 등을 명확히 확인하고, 충분히 이해한 후 서명해야 함을 늘 유의하여야 합니다.

관련 법률

기간제법 제4조(기간제근로자의 사용)
① 사용자는 2년을 초과하지 아니하는 범위 안에서(기간제 근로계약의 반복갱신 등의 경우에는 그 계속근로한 총기간이 2년을 초과하지 아니하는 범위 안에서) 기간제근로자를 사용할 수 있다. 다만, 다음 각 호의 어느 하나에 해당하는 경우에는 2년을 초과하여 기간제근로자로 사용할 수 있다.
1. 사업의 완료 또는 특정한 업무의 완성에 필요한 기간을 정한 경우

2. 휴직·파견 등으로 결원이 발생하여 해당 근로자가 복귀할 때까지 그 업무를 대신할 필요가 있는 경우
3. 근로자가 학업, 직업훈련 등을 이수함에 따라 그 이수에 필요한 기간을 정한 경우
4. 「고령자고용촉진법」 제2조제1호의 고령자와 근로계약을 체결하는 경우
5. 전문적 지식·기술의 활용이 필요한 경우와 정부의 복지정책·실업대책 등에 따라 일자리를 제공하는 경우로서 대통령령으로 정하는 경우
6. 그 밖에 제1호부터 제5호까지에 준하는 합리적인 사유가 있는 경우로서 대통령령으로 정하는 경우
② 사용자가 제1항 단서의 사유가 없거나 소멸되었음에도 불구하고 2년을 초과하여 기간제근로자로 사용하는 경우에는 그 기간제근로자는 기간의 정함이 없는 근로계약을 체결한 근로자로 본다.

참고사례 ❶

근로계약기간을 "공사종료일"로 표기할 수 있는지

사업(공사)의 완료에 필요한 계약기간을 정함에 있어 날씨 등의 사유로 사업완료일을 확정할 수 없는 경우에는 근로계약 만료일을 당해 특정 사업(공사)의 "공사종료일"로 정하여 근로계약을 체결할 수 있을 것이며, 귀 질의의 경우 당초 공사기간이 '08.4.30.부터 '10.4.30.이었다가 공사가 지연되었더라도 동 공사기간에 관련 업무를 수행할 목적으로 채용된 기간제근로자라면 동 공사기간 동안은 사용기간 제한의 예외를 적용할 수 있습니다(고용평등정책과-586, 2010.6.4).

참고사례 ❷

　기간제근로자가 2년을 초과하여 근로하여, 기간의 정함이 없는 근로계약을 체결한 근로자로 간주될 경우, 임금 등 근로조건은 단체협약이나 취업규칙 또는 당사자 간 근로계약이 정하는 바에 따라야 할 것이나, 기존의 근로조건을 저하시켜서는 안 됩니다(비정규직대책팀-2917, 2007.7.18).

#기간제근로자 #기간제계약 #기간제 #무기계약근로자 #근로계약기간 #불확정기한 #공사종료일
#건설인부 #무기계약직 #기간제법

기간제 근로계약서(기한의 정함이 있는 근로계약서) 양식

표준근로계약서(기간의 정함이 있는 경우)

_____(이하 "사업주"라 함)과(와) _____(이하 "근로자"라 함)은 다음과 같이 근로계약을 체결한다.

1. 근로계약기간: 년   월   일부터   년   월   일까지
2. 근무장소:
3. 업무의 내용:
4. 소정근로시간: ___시 ___분부터 ___시___분까지(휴게시간: 시   분~   시   분)
5. 근무일/휴일: 매주 ___일(또는 매일단위) 근무, 주휴일 매주 ___요일
6. 임 금
   – 월(일, 시간)급: _____원
   – 상여금: 있음 (   ) _____원, 없음 (   )
   – 기타급여(제수당 등): 있음 (   ), 없음 (   )
     • _____원, _____원
     • _____원, _____원
   – 임금지급일: 매월(매주 또는 매일) ___일(휴일의 경우는 전일 지급)
   – 지급방법: 근로자에게 직접지급(   ), 근로자 명의 예금통장에 입금(   )
7. 연차유급휴가
   – 연차유급휴가는 근로기준법에서 정하는 비에 따라 부여함
8. 사회보험 적용여부(해당란에 체크)
   ☐ 고용보험   ☐ 산재보험   ☐ 국민연금   ☐ 건강보험
9. 근로계약서 교부
   – 사업주는 근로계약을 체결함과 동시에 본 계약서를 사본하여 근로자의 교부요구와 관계없이 근로자에게 교부함(근로기준법 제17조 이행)
10. 근로계약, 취업규칙 등의 성실한 이행의무
    – 사업주와 근로자는 각자가근로계약, 취업규칙, 단체협약을 지키고 성실하게 이행하여야 함
11. 기 타
    – 이 계약에 정함이 없는 사항은 근로기준법령에 의함

                        년   월   일

(사업주) 사업체명: (전화:)
        주   소:
        대 표 자: (서명)
(근로자) 주   소:
        연 락 처:
        성   명: (서명)

56 (계속 근로) 공개채용을 거쳐 계속 근무하는 경우에는 2년을 초과해도 되나요?

> 저는 소프트웨어 개발 업무를 하고 있습니다. 저희 회사는 매년 공개 채용절차를 통해서 개발자를 뽑은 후 계약 기간을 11개월로 정하여 근로계약을 체결하는데요. 특수 분야라서 지원자가 거의 없어 채용 절차는 사실 의미가 없고 저와 동료들은 매년 반복해서 근로계약을 하고 있습니다. 이렇게 공개채용을 거쳐 계속 근무하는 경우에는 2년 이상 일해도 무기계약직이 될 수 없는 게 맞나요?

기간제법의 근로기간 제한

회사는 기간제 근로자를 채용할 경우, 기간제로 2년 이상 사용할 수 없습니다. 기간제 근로자와의 계약 기간이 2년을 넘을 경우, 그 근로계약은 기간제법에 따라 기간의 정함이 없는 근로계약인 무기계약으로 전환되기 때문입니다(기간제법 제4조 제1항).

기간제 근로계약의 경우 계약 기간이 만료되면 고용관계가 종료되는 것이 원칙입니다. 그러나 기간제 근로자를 2년 넘게 사용한 상황에서 근로 계약기간 만료를 이유로 고용을 종료하면 무기계약직을 '해고'하는 것이 됩니다. 따라서 근로기준법 제23조 제1항의 '정당한 이유'가 있어야 합니다.

계속근로기간이란

—

이때 2년 초과 여부를 판단하는 기준인 계속근로기간은 근로계약을 체결한 후 해지될 때까지의 기간을 의미합니다. 따라서 근로계약이 만료됨과 동시에 근로계약 기간을 갱신하거나 동일한 조건의 근로계약을 반복한 경우에는 갱신 또는 반복한 계약 기간을 모두 합산하여 계속근로기간을 계산해야 합니다.

따라서 기간제 근로자와 2년보다 짧은 계약을 맺었더라도 계약의 갱신이나 반복으로 인해 근로를 시작한 날로부터 계속 근로한 총 기간이 2년을 초과하는 경우에는 무기계약으로 전환됩니다.

계속근로기간의 판단기준

—

다만, 기간제 근로계약의 대상이 되는 업무의 성격, 기간제 근로계약의 반복 또는 갱신과 관련한 당사자들의 의사, 반복 또는 갱신된 기간제 근로계약을 전후한 기간제 근로자의 업무 내용·장소와 근로조건의 유사성, 기간제 근로계약의 종료와 반복 또는 갱신과정에서 이루어진 절차나 그 경위 등을 종합적으로 고려할 때 당사자 사이에 기존 기간제 근로계약의 단순한 반복 또는 갱신이 아닌 새로운 근로관계가 형성되었다고 평가할 수 있는 특별한 사정이 있는 경우에는 기간제 근로자의 계속된 근로에도 불구하고 그 시점에 근로관계가 단절되었다고 보아야 하고, 그 결과 기간제법 제4조에서 말하는 '계속 근로한 총 기간'을 산정할 때 그 시점을 전후한 기간제 근로계약 기간을 합산할 수 없습니다(대법원 2020. 8.27, 2017두61874).

공개채용을 거쳐 계속 근무하는 경우

그렇다면, 위 사례처럼 공개채용을 거쳐 계속 근무하는 경우는 어떨까요?

(1) 만일 근로계약 만료 후 새로운 채용 공고를 내고, 서류 전형과 면접 전형 등 실질적인 공개채용과정을 거쳤다면 각각의 근로 기간은 단절되어 합산의 효과가 없으므로 기존 기간제 근로자를 기간제 상태로 계속 사용할 수 있습니다.

(2) 다만, 모집공고를 통한 공개채용을 하더라도 그러한 절차가 형식에 불과하여 관행상 전년도에 근무한 근로자들이 대부분 다시 채용되어 재계약이나 계속 고용될 것이라는 기대가 형성되어 있다면 계속 근로가 인정될 수 있다고 판단할 수 있습니다.

위 사례의 경우 매년 모집공고를 통한 공개채용을 진행하긴 하지만, 동일인에 대해 매년 근로계약을 반복적으로 체결하고 있습니다. 이는 공개채용의 절차가 형식에 불과한 것에 해당할 수 있습니다. 따라서 최초 근로 개시일로부터 2년이 초과한 경우 기간의 정함이 없는 근로자로 전환될 가능성이 높을 것으로 보입니다.

참고사례 ❶

반복하여 체결된 기간제 근로계약 사이에 공백기간이 있는 경우

기간제 및 단시간근로자 보호 등에 관한 법률(이하 '기간제법'이라 한다) 제4조 제1항, 제2항의 형식과 내용, 입법 취지에 비추어 볼 때, 반복하여 체결된 기간제 근로계약 사이에 근로관계가 존재하지 않는 공백기간이 있는 경우에는, 공백기간의 길이와 공백기간을 전후한 총사용기간 중 공백기간이 차지하는 비중, 공백기간이 발생한 경위, 공백기간을 전후한 업무내용과 근로조건의 유사성, 사용자가 공백기간 동안 해당 기간제근로자의 업무를 대체한 방식과 기간제근로자에 대해 취한 조치, 공백기간에 대한 당사자의 의도나 인식, 다른 기간제근로자들에 대한 근로계약 반복·갱신 관행 등을 종합하여 공백기간 전후의 근로관계가 단절 없이 계속되었다고 평가될 수 있는지 여부를 가린 다음, 공백기간 전후의 근로기간을 합산하여 기간제법 제4조의 계속근로한 총기간을 산정할 수 있는지 판단하여야 합니다(대법원 2019.10.17, 2016두63705).

참고사례 ❷

사용자의 부당한 갱신거절로 인해 근로자가 실제 근로하지 못한 기간의 포함 여부

기간제법의 기간제 근로자 보호 취지 및 사용자의 부당한 갱신거절로 인한 효과 등을 고려하면, 사용자의 부당한 갱신거절로 인하여 근로자가 실제로 근로를 제공하지 못한 기간도 계약갱신에 대한 정당한 기대권이 존속하는 범위에서는 기간제법 제4조 제2항에서 정한 2년의 사용제한기간에 포함된다고 볼 수 있습니다(대법원 2018.6.19, 2013다85523).

#기간제 #무기계약직 #계속근로기간 #계약 갱신 #공개채용

57 (기간제한의 예외) **55세 이상은 기간 제한을 받지 않고 계속 고용할 수 있나요?**

사내 미화업무를 위해 54세의 근로자와 3개월의 기간제 근로계약(2022.1.1.~ 2022.3.31.)을 체결한 후, 근로계약을 갱신하여 2년의 근로계약(2022.4.1.~2024. 3.31.)을 체결했고, 2022.5.25. 근로자가 55세가 되었습니다. 55세 이상인 경우 2년 을 초과하여 고용할 수 있으니 갱신한 근로계약이 종료되는 시점에 1년의 근로계 약(2024.4.1.~2025.3.31.)을 체결한 후 근로계약을 종료해도 되나요?

기간제근로자 최대 고용가능기간은 2년

기간제근로자의 근로기간은 원칙적으로 2년을 초과할 수 없고, 이를 초과하여 근로한 경우에는 기간의 정함이 없는 근로계약(무기계약)을 체결한 것으로 간주 됩니다(기간제법 제4조). 다만, 2년을 초과하여 근로하는 것이 가능한 경우가 있는 데, 그중 하나가 55세 이상 근로자와 근로계약을 체결하는 것입니다. 위 사례에 서 근로자는 근로계약 기간 중에 55세가 되었습니다. 이러한 경우에도 2년을 초 과하여 기간제 근로계약을 체결할 수 있을까요?

기간제근로자 사용기간 제한의 예외사유

기간제법에서는 '사업의 완료 또는 특정한 업무의 완성에 필요한 기간을 정한 경우', '휴직·파견 등으로 결원이 발생하여 해당 근로자가 복귀할 때까지 그 업무를 대신할 필요가 있는 경우', '고령자(55세 이상인 사람)와 근로계약을 체결하는 경우' 등 특정한 사유가 있는 경우에는 예외적으로 2년을 초과하여 기간제 근로자를 사용할 수 있다고 규정하고 있습니다(기간제법 제4조 제1항 단서).

근로자가 계약기간 중에 55세가 된 경우

'고령자와 근로계약을 체결하는 경우'는 ① '기간제 근로계약을 최초로 체결할 때 근로자가 55세 이상인 경우' 또는 ② '기간제근로자의 근로기간이 2년을 초과하지 않은 상황에서 근로계약을 갱신할 때 근로자가 55세 이상인 경우'를 의미합니다.

사례의 근로자는 최초 근로계약 체결 시점(2022.1.1.)이나 근로계약을 갱신한 시점(2022.4.1.)에 55세가 된 것이 아니라 근로계약 기간 중에 55세가 된 것이므로 사용기간 제한의 예외사유에 해당하지 않습니다. 이미 근로자와의 계약기간이 2년을 초과하였고, 기간의 정함이 없는 계약을 체결한 것으로 간주됩니다.

따라서 해당 근로자에게 형식상의 기간제 근로계약 기간만료를 이유로 근로계약 종료를 통보하는 것은 해고이며, 이는 곧 정당한 이유가 없는 부당해고에 해당합니다.

기간제근로자 사용기한 제한의 예외사유를 명확하게 숙지해야

회사에서는 기간제근로자 사용기간 제한의 예외사유를 오인해 정당한 사유 없이 2년을 초과하여 기간제근로자를 사용하는 경우가 많습니다. 법에 규정되어 있는 내용을 명확하게 숙지한 후, 근로자와 기간제 근로계약을 체결하여 근로자와의 분쟁이 발생하지 않도록 하는 것이 바람직합니다.

관련 법률

기간제법 제4조(기간제근로자의 사용)

① 사용자는 2년을 초과하지 아니하는 범위 안에서(기간제 근로계약의 반복갱신 등의 경우에는 그 계속근로한 총기간이 2년을 초과하지 아니하는 범위 안에서) 기간제근로자를 사용할 수 있다. 다만, 다음 각 호의 어느 하나에 해당하는 경우에는 2년을 초과하여 기간제근로자로 사용할 수 있다.
  1. 사업의 완료 또는 특정한 업무의 완성에 필요한 기간을 정한 경우
  2. 휴직·파견 등으로 결원이 발생하여 해당 근로자가 복귀할 때까지 그 업무를 대신할 필요가 있는 경우
  3. 근로자가 학업, 직업훈련 등을 이수함에 따라 그 이수에 필요한 기간을 정한 경우
  4. 「고령자고용촉진법」 제2조제1호의 고령자와 근로계약을 체결하는 경우
  5. 전문적 지식·기술의 활용이 필요한 경우와 정부의 복지정책·실업대책 등에 따라 일자리를 제공하는 경우로서 대통령령으로 정하는 경우
  6. 그 밖에 제1호부터 제5호까지에 준하는 합리적인 사유가 있는 경우로서 대통령령으로 정하는 경우
② 사용자가 제1항 단서의 사유가 없거나 소멸되었음에도 불구하고 2년을 초과하여 기간제근로자로 사용하는 경우에는 그 기간제근로자는 기간의 정함이 없는 근로계약을 체결한 근로자로 본다.

참고사례 ❶

주 15시간 미만으로 근무한 후 기간제 근로계약을 체결한 경우 이전 근무기간도 기간제 근로계약 기간에 포함되는지

기간제법 제4조 제1항 단서 제6호와 그 법률 시행령 제3조 제3항 제6호에서 정한 단시간근로자(주 15시간 미만 근무자)로 기간제 근로계약을 체결하였다가 해당 근로관계가 종료된 이후에 새로이 제4조 제1항 단서에 해당되지 않는 일반 기간제 근로계약을 체결한 경우에는 단시간근로자로 근무한 기간은 위 제4조 제2항의 '2년'에 포함되지 않습니다(대법원 2014.11.27, 2013다2672).

참고사례 ❷

계절적 요인에 따라 일정기간 동안만 근로계약을 반복 갱신하는 경우

매년 봄철 및 가을철 일정기간에 한정하여 기간제근로자를 반복 사용하는 경우라면, 이는 한시적이거나 1회성으로 이루어지는 사업이라 할 수 없을 것이므로 기간제법 제4조 제1항 단서의 제1호에 따른 예외적인 사업으로 보기 어려울 것으로 보입니다. 다만, 매년 기간제근로자를 채용하고자 채용공고를 내고, 서류전형, 면접 등 실질적인 공개모집절차를 거쳐 기간제근로자를 채용하는 경우라면 각각의 근로관계는 단절된 것으로 볼 여지가 있어, 기간제법 제4조 제1항 단서의 제1호에 따른 예외적인 사업에 해당한다고 볼 수 있습니다(고용평등정책과-871, 2010.10.26.).

#기간제근로자 #2년 #고령자 #55세

58 (단시간 근로자) **1주 15시간 미만인 근로자는 연차휴가가 없나요?**

저는 음식점에서 토, 일요일 하루에 5시간씩 6개월째 서빙 아르바이트를 하고 있는 대학생입니다. 여름방학에 여행을 가려고 사장님께 연차휴가를 쓰겠다고 하니, 제가 근로하는 시간이 짧아서 연차휴가를 줄 수 없다고 합니다. 저는 연차휴가를 쓸 수 없나요?

근로시간이 현저히 짧은 근로자

회사에서 같은 업무를 하고 있는 일반적인 근로자보다 1주 동안의 소정근로 시간이 짧은 근로자를 '단시간 근로자'라고 합니다(근로기준법 제2조 제1항 제9호).

그렇다면, 단시간 근로자도 근로기준법의 적용을 받을까요? 단시간 근로자도 근로기준법을 적용받습니다. 다만, 단시간 근로자의 근로조건은 같은 업무를 하는 일반적인 근로자의 근로시간을 기준으로 산정한 비율에 따라 결정됩니다(근로기준법 제18조 제1항).

한편, 단시간 근로자 중에서 4주 동안을 평균하여 1주 동안의 소정근로시간이 15시간 미만인 근로자는 법적으로 주휴일과 연차휴가, 그리고 1년 이상 근무를 했다고 하더라도 퇴직금을 지급받을 권리를 가질 수 없습니다(근로기준법 제18조 제3항, 퇴직급여법 제4조 제1항 단서).

근로기준법은 통상적으로 주 40시간을 근무하는 근로자를 전제로 규정한 것이 많은데, 근무시간이 현저히 짧은 근로자에게 이를 그대로 적용하게 되면 사용자에게 가혹한 경우가 생길 수 있기 때문입니다.

소정근로시간과 실제로 근로한 시간이 다르다면

'소정근로시간'이란 근로자와 회사가 근로하기로 정한 시간을 말합니다(근로기준법 제2조 제1항 제8호). 근로자는 주 15시간 미만의 근로계약을 체결하였는데, 회사의 요청으로 때때로 1주에 15시간 이상을 근무했다면 단시간 근로자인지를 판단할 때 연장근로를 한 시간도 근로시간에 포함시켜야 할까요?

근로시간이 현저히 짧은 근로자인지 여부는 소정근로시간을 기준으로 판단해야 합니다. 회사의 일시적 필요에 따라 연장근로를 한 시간은 소정근로시간에 포함되지 않습니다(근로기준과-5085, 2009.12.1).

정리하면

위 사례에서 근로자는 1주에 10시간을 근무하기로 계약하여 1주 15시간 미만의 근로를 하고 있으므로 연차휴가를 사용할 권리가 없습니다. 따라서 근로자가 여름휴가를 가기 위해서는 연차휴가가 아니라 무급휴가 사용을 요청해야 합니다. 회사는 이러한 근로자의 요청을 들어줄 의무는 없습니다만, 회사의 사정과 근로자의 사정을 함께 고려하여 무급휴가를 부여하는 것도 고려해볼 수 있을 것입니다.

관련 법률

제18조(단시간근로자의 근로조건)

① 단시간근로자의 근로조건은 그 사업장의 같은 종류의 업무에 종사하는 통상 근로자의 근로시간을 기준으로 산정한 비율에 따라 결정되어야 한다.

② 제1항에 따라 근로조건을 결정할 때에 기준이 되는 사항이나 그 밖에 필요한 사항은 대통령령으로 정한다.

③ 4주 동안(4주 미만으로 근로하는 경우에는 그 기간)을 평균하여 1주 동안의 소정근로시간이 15시간 미만인 근로자에 대하여는 제55조와 제60조를 적용하지 아니한다.

참고사례

단시간 근로자라는 이유로 임금을 적게 지급해도 되는지

단시간 근로자가 통상근로자에 비해 차별적 처우를 받았는지 확인하는 방법은 기간제근로자가 비교대상 근로자에 비해 차별적 처우를 받았는지 확인하는 방법과 동일합니다. 이러한 방법에 따라 판단한 결과, 서울시 초등학교 시간제 돌봄전담사들(주 20시간 근무)이 전일제 돌봄전담사들(주 40시간 근무)을 비교대상 근로자로 삼아 근속수당과 맞춤형복지비를 1/2만큼 지급받지 못한 것은 합리적 이유 없는 차별에 해당한다고 본 사례가 있습니다(대법원 2024.2.29, 2020두49355).

#1주 #15시간 #단시간근로 #단시간근로자 #주휴일 #연차휴가 #퇴직금

59. (상시근로자 5명 이상 판단) 부당해고 구제신청은 상시 근로자 수가 5명 이상인 사업장만 가능하고 하는데, 상시 근로자 수 5명 이상 여부를 어떻게 판단하나요?

60. (노동위원회 구제절차) 노동위원회에 구제신청을 하면 구제절차가 어떻게 진행되나요?

61. (화해제도) 노동위원회에서 화해하라고 하는데, 화해를 하면 어떤 좋은 점이 있나요?

62. (구제이익) 근무기간이 종료되었는데, 구제신청을 할 수 있나요?

63. (소송) 노동위원회 판정(결정) 후 법원에 소송을 할 수 있나요?

64. (이행강제금) 회사가 노동위원회 구제명령을 이행하지 않으면 어떻게 되나요?

65. (비밀녹음) 몰래 녹음한 내용도 노동위원회에 증거로 제출할 수 있나요?

66. (신청인 적격) 누구나 노동위원회 부당해고 구제신청을 할 수 있나요? (프리랜서, 일용직, 채용내정자, 회사 임원도 부당해고 구제신청을 할 수 있나요)

67. (해고기간 임금상당액) 부당해고로 복직하려는 근로자가 있습니다. 해고기간 동안 지급해야 하는 금상당액은 어떻게 계산하나요?

노동위원회 구제제도

CHAPTER

07

노동위원회 구제제도

59 (상시근로자 5명 이상 판단) **부당해고 구제신청은 상시 근로자 수가 5명 이상인 사업장만 가능하다고 하는데, 상시 근로자 수 5명 이상 여부를 어떻게 판단하나요?**

저는 2024. 7. 15.에 해고를 당했습니다. 회사에 노동위원회 부당해고 구제 신청을 하겠다고 얘기하니, 회사 상시 근로자 수가 5명 이상이 아니라서 구제 신청을할 수 없다고 합니다. 상시 근로자 수는 어떻게 계산하나요?

 ※ 회사의 근로자 수
   - 2024. 6. 1.~2024. 6. 30.: 8명
   - 2024. 7. 1.~2024. 7. 15.: 4명
 ※ 회사의 영업일: 월요일~금요일

부당해고를 당하면 누구나 구제신청 할 수 있을까

회사에서 부당하게 해고를 당했다고 생각하는 근로자는 노동위원회에 구제신청을 할 수 있습니다(근로기준법 제28조). 그런데, 회사의 상시 근로자 수가 5명 미만인 경우에는 근로기준법 제28조가 적용되지 않아 노동위원회에 부당해고 구제신청을 할 수 없습니다(근로기준법 제11조).

상시 근로자 수 계산방법

상시 근로자 수

= 상시 근로자 수를 판단해야 하는 사유 발생일 전 1개월 동안 사용한 근로자의 연인원 ÷ 상시 근로자 수를 판단해야 하는 사유 발생일 전 1개월 中 회사가 영업을 한 일수

여기서 '상시 근로자 수'는 회사에서 상시 사용하는 근로자 수를 의미하는데요(대법원 2000.3.14, 99도1243). 그렇다면 상시 근로자 수는 어떻게 계산해야 할까요? 상시 근로자 수는 상시 근로자 수를 판단해야 하는 사유 발생일(ex.해고일, 퇴직일 등) 전 1개월 동안 사용한 근로자의 연인원(해당기간 동안 사용한 일수별 근로자의 합계)을 상시 근로자 수를 판단해야 하는 사유 발생일 전 1개월 중 회사가 영업을 한 일수로 나누어 산정합니다(근로기준법 시행령 제7조의2 제1항).

그런데, 위의 계산 결과가 5명 미만인 경우에도 산정기간에 속하는 일별 근로자수가 5명 미만인 날이 산정기간 일수의 2분의 1 미만인 경우에는 상시 근로자 수가 5명 이상인 사업장과 동일하게 근로기준법이 적용되며(근로기준법 시행령 제7조의2 제2항 제1호). 위의 계산 결과가 5명 이상인 경우에도 산정기간에 속하는 일별 근로자 수가 5명 미만인 날이 산정기간 일수의 2분의 1 이상인 경우에는 상시 근로자 수가 5명 미만인 사업장으로 보아 근로기준법이 적용되지 않습니다(근로기준법 시행령 제7조의2 제2항 제2호).

정리하면

위 사안에서 상시 근로자 수는 몇 명일까요? 근로자의 해고일은 2024. 7. 15. 이므로, 해고일로부터 1개월 전(2024. 6. 15.~2024. 7. 14.) 동안에 일별 근로자 수의 합계는 *184(① 128+② 56)이고, 해고일로부터 1개월 전 동안의 영업일 수는 20일이므로 상시근로자 수는 9.2(184÷20)명이 됩니다.

* ①은 2024. 6. 15.~6. 30.까지의 일별 근로자수를 의미하므로 16×8을 계산한 값, ②는 2024. 7. 1.~7. 14.까지의 일별 근로자수를 의미하므로 14×4를 계산한 값

그런데, 산정기간 동안 일별 근로자수가 5명 미만인 날이 10일로 영업일 수의 2분의 1 이상이므로 상시 근로자 수 산정 결과가 5명 이상이라고 하더라도 해당 회사의 상시 근로자 수는 5명 미만으로 보아야 합니다. 따라서 해당 근로자는 부당해고를 이유로 노동위원회에 구제신청을 할 수 없습니다.

관련 법률

> **근로기준법 시행령 제7조의2(상시 사용하는 근로자 수의 산정 방법)**
> ① 법 제11조 제3항에 따른 "상시 사용하는 근로자 수"는 해당 사업 또는 사업장에서 법 적용 사유(휴업수당 지급, 근로시간 적용 등 법 또는 이 영의 적용 여부를 판단하여야 하는 사유를 말한다. 이하 이 조에서 같다) 발생일 전 1개월(사업이 성립한 날부터 1개월 미만인 경우에는 그 사업이 성립한 날 이후의 기간을 말한다. 이하 "산정기간"이라 한다) 동안 사용한 근로자의 연인원을 같은 기간 중의 가동 일수로 나누어 산정한다.
> ② 제1항에도 불구하고 다음 각 호의 구분에 따라 그 사업 또는 사업장에 대하여 5명(법 제93조의 적용 여부를 판단하는 경우에는 10명을 말한다. 이하 이 조에서 "법

적용 기준"이라 한다) 이상의 근로자를 사용하는 사업 또는 사업장(이하 이 조에서 "법 적용 사업 또는 사업장"이라 한다)으로 보거나 법 적용 사업 또는 사업장으로 보지 않는다.

1. 법 적용 사업 또는 사업장으로 보는 경우: 제1항에 따라 해당 사업 또는 사업장의 근로자 수를 산정한 결과 법 적용 사업 또는 사업장에 해당하지 않는 경우에도 산정기간에 속하는 일(日)별로 근로자 수를 파악하였을 때 법 적용 기준에 미달한 일수(日數)가 2분의 1 미만인 경우

2. 법 적용 사업 또는 사업장으로 보지 않는 경우: 제1항에 따라 해당 사업 또는 사업장의 근로자 수를 산정한 결과 법 적용 사업 또는 사업장에 해당하는 경우에도 산정기간에 속하는 일별로 근로자 수를 파악하였을 때 법 적용 기준에 미달한 일수가 2분의 1 이상인 경우

③ 법 제60조부터 제62조까지의 규정(제60조 제2항에 따른 연차유급휴가에 관한 부분은 제외한다)의 적용 여부를 판단하는 경우에 해당 사업 또는 사업장에 대하여 제1항 및 제2항에 따라 월 단위로 근로자 수를 산정한 결과 법 적용 사유 발생일 전 1년 동안 계속하여 5명 이상의 근로자를 사용하는 사업 또는 사업장은 법 적용 사업 또는 사업장으로 본다.

④ 제1항의 연인원에는 「파견근로자보호 등에 관한 법률」 제2조 제5호에 따른 파견근로자를 제외한 다음 각 호의 근로자 모두를 포함한다. <개정 2018. 6. 29.>

1. 해당 사업 또는 사업장에서 사용하는 통상 근로자, 「기간제 및 단시간근로자 보호 등에 관한 법률」 제2조 제1호에 따른 기간제근로자, 단시간근로자 등 고용형태를 불문하고 하나의 사업 또는 사업장에서 근로하는 모든 근로자

2. 해당 사업 또는 사업장에 동거하는 친족과 함께 제1호에 해당하는 근로자가 1명이라도 있으면 동거하는 친족인 근로자

참고사례

　주휴일에 실제 출근하지 않은 근로자는 상시 근로자수 산정시, 제외하여야 합니다. 주휴일은 근로기준법 제55조 제1항에 의하여 주 1회 이상 휴일로 보장되는 근로의무가 없는 날이므로, 주휴일에 실제 근무하지 않은 근로자는 근로기준법 제11조 제3항의 '상시 사용하는 근로자수'를 산정하는 기준이 되는 같은 법 시행령 제7조의2 제1항의 '산정기간 동안 사용한 근로자의 연인원' 및 같은 조 제2항 각 호의 '일(日)별 근로자수'에 포함하여서는 안된다고 본 사례가 있습니다(대법원 2023. 6.15, 2020도16228). 주휴일은 매주 일정하게 발생하는 휴일로서, 주휴일에 실제 출근하지 않은 근로자를 상시 사용 근로자수에서 제외하여야 해당 사업장의 보통 때의 통상적인 사용 상태를 제대로 반영할 수 있고, 이를 제외하여도 사용자나 근로자가 근로기준법의 적용 여부를 사전에 파악하는 데에 어려움이 없어 법적안정성과 예측가능성을 해하지 않기 때문입니다.

#상시근로자수 #5인미만 #5인이상 #부당해고 #부당해고구제신청 #노동위원회

60 (노동위원회 구제절차) **노동위원회에 구제신청을 하면 구제절차가 어떻게 진행되나요?**

> 근로자가 징계를 당한 경우 법원에 소송을 할 수 있지만, 노동위원회에 구제신청을 할 수도 있다고 들었습니다. 노동위원회는 어떤 곳이며, 구제신청을 하면 어떻게 절차가 진행되나요?

구제신청은 언제까지

'노동위원회'란 징계나 인사명령 등에 대한 회사와 근로자간의 다툼을 신속하게 해결해 주기 위해 설치한 행정기관을 말합니다. 회사로부터 정당한 이유없이 해고·휴직·정직·전직·감봉 기타 징벌을 당한 근로자는 관할 지방노동위원회에 구제신청을 할 수 있습니다. 이 외에도 비정규직 근로자가 차별을 받은 경우나 회사가 부당노동행위를 한 경우에도 구제신청이 가능합니다.

이러한 구제신청은 회사가 근로자에게 인사상 불이익 조치 등을 한 날부터 3개월(차별시정 신청은 6개월) 이내에 해야 합니다(근로기준법 제28조). 예를 들어, 해고일이 2024. 3. 28.인 경우 2024. 3. 29. 00:00부터 6.28 24:00까지가 3개월이니까, 6.28까지 신청을 해야 한다는 뜻입니다.

구제신청을 하는 방법

―

　노동위원회는 전국 각 시·도에 설치되어 있는데(서울 등 13개 곳. 소재지는 아래 '참고자료' 참고), 사업장 소재지를 관할하는 지방노동위원회에 구제신청을 해야 합니다. 지방노동위원회를 통한 부당해고 구제신청은 직접 방문하여 신청하거나 인터넷(www.gov.kr), 우편접수 방법으로도 할 수 있습니다. 이때 월 평균임금이 300만 원 미만인 근로자는 노동위원회에 무료법률지원을 위한 공인노무사 또는 변호사 선임을 신청하여 도움을 받을 수 있습니다(이것을 '권리구제 대리인제도'라 고 함).

위원회 구성과 판정방법

―

　노동위원회는 공익위원 3명, 근로자위원과 사용자위원 각 1명으로 위원회를 구성하여 심문회의를 개최하여, 근로자에 대한 징계가 부당하다고 판단되면 '구 제명령'을 내리고 근로자의 청구가 이유 없다고 판단되면 기각결정을 하게 됩니 다(노동위원회규칙 제60조 제2항). 이때 인정할지 기각할지 여부는 공익위원 과반 수의 찬성으로 결정합니다(노동위원회법 제17조 제2항). '인정'이란 근로자의 주장 이 이유있다고 판단되는 경우, 신청취지를 수용하고 그 신청취지에 따라 회사에 게 이행의무를 부과하는 판정을 말하며, '기각'이란 신청취지에 대한 근로자의 주장이 이유없다고 판단하는 경우 신청취지를 받아들이지 않는다고 판정하는 것 을 말합니다. '각하'라는 것도 있는데, 구제신청사건이 신청요건을 갖추지 못했 거나(예를 들어, 3개월이 지나서 신청한 경우) 구제절차 유지요건을 상실한 경우(예 를 들어, 신청하는 구제내용이 실현할 수 없음이 명백한 경우) 구제신청 자체를 배척하는 판정을 말합니다.

심문회의 후 판정결과는 당일 오후 8시에 먼저 문자로 회사와 근로자에게 알려 주게 되며, 판정문은 심문회의일로부터 30일까지 보내줍니다.

판정에 불복하는 경우에는

구제명령이나 기각결정은 회사와 근로자에게 각각 서면으로 통지하고(근로기준법 제30조 제2항), 구제명령은 그 명령을 한 날로부터 30일 이내로 이행기한을 명시합니다. 초심판정(구제명령 또는 기각결정)에 불복하는 자는 판정서(또는 결정서) 송달일로부터 10일 이내에 중앙노동위원회에 재심신청을 할 수 있고, 재심판정에 불복하는 자는 재심판정서 송달일로부터 15일 이내에 행정소송을 법원에 제기할 수 있습니다. 노동위원회에 구제신청을 하더라도 판정이 아닌 당사자간 화해로 사건을 마무리할 수도 있습니다('화해'에 대해서는 61번 사례를 참고해 주세요).

구제명령을 이행하지 않으면

노동위원회의 구제명령은 근로자와 회사 간의 사법상 법률관계를 직접 발생시키는 것은 아니지만, 회사에 대해 구제명령에 복종해야 할 공법상 의무를 부담시킵니다(대법원 2023.6.1, 2019두40260). 또한, 구제명령은 회사가 재심신청을 하거나 행정소송을 제기하더라도 그 효력이 정지되지 않습니다(근로기준법 제32조). 따라서 노동위원회는 구제명령에 대한 재심이나 행정소송이 진행 중이더라도 이행기한까지 구제명령을 이행하지 아니한 사용자에게 이행강제금을 부과함으로써 그 이행을 강제합니다(근로기준법 제33조 제1항).

'이행강제금'이란 권리를 침해당한 근로자를 신속하게 구제하고 노동위원회가 발령한 구제명령의 실효성을 보장하기 위하여 구제명령을 이행하지 않은 사용자에게 구제명령을 이행하도록 강제하기 위하여 부과하는 금액을 말합니다.

관련법률

근로기준법 제28조(부당해고 등의 구제신청)
① 사용자가 근로자에게 부당해고 등을 하면 근로자는 노동위원회에 구제를 신청할 수 있다.
② 제1항에 따른 구제신청은 부당해고 등이 있었던 날부터 3개월 이내에 하여야 한다.

노동위원회법 제6조(노동위원회의 구성 등)
① 노동위원회는 근로자를 대표하는 위원(이하 "근로자위원"이라 한다)과 사용자를 대표하는 위원(이하 "사용자위원"이라 한다) 및 공익을 대표하는 위원(이하 "공익위원"이라 한다)으로 구성한다.

참고자료

노동위원회 연락처

지방노동위원회	전화번호
서울지방노동위원회	☎ 02-3218-6070
부산지방노동위원회	☎ 051-559-3700
경기지방노동위원회	☎ 031-259-5001/5046
충남지방노동위원회	☎ 042-520-8090
전남지방노동위원회	☎ 062-975-6100

경북지방노동위원회	☎ 053 − 667 − 6520
경남지방노동위원회	☎ 055 − 239 − 8020
인천지방노동위원회	☎ 032 − 430 − 3100
강원지방노동위원회	☎ 033 − 269 − 3414
충북지방노동위원회	☎ 043 − 299 − 1260
전북지방노동위원회	☎ 063 − 240 − 1600
울산지방노동위원회	☎ 052 − 208 − 0001
제주지방노동위원회	☎ 064 − 710 − 7990

참고사례 ❶

사업장이 사실상 폐업된 경우 구제명령을 내릴 수 있는지

사용자가 그 경영의 사업체 전부를 폐업하고 이에 따라 그 소속 근로자 전원과의 근로관계를 종료시키는 것은 원칙적으로 기업경영의 자유에 속하는 것이고, 근로자를 해고한 사용자가 사업장을 실질적으로 폐업하여 근로자들이 복귀할 사업장이 없어졌다면 사업체의 존속을 전제로 하는 근로계약관계 역시 유효하게 종료되는 것이어서, 복직을 명하는 구제명령이 내려진다고 하더라도 그 실현이 객관적으로 불가능하게 되어 구제이익이 없다고 할 수 있습니다(대법원 1991.12.24, 91누2762).

참고사례 ❷

종전의 일과 다소 다르더라도 원직 복직으로 볼 수 있는지

사용자가 부당 해고된 근로자를 복직시키는 경우 원칙적으로 원직에 복귀시켜야 할 것이나, 해고 이후 복직 시까지 해고가 유효함을 전제로 이미 이루어진 인사질서, 사용자의 경영상의 필요, 작업환경의 변화 등을 고려하여 복직 근로자에게 그에 합당한 일을 시킨 경우, 그 일이 비록 종전의 일과 다소 다르더라도 정당하게 복직시킨 것으로 볼 수 있습니다(대법원 2013.2.28, 2010다52041).

#구제 #구제신청 #구제명령 #인정 #기각 #각하 #노동위원회 #권리구제대리인 #심문회의 #판정 #행정소송 #이행강제금

61 **(화해제도)** 노동위원회에서 화해하라고 하는데, 화해를 하면 어떤 좋은 점이 있나요?

해고를 당해서 노동위원회에 부당해고 구제신청을 했습니다. 오늘 부당해고 여부에 대해 심문회의를 하는 날인데, 노동위원회에서 '화해'를 권고합니다. 화해제도가 무엇인지 알고 싶습니다.

화해란

'화해'란 분쟁 당사자가 더 이상 다투지 않기로 합의하는 것을 말합니다. 노동위원회에서는 회사와 근로자가 해고가 정당한지 부당한지를 놓고 다툴 때에, 누가 이겼다라고 판정을 하기 전에 당사자가 원하는 조건을 조율하여 합의로 끝내는 것을 의미합니다.

'화해'와 '판정'의 차이

노동위원회의 '판정'은 회사와 근로자의 구제신청에 대해 누가 옳고 누가 잘못했다라는 법률적인 판단을 내리는 것이므로 어느 한쪽이 이기고 지는 것으로 결정되고, 재심절차 등을 통해 분쟁이 지속되는 문제점이 있습니다. 반면에 '화해'는 당사자간 합의를 통해 자주적으로 분쟁을 해결하고 종결할 수 있는 장점이 있습니다.

노동위원회는 노동위원회법 제16조의3 제1항에 따라 부당해고 등에 관한 구제신청 사건에 있어 화해를 권고하거나 화해안을 제시할 수 있습니다. 즉, '화해'는 '판정'에 부속되는 절차가 아니며, 판정과 동등한 법적 지위를 갖고 있는 공식적인 절차입니다.

화해가 성립되면

노동위원회는 회사와 근로자가 화해안을 수락하면 '화해조서'를 작성하는데, 화해가 성립하면 노동위원회법 제16조의3에 따라 민사소송법에 따른 '재판상 화해'의 효력이 발생합니다. 즉, 법원에서 확정판결을 받은 것과 같다는 뜻입니다. 화해가 성립되면 당사자는 같은 사건에 대하여 다시 구제신청 또는 재심신청을 제기할 수 없으며, 화해조서의 내용을 이행하지 않을 경우 민사소송 등을 거치지 않고 바로 법원으로부터 집행문을 발급받아 강제집행이 가능합니다.

화해조서의 작성방법

화해조서는 재판상 확정판결의 효력을 가지는 것이므로, 화해조서는 명확하게 작성해야 합니다. 당사자 간의 합의내용을 기재하고, 회사와 근로자(또는 변호사나 공인노무사 같은 법률대리인) 그리고 화해에 참여한 노동위원회 공익위원이 서명 또는 날인을 하게 됩니다(노동위원회규칙 제71조 제2항).

화해내용은 자유롭게 정할 수 있으나, 법에 위반되는 내용은 무효가 됩니다. 화해조서의 기재내용은 회사와 근로자가 다툰 사항에 대한 합의내용을 기재하는 것이 당연하지만, 실무적으로는 직접적인 분쟁대상이 된 사항 외에 당사자가 주장하지 않은 사항까지 합의하여 종결하는 경우가 많습니다(예를 들면, "위 조건이 모두 이행되면, 이 사건 당사자들은 이 사건 근로관계 종료와 관련하여 향후 일체의 민·형사상, 행정상 기타 어떠한 방법으로도 이의를 제기하지 아니 한다").

화해조서가 작성되면 원본은 노동위원회에서 보관하며, 5일 이내에 화해조서를 '화해 성립에 따른 안내문'과 함께 배달증명우편으로 당사자에게 송달합니다(당사자가 대리인을 선임한 경우에는 대리인에게 송달).

관련법률

노동위원회법 제16조의3(화해의 권고 등)
① 노동위원회는 「노동조합 및 노동관계조정법」 제29조의4 및 제84조, 「근로기준법」 제30조에 따른 판정·명령 또는 결정이 있기 전까지 관계 당사자의 신청을 받아 또는 직권으로 화해를 권고하거나 화해안을 제시할 수 있다.
② 노동위원회는 화해안을 작성할 때 관계 당사자의 의견을 충분히 들어야 한디.
③ 노동위원회는 관계 당사자가 화해안을 수락하였을 때에는 화해조서를 작성하여야 한다.
④ 화해조서에는 다음 각 호의 사람이 모두 서명하거나 날인하여야 한다.
  1. 관계 당사자
  2. 화해에 관여한 부문별 위원회(제15조의2에 따른 단독심판을 포함한다)의 위원 전원
⑤ 제3항 및 제4항에 따라 작성된 화해조서는 「민사소송법」에 따른 재판상 화해의 효력을 갖는다.

참고사례

화해금을 소득세법상의 과세대상으로 볼 수 있는지
이 사건 화해금은 소득세법 제21조 제1항 제17호에서 과세대상인 '기타소득' 중 하나로 규정하고 있는 '사례금'에 해당한다고 보기 어렵고, 달리 원고에게 원천징수 및 특별징수의무가 있는 성격의 금원이라고도 볼 수 없으며, 오히려 해고무효확인 청구를 포기하는 대신 받기로 한 분쟁해결금으로 볼 수 있습니다. 이 사건 화해금은 소득세법상 과세대상인 기타소득 중 하나인 사례금에 해당하지 않으므로, 원고는 이 사건 화해금으로부터 소득세를 원천징수 할 수 없습니다(대법원 2022.3.31, 2018다286390).

#화해 #화해금 #화해안 #화해조서 #과세대상 #재판상화해 #인정 #기각

참고자료

※ 부당해고 다툼을 권고사직으로 합의한 사례

화 해 조 서(예시)

사건   서울 2024부해○○○○ 부당해고 구제신청

근로자(신청인)   김 ○ ○
사용자(피신청인)   이 ○ ○

화 해 조 건

1. 이 사건 근로자와 이 사건 사용자 사이의 근로관계는 2024.3.10. 자로 권고사
   직에 의해 종료하는 것으로 한다.
2. 이 사건 사용자는 이 사건 근로자에게 화해금으로 5,000,000원(오백만원, 실
   수령액 기준)을 2024.6.10.까지 이 사건 근로자의 기존 급여계좌로 지급하기
   로 한다.
3. 위 조건이 이행되면 이 사건 당사자는 이 사건 근로관계 및 근로관계 종료와
   관련하여 향후 일체의 민·형사 및 행정상 기타 어떠한 방법으로도 이의를 제
   기하지 아니한다.

2024년 6월 1일

근로자(또는 대리인)   ○ ○ ○ (인)   주민등록번호
사용자(또는 대리인)   ○ ○ ○ (인)   주민등록번호

(1) 김갑동 씨의 계약 기간은 2022년 1월 1일부터 2022년 12월 31일까지였습니다. 그러나 회사는 2022년 11월 30일에 김갑동 씨를 해고했습니다. 김갑동 씨는 근로계약이 2022년 12월 31일에 만료되기 때문에, 계약 만료 후에 구제신청을 할 수 있는지 궁금해졌습니다.

(2) 이을녀 씨는 계약직 미용사로 일하고 있었습니다. 그의 근로계약은 2022년 8월 20일부터 시작되었는데, 2024년 4월 27일에 회사로부터 해고 통보를 받았습니다. 회사는 이발소의 수익성이 악화되어 폐쇄하기로 결정했다는 이유로 이을녀 씨를 해고했습니다. 해고일은 2024년 5월 31일이었고, 같은 날 간부이발소는 폐쇄되었습니다.

구제이익이란

해고된 근로자는 노동위원회에 부당해고 구제신청을 할 수 있습니다. 그런데 해고된 근로자가 구제명령을 받기 위해서는 구제이익이 있어야 합니다. 구제이익은 부당해고를 인정받을 구체적인 이익이나 필요성을 의미합니다. 즉, 근로자가 부당해고에 대한 구제를 받으면 얻을 수 있는 실제적인 이익이 있어야 노동위원회가 구제명령을 할 수 있으니, 구제이익이 없으면 근로자도 구제신청을 할 수 없습니다. 대표적인 경우가 정년이 지났거나, 근로계약기간이 만료되었거나, 사업장이 폐업한 경우입니다.

구제신청 '이후' 정년이 끝나버린 경우

—

　구제이익과 관련하여 다양한 경우의 수가 있는데, 대표적인 사례가 '구제신청 후 계약기간이 끝나버린 경우'입니다. 과거에는 법원이 근로자가 부당해고 신청을 하여 해고의 효력을 다투고 있었더라도 당시 이미 근로계약기간이 만료되는 등의 사유로 근로관계가 종료되었다면 구제이익을 인정할 수 없다는 입장이었습니다. 임금청구소송 등 민사소송절차를 통해 해결할 수 있으니 구제절차를 유지할 이유가 없다고 판단하였습니다(대법원 2011.5.13, 2011두1993).

　그러나 대법원은 2020년 2월 20일 선고한 전원합의체 판결을 통해 기존 입장을 변경하였습니다. 즉, 근로자가 부당해고 구제신청을 하여 해고의 효력을 다투던 중 정년에 이르는 등의 사유로 원직에 복직하는 것이 불가능하게 된 경우에도 '해고기간 중 임금 상당액을 지급하라'는 내용의 구제명령을 받을 이익은 유지된다고 판단하였습니다(대법원 2020.2.20, 2019두52386 전원합의체). 그 이후에 법도 바뀌었습니다. 노동위원회는 근로자가 계약이 끝나거나 정년이 되어 원래 자리로 돌아갈 수 없는 경우에도, 부당해고가 인정되면 회사가 해고 기간 동안 받았어야 할 월급을 근로자에게 주도록 할 수 있습니다(근로기준법 제30조 제4항).

구제신청 '이전' 회사가 폐업한 경우

—

　법을 바꿀 만큼 중요한 대법원판결 이후에 조금 더 구체적인 법리들이 만들어졌습니다. 사단 간부이발소 미용사로 근무하다가 간부이발소 폐쇄 결정을 이유로 해고된 근로자가 노동위원회에 부당해고 구제신청을 한 사건에서, 근로자가 부당해고 구제신청을 할 당시 이미 간부이발소의 폐업으로 근로계약관계가 종료되었다면 노동위원회의 구제명령을 받을 이익을 인정할 수 없다는 판결이 있습니다(대법원 2022.7.14, 2020두54852). 즉, 이미 회사가 폐업한 경우에는 부당해고 구제신청의 구제이익이 없습니다.

구제신청 당시 이미 정년이 지난 경우

━━

근로자가 노동위원회에 부당해고 구제신청을 할 당시 이미 정년이 도래하여 근로계약관계가 종료하였으므로 노동위원회의 구제명령을 받을 이익을 인정할 수 없다고 판결했습니다. 해고 이외의 징계 등에 대한 구제신청에 대하여도 마찬가지로 적용됩니다. 이 사건은 정직 징계를 받은 근로자가 3일 뒤 정년을 맞이한 사건이었습니다(대법원 2022.7.14, 2021두46285).

정리하면, 구제신청 시점이 중요합니다.

━━

구제신청 '이전'에 근로계약관계가 종료 경우와 구제신청 '이후' 근로계약관계가 종료 경우로 구분하여 노동위원회의 구제명령을 구할 이익은 다르게 보아야 합니다. 근로자가 노동위원회에 부당해고, 징계 등에 대한 구제신청을 할 당시 이미 정년, 근로계약기간 만료, 폐업 등의 사유로 근로계약관계가 종료하여 근로자의 지위에서 벗어난 경우에는 노동위원회의 구제명령을 받을 이익이 소멸하였다고 보고 있습니다.

1) 김갑동 씨와 같은 상황에서는 '근로계약이 종료되기 전'에 부당해고 구제신청을 해야만 구제이익이 인정될 가능성이 높습니다. 대법원 판례(대법원 2022.7.14, 2020두54852)에 따르면, 근로자가 부당해고 구제신청을 할 당시 이미 근로

계약이 종료된 경우에는 노동위원회의 구제명령을 받을 이익이 소멸한 것으로 판단될 수 있습니다.

2) 이을녀 씨는 계약직 미용사로 일하다가 2024년 4월 27일 해고 통보를 받았고, 해고일인 2024년 5월 31일에 회사가 폐쇄되었습니다. 이 경우 근로자가 노동위원회에 부당해고 구제신청을 할 당시 이미 사업장의 폐업 등의 사유로 근로계약관계가 종료된 경우로 노동위원회의 구제명령을 받을 이익이 소멸된다고 봅니다. 따라서 이을녀 씨의 경우, 회사가 폐쇄되어 근로계약관계가 종료되었기 때문에 구제이익이 없다고 판단될 가능성이 높습니다.

따라서 근로자 입장에서는 계약기간이 이미 만료된 후에는 구제신청이 어려울 수 있으므로 이 점을 유념하여 구제신청 절차를 진행하시기 바랍니다.

관련 법률

근로기준법 제30조(구제명령 등)

④ 노동위원회는 근로계약기간의 만료, 정년의 도래 등으로 근로자가 원직복직(해고 이외의 경우는 원상회복을 말한다)이 불가능한 경우에도 제1항에 따른 구제명령이나 기각결정을 하여야 한다. 이 경우 노동위원회는 부당해고등이 성립한다고 판정하면 근로자가 해고기간 동안 근로를 제공하였더라면 받을 수 있었던 임금 상당액에 해당하는 금품(해고 이외의 경우에는 원상회복에 준하는 금품을 말한다)을 사업주가 근로자에게 지급하도록 명할 수 있다.

참고사례 ❶

구제신청 후 신설된 정년규정 적용을 받아 정년에 도달한 경우에도 구제이익이 존재하는지

A씨는 2016년 12월 회사 B로부터 해고 통보를 받았습니다. 이에 A씨는 2017년 1월 서울지방노동위원회에 부당해고 구제신청을 했습니다. 이후 A씨는 원직복직 대신 해고기간 중의 임금 상당액을 지급받는 금품지급명령을 신청했습니다. 그러나 서울지방노동위원회와 중앙노동위원회는 A씨의 신청을 기각했습니다. 이에 A씨는 2017년 9월 중앙노동위원회의 재심판정 취소를 구하는 소송을 제기했습니다. 하지만 소송 진행 중 회사 B는 정년 규정을 신설하였고, 1심 법원은 A씨가 정년에 도달했음을 이유로 A씨의 구제신청을 기각하는 판결을 하였습니다. 이 경우 부당해고 구제신청 이후 정년이 도과한 경우이므로 구제이익이 존재합니다. 따라서 1심 판결이 위법합니다(대법원 2020.2.20, 2019두52386 전원합의체).

참고사례 ❷

구제이익 판단의 기준시점은 구제신청시인지, 구제명령 당시(재심판정 당시)인지

구제이익은 구제명령을 할 당시를 기준으로 판단하여야 하는 것으로서 중앙노동위원회의 구제명령 발령 당시에 근로자에게 구제이익이 있다고 인정되는 이상, 사용자인 원고가 제기한 소송 도중에 정년 도래 등으로 원직에의 복귀가 불가능하다고 하더라도 이러한 사정은 원고가 제기한 이 사건 소의 이익의 문제에 불과할 뿐이고, 더 이상 근로자의 구제이익의 문제는 발생할 여지가 없다고 할 것입니다. 즉, 근로자의 구제이익의 유무는 처분시인 재심판정 당시를 기준으로 판단하여야 합니다(대법원 2004.1.15, 2003두11247).

#구제신청 #구제이익 #부당해고 #계약만료 #정년

제가 운영하고 있는 회사에서 직원 중 한 명이 직장 내에서 하급자를 괴롭히는 일이 있었습니다. 저희 회사는 징계위원회를 열어 해당 직원을 해고하였습니다. 그러자 그 직원은 노동위원회에 부당해고 구제신청을 하였고, 지방노동위원회와 중앙노동위원회에서는 모두 징계가 타당하다는 판단을 내렸습니다. 저는 이렇게 해고가 확정된 줄 알았는데, 그 직원이 행정법원에 소를 제기했다는 소식을 들었습니다. 노동위원회 절차가 끝난 후에도 이렇게 소를 제기할 수 있는 건가요?

구제신청시 진행절차

━

근로자는 사용자가 부당해고나 부당노동행위 등을 행한 날로부터 3개월 이내에 관할 지방노동위원회에 구제를 신청할 수 있습니다. 이렇게 근로자가 노동위원회에 '부당해고 등'의 구제신청을 하면 지방노동위원회는 구제신청서가 접수된 날로부터 60일 이내에 신청요건과 사실 조사를 거칩니다. 이후 공익위원과 근로자위원·사용자위원들이 함께 근로자와 사용자를 심문하고, 인용이나 기각 결정을 하게 됩니다. 노동위원회 초심 평균 처리 기간은 47일 정도로 신속하게 결정이 나는 편입니다.

이 결정에 대해 중앙노동위원회에 재심을 신청하지 않으면, 그 결정은 확정됩니다(근로기준법 제31조 제3항). 만일, 위 결정에 대해 불복할 경우 구제명령서나 기각결정서를 통지받은 날부터 10일 이내에 중앙노동위원회에 재심을 신청할 수 있습니다. 재심 역시 심문 회의를 거쳐 지방노동위원회의 결정을 유지할 것인지, 취소하고 새로운 판정을 내릴 것인지를 결정하게 됩니다.

재심판정 불복 시 행정소송으로

———

2023년 말 기준으로 노동위원회 처리 사건의 95.9%는 노동위원회 단계에서 종결되었습니다. 그러나 중앙노동위원회의 재심판정에 대해서도 불복하는 경우 당사자는 재심판정서를 송달받은 날로부터 15일 이내에 행정소송을 제기할 수 있습니다(근로기준법 제31조 제2항, 행정소송법 제9조). 이때 원고는 재심판정에 불복하는 근로자나 사용자이며, 피고는 중앙노동위원회 위원장이고, 재심 판정에 불복하는 쪽의 상대방(원고가 사용자인 경우 근로자, 원고가 근로자인 경우 사용자)은 보조참가인의 지위로 소송 절차에 참여할 수 있습니다(행정소송법 제8조 제2항).

이는 행정청인 노동위원회의 판정에 대해 취소를 구하는 소송을 제기하는 것이므로 행정법원에서 진행되는 행정소송의 형태를 띠게 됩니다. 중앙노동위원회의 조사결과 중앙노동위원회 재심판정의 약 85% 가량은 행정소송에서도 그대로 유지되고 있습니다.

행정소송 진행 시 유의점

———

이때 노동위원회 단계에서는 주장하지 않았던 사유를 행정소송 단계에서 새롭게 주장할 수 있을까요? 판례는 부당해고 구제신청에 관한 중앙노동위원회의 명령 또는 결정의 취소를 구하는 소송에서 그 명령 또는 결정이 적법한지 여부는 그 명령 또는 결정이 이루어진 시점을 기준으로 판단해야 하고, 그 명령 또는 결정 후에 생긴 사유를 들어 적법 여부를 판단할 수는 없다고 봅니다.

그러나 그 명령 또는 결정의 기초가 된 사실이 동일하다면 노동위원회에서 주장하지 아니한 사유도 행정소송에서 주장할 수 있습니다(대법원 2021.7.29, 2016두64876). 예를 들어, 노동위원회 단계에서는 징계 양정에 대해서는 크게 다투지 아니하였더라도, 행정소송 단계에서 징계 양정의 부당성에 대해 다툴 수 있는 것입니다. 다만, 사용자가 원래의 징계처분에서 사유로 삼았던 것이 아닌 부분을 추가할 수는 없습니다.

정리하면

근로자와 사용자는 중앙노동위원회의 재심 판정에 불복할 경우 재심판정서 송달로부터 15일 이내에 중앙노동위원회 위원장을 피고로 하는 행정소송을 법원에 제기할 수 있으며, 기간이 짧은 편이므로 주의하여야 합니다. 행정소송이 진행되면 1심 진행만 약 1년 정도가 소요되며, 만일 1심 판결에도 불복할 경우 항소하여 2심 및 2심에 상고하여 대법원까지 가게 될 수 있음에 주의하여야 합니다.

관련 법률

근로기준법 제31조(구제명령 등의 확정)
① 「노동위원회법」에 따른 지방노동위원회의 구제명령이나 기각결정에 불복하는 사용자나 근로자는 구제명령서나 기각결정서를 통지받은 날부터 10일 이내에 중앙노동위원회에 재심을 신청할 수 있다.
② 제1항에 따른 중앙노동위원회의 재심판정에 대하여 사용자나 근로자는 재심판정서를 송달받은 날부터 15일 이내에 「행정소송법」의 규정에 따라 소(訴)를 제기할 수 있다.

③ 제1항과 제2항에 따른 기간 이내에 재심을 신청하지 아니하거나 행정소송을 제기하지 아니하면 그 구제명령, 기각결정 또는 재심판정은 확정된다.

참고사례 ❶

재심판정에서 인정되지 않은 징계사유를 법원이 심리·판단할 수 있는지

재심판정이 징계처분의 정당성에 관한 판단을 그르쳤는지 여부를 가리기 위해서는 징계위원회 등에서 징계처분의 근거로 삼은 징계사유에 의하여 징계처분이 정당한지 여부를 살펴보아야 합니다. 따라서, 여러 징계사유를 들어 징계처분을 한 경우에는 중앙노동위원회가 재심판정에서 징계사유로 인정한 것 이외에도 징계위원회 등에서 들었던 징계사유 전부를 심리하여 징계처분이 정당한지 여부를 판단할 수 있습니다(대법원 2016.12.29, 2015두776).

참고사례 ❷

구제신청과 별도의 민사소송을 제기할 수 있는지

노동위원회의 구제절차에서 근로자의 구제신청을 기각하는 결정이 확정되었다고 하더라도, 근로자는 사용자의 해고처분에 대해서 권리의 구제를 위해 별도로 민사소송을 제기할 수 있습니다(대법원 1991.7.12, 90다9353). 만일, 노동위원회의 구제절차에 이어 행정소송까지 제기하였으나 근로자 패소판결이 확정됨으로써 근로자의 구제신청이 받아들여지지 않게 되었을 경우에도, 이는 재심 판정이 적법하여 사용자가 구제명령에 따른 공법상 의무를 부담하지 않는다는 점을 확정하는 것일 뿐 해고가 유효하다거나 근로자와 사용자 간의 사법상 법률관계에 변동을 가져오는 것은 아닙니다. 따라서 근로자는 그와 별도로 민사소송을 제기하여 해고의 무효 확인을 구할 수 있습니다(대법원 2011.3.24, 2010다21962).

#노동위원회 #행정법원 #행정소송 #재심 #구제명령 #구제신청

64 (이행강제금) **회사가 노동위원회 구제명령을 이행하지 않으면 어떻게 되나요?**

> 저는 회사가 저를 해고한 것이 부당하다고 생각하여 노동위원회에 구제신청을 하였습니다. 다행히 노동위원회는 해고의 부당성을 인정하여, 회사에게 저를 복직시키고 임금 상당액을 지급하라고 판정하였습니다. 그런데 회사는 구제명령을 무시하고 아무런 조치도 취하지 않고 있습니다. 이런 경우에 제가 회사를 상대로 할 수 있는 게 있을까요?

이행강제금이란

근로자가 부당해고 구제신청을 제기하여 노동위원회에서 구제명령을 발령받은 경우, 사용자는 구제명령의 내용에 따라 근로자를 복직시키고, 임금상당액을 지급하여야 합니다. 그런데 만일, 사용자가 노동위원회의 구제명령을 이행하지 않는다면 어떻게 될까요?

근로기준법은 위와 같은 상황을 방지하고 근로자를 신속하게 구제하기 위하여 이행강제금 제도를 도입하였습니다. 이행강제금이란 구제명령을 이행하지 않을 경우 사용자에게 일정한 금원을 납부하게 하여 심리적인 압박을 가하는 수단입니다. 이를 통해 사용자가 구제명령을 이행하도록 강제하며, 부당해고 등으로 일정기간 근로를 제공하지 못하여 임금을 받지 못한 근로자들의 생활고를 잠정적으로나마 신속하게 해결할 수 있습니다.

이에 따라 근로기준법 제33조 제1항은 노동위원회는 구제명령을 받은 후 이행기한까지 구제명령을 이행하지 아니한 사용자에 대하여 3천만 원 이하의 이행강제금을 부과하도록 하고 있습니다.

이행강제금 부과절차

사용자는 판정문을 받은 이후 노동위원회가 정한 기한 내에 구제명령을 이행해야 합니다. 노동위원회는 이행기간이 지나면 사용자의 이행 여부를 확인하고, 사용자가 구제명령을 이행하지 않은 경우 이행강제금 부과 예정일 30일 전까지 이행강제금 부과를 먼저 예고한 후, 이행강제금을 부과할 수 있습니다.

이때 구제명령 완전이행 여부의 판단기준과 관련하여 ① 원직복직의 경우 대상 근로자에게 해고 등을 할 당시와 같은 직급과 같은 종류의 직무를 부여하였거나 대상 근로자의 동의를 얻어 다른 직무를 부여하였는지 여부가 중요하며 ② 임금상당액 지급이나 금전 보상의 경우 주문에 기재된 금액을 전액 지급하였는지 여부를 고려합니다.

만일, 사용자가 계속해서 구제명령을 이행하지 않는다면, 노동위원회는 최초의 구제명령을 한 날을 기준으로 매년 2회의 범위에서 구제명령이 이행될 때까지 반복하여 이행강제금을 부과·징수할 수 있습니다. 이 경우 이행강제금은 2년을 초과하여 부과·징수할 수 없으며 3천만 원 한도로 1년에 2회, 2년까지 부과할 수 있습니다.

이행강제금 반환

한편, 회사는 만일 중앙노동위원회의 재심판정이나 법원의 확정판결에 따라 노동위원회의 구제명령이 취소되면 노동위원회의 직권이나 회사의 신청에 따라 이행강제금의 부과·징수는 중지됩니다. 또한, 이미 징수된 이행강제금 역시 반환받을 수 있으며, 이 경우 이행강제금을 납부한 날부터 반환하는 날까지의 기간에 대하여 고용노동부령으로 정하는 이율을 곱한 금액을 더하여 반환받게 됩니다.

정리하면

앞서 본 사례의 경우, (1) 근로자는 구제명령을 받은 사용자가 이행기한까지 구제명령을 이행하지 않으면 이행기한이 지난 때부터 15일 이내에 그 사실을 노동위원회에 알릴 수 있습니다.

(2) 사용자의 경우 구제명령 불이행시 확정된 구제명령을 이행하지 않는 자에 대하여 노동위원회의 고발이 있는 경우 1년 이하의 징역 또는 천만 원 이하의 벌금이 부과될 수 있음을 고려해야 합니다.

관련 법률

> **근로기준법 제33조(이행강제금)**
> ① 노동위원회는 구제명령(구제명령을 내용으로 하는 재심판정을 포함한다. 이하 이 조에서 같다)을 받은 후 이행기한까지 구제명령을 이행하지 아니한 사용자에게 3천만 원 이하의 이행강제금을 부과한다.
> ② 노동위원회는 제1항에 따른 이행강제금을 부과하기 30일 전까지 이행강제금을 부과·징수한다는 뜻을 사용자에게 미리 문서로써 알려 주어야 한다.
> ③ 제1항에 따른 이행강제금을 부과할 때에는 이행강제금의 액수, 부과 사유, 납부기한, 수납기관, 이의제기방법 및 이의제기기관 등을 명시한 문서로써 하여야 한다.
> ④ 제1항에 따라 이행강제금을 부과하는 위반행위의 종류와 위반 정도에 따른 금액, 부

과·징수된 이행강제금의 반환 절차, 그 밖에 필요한 사항은 대통령령으로 정한다.
⑤ 노동위원회는 최초의 구제명령을 한 날을 기준으로 매년 2회의 범위에서 구제명령이 이행될 때까지 반복하여 제1항에 따른 이행강제금을 부과·징수할 수 있다. 이 경우 이행강제금은 2년을 초과하여 부과·징수하지 못한다.
⑥ 노동위원회는 구제명령을 받은 자가 구제명령을 이행하면 새로운 이행강제금을 부과하지 아니하되, 구제명령을 이행하기 전에 이미 부과된 이행강제금은 징수하여야 한다.
⑦ 노동위원회는 이행강제금 납부의무자가 납부기한까지 이행강제금을 내지 아니하면 기간을 정하여 독촉을 하고 지정된 기간에 제1항에 따른 이행강제금을 내지 아니하면 국세 체납처분의 예에 따라 징수할 수 있다.
⑧ 근로자는 구제명령을 받은 사용자가 이행기한까지 구제명령을 이행하지 아니하면 이행기한이 지난 때부터 15일 이내에 그 사실을 노동위원회에 알려줄 수 있다.

참고사례 ❶

이행강제금 부과 및 형사처벌이 이중처벌금지원칙에 위반되는지

노동위원회의 확정된 구제명령에 대해 사용자가 이를 이행하지 않을 경우 이행을 강제하는 방법은 이행강제금 부과조치(근로기준법 제33조)와 구제명령 불이행에 대한 처벌조치(근로기준법 제111조)가 있습니다. 이행강제금 제도는 구제명령이 확정되었는지 여부를 불문하고 사용자가 구제명령을 이행하지 않을 경우 부과하는 행정상 강제집행의 간접강제의 하나이고, 구제명령 불이행으로 인한 고발은 확정된 구제명령을 이행하지 않을 경우 행해지는 형사처벌절차입니다. 만일, 사용자가 노동위원회 구제명령을 이행하지 않을 경우 위 두 가지 제재조치를 모두 취하더라도 이중처벌금지원칙에 위반되지 않는다고 봅니다(대법원 2005.8.19, 2005마30).

참고사례 ❷

> ### 이행강제금액이 반드시 특정되어야 하는지
>
> 이행강제금 부과 처분의 전제가 되는 구제명령은 그 내용을 구체적으로 특정하는 것이 바람직합니다. 그런데 사용자로서는 취업규칙이나 임금지급 관행에 의해 임금액을 특정하거나 임금을 정확히 특정할 수 없는 사정이 있는 경우에는 사용자가 일응 합리적인 근거가 있는 산정기준을 적용하여 산정한 금액을 임의로 지급할 수 있습니다. 따라서 구제명령에서 지급의무의 대상이 되는 임금상당액의 액수를 구체적으로 특정하지 않고, '해고기간 동안 정상적으로 근무하였다면 받을 수 있었던 임금상당액'으로 정하였다고 하더라도, 구제명령의 이행이 불가능할 정도로 불특정하여 위법하거나 무효라고 할 수는 없습니다(대법원 2010.10.28, 2010두12682).

참고자료 – 이행강제금의 부과기준

■ 근로기준법 시행령 [별표 3] 〈개정 2021.11.19.〉

이행강제금의 부과기준(제13조 관련)

위반행위	해당 법조문	금액
정당한 이유 없는 해고에 대한 구제명령을 이행하지 않은 자	법 제33조 제1항	500만 원 이상 3,000만 원 이하
정당한 이유 없는 휴직, 정직(停職)에 대한 구제명령을 이행하지 않은 자	법 제33조 제1항	250만 원 이상 1,500만 원 이하
정당한 이유 없는 전직(轉職), 감봉에 대한 구제명령을 이행하지 않은 자	법 제33조 제1항	100만 원 이상 750만 원 이하
정당한 이유 없는 그 밖의 징벌(懲罰)에 대한 구제명령을 이행하지 않은 자	법 제33조 제1항	100만 원 이상 750만 원 이하

※ 비고: 구체적인 이행강제금의 금액은 위반행위의 종류에 따른 부과금액의 범위

에서 위반행위의 동기, 고의·과실 등 사용자의 귀책 정도, 구제명령 이행을 위한 노력의 정도, 구제명령을 이행하지 않은 기간, 해당 사업 또는 사업장에 상시 사용하는 근로자 수 등을 고려하여 결정한다.

#이행강제금 #구제명령 #이행기한 #부당해고 #노동위원회

65 (비밀녹음) 몰래 녹음한 내용도 노동위원회에 증거로 제출할 수 있나요?

점심시간에 동료 직원과 함께 대화를 나누다가 출퇴근 시간에 대한 이야기를 한 적이 있었습니다. 그런데, 그 내용이 회사에 전달된 것인지 저는 그날 이후 근태 불량으로 해고당했고, 너무 억울한 나머지 노동위원회에 부당해고 구제신청을 했습니다. 그러자 회사는 함께 대화한 동료가 저 몰래 녹음한 내용을 녹취록으로 만들었고 회사에 유리한 증거로 노동위원회에 제출하였습니다. 이렇게 말하는 사람 몰래 녹음한 내용도 증거로 쓸 수 있나요?

비밀녹음이란

비밀녹음은 상대방 모르게 대화나 통화 등을 녹음하는 것입니다. 최근 스마트폰 및 스마트 워치를 이용한 녹음이 간편해지면서, 회사와 근로자 모두 노동위원회나 법원에 녹음 파일을 증거로 제출하는 경우가 많아졌습니다. 그렇다면 녹음 파일은 어떤 경우에 증거로 인정될까요?

상대방의 동의 없이 이루어진 녹음은 구체적인 상황에 따라 증거로 인정될 수도 있고, 그렇지 않을 수도 있습니다. 원칙적으로 「통신비밀보호법」에 따르면 누구든지 공개되지 않은 타인 간의 대화를 녹음할 수 없고, 이를 위반하면 처벌받게 됩니다(통신비밀보호법 제16조 제1항 제1호). 이렇게 통신비밀보호법을 위반한 녹음은 재판이나 징계 절차에서 증거로 사용할 수 없습니다(통신비밀보호법 제3조, 제14조).

비밀녹음의 판단기준

이때 ① '타인간의 대화'와 ② '공개되지 않은'이라는 두 가지 요건이 중요합니다. ① '타인간의 대화'를 녹음하면 안 된다는 것은 대화에 참여하고 있는 사람은 상대방의 동의 없이도 해당 대화를 녹음할 수 있다는 뜻입니다. ② 또한, 타인 간의 대화라도 다수에게 '공개된' 대화라면 녹음해도 무방합니다. 즉, 대화 당사자가 아닌 '제3자'가 '공개되지 않은' 타인 간의 대화를 녹음한다면 통신비밀보호법 위반에 해당하고, 그 녹음을 증거로 사용할 수 없습니다.

'공개되지 않은 대화'?

대법원은 최근에 '공개되지 않은' 대화의 범위를 더 넓혀, 초등학교 학부모가 30명이 참여한 수업에서의 발언을 몰래 녹음한 경우도 "공개되지 않은 대화"라고 봤습니다(대법 2024.1.11, 2020도1538). 즉, 통신비밀보호법에 위반되는 비밀 녹음의 처벌 가능성이 높아진 것이며, 그 녹음이 증거로 인정되지 않을 가능성 역시 커졌습니다. 다만, 민사소송의 경우 판사가 예외적으로 통신비밀보호법을 위반한 녹음이라도 증거로 인정할 수 있습니다.

그렇다면 위 사안의 경우는 어떨까요? 함께 대화를 나누고 있던 동료가 내 말을 몰래 녹음했다면 이는 '타인간의 대화'가 아니기 때문에 통신비밀보호법 위반이 아닙니다. 따라서, 해당 녹음파일을 증거로 자유롭게 사용할 수 있습니다.

민법상 손해배상책임 역시 주의해야

그러나 녹음을 증거로 사용할 수 있는지와 별개로 민법상 손해배상책임을 질수 있으니 주의해야 합니다. 사람은 누구나 자신의 음성이 함부로 녹음되거나 재생, 방송, 복제, 배포되지 않을 권리를 가지는데, 이를 헌법 제10조에 따른 음성권이라고 합니다. 무분별한 비밀 녹음은 이러한 음성권에 대한 침해에 해당하여 손해배상책임이 발생할 수 있습니다.

다만, 법원은 녹음자에게 비밀녹음에 대한 정당한 목적이나 이익이 있고 이를 위해 비밀 녹음이 상당한 범위에서 이루어져 허용될 수 있는 경우 손해배상책임이 없다고 봅니다(서울중앙지방법원 2019.7.10, 2018나68478).

실제로 근로자가 직장내 괴롭힘 증거를 확보하려고 직장동료와의 통화를 녹음하여 그 녹취록을 증거로 제출한 경우는 어떨까요? 법원은 근로자가 통화 녹음 외에 직장내 괴롭힘에 관한 증거를 확보하기 어려웠을 것으로 보이고, 녹취록을 다른 제3자에게 공개할 용도로 사용한 것이 아니며, 당사자 간 대화라서 통신비밀보호법에 위반되지 않는 점을 고려하여 손해배상책임을 인정하지 않았습니다(대구지방법원 2022.1.13, 2021나316060).

정리하면

(1) 사용자와 근로자 모두 ① 대화에 참여하고 있는 사람이 해당 대화를 녹음한 것이거나 ② 대화에 참여하지 않았더라도 공개된 대화를 녹음한 것이라면 그 녹음을 증거로 사용할 수 있습니다.

(2) 반면, 대화에 참여하지 않은 타인이 해당 대화를 녹음하였다면 증거로 사

용하기 어렵습니다. 또한, 비밀녹음이 우리가 흔히 생각하는 사회 윤리 내에서 이루어졌다면 민사상 손해배상책임을 지지 않을 것으로 보입니다.

(3) 한편, 근로자는 사내에서 비밀녹음을 하는 행위는 법적 책임과 관계없이 직원 상호간의 불신을 야기하고, 업무질서를 위반한다는 이유로 징계 사유가 될 수 있음을 주의하여야 합니다.

관련 법률

통신비밀보호법 제14조(타인의 대화비밀 침해금지)
① 누구든지 공개되지 아니한 타인간의 대화를 녹음하거나 전자장치 또는 기계적 수단을 이용하여 청취할 수 없다.

통신비밀보호법 제16조(벌칙)
① 다음 각 호의 어느 하나에 해당하는 자는 1년 이상 10년 이하의 징역과 5년 이하의 자격정지에 처한다.
   1. 제3조의 규정에 위반하여 우편물의 검열 또는 전기통신의 감청을 하거나 공개되지 아니한 타인간의 대화를 녹음 또는 청취한 자

참고사례 ❶

비밀녹음행위를 한 근로자에 대해 징계를 할 수 있나요?

대화 당사자간 비밀녹음이 형사범죄의 대상이 되지 않고, 민·형사소송, 노동위원회 구제절차 등의 과정에서 증거능력이 인정될 수 있습니다. 그런데 비밀녹음을 남발하는 행위는 사생활의 비밀과 자유를 침해하고 직원간 기본적인 신뢰관계를 해치는 것이므로 징계사유가 될 수 있습니다(대법원 2011.3.24, 2010다21962).

참고사례 ❷

대화의 당사자가 아닌 제3자가 몰래 녹음한 경우

대화의 직접적인 당사자가 아닌 제3자의 경우는 설령 전화통화 당사자 일방의 동의를 받고 그 통화내용을 녹음하였다 하더라도 그 상대방의 동의가 없었던 이상, 사생활 및 통신의 불가침을 국민의 기본권의 하나로 선언하고 있는 헌법규정과 통신비밀의 보호와 통신의 자유 신장을 목적으로 제정된 통신비밀보호법의 취지에 비추어 이는 통신비밀보호법에 위반됩니다(제3자가 공개되지 아니한 타인간의 대화를 녹음한 경우에도 마찬가지입니다)(대법원 2002.10.8, 2002도123).

#통신비밀보호법 #비밀녹음 #녹취록 #증거 #녹음파일 #부당해고구제신청 #감청 #통화녹음

(신청인 적격) 누구나 노동위원회 부당해고 구제신청을 할 수 있나요? (프리랜서, 일용직, 채용내정자, 회사 임원도 부당해고 구제신청을 할 수 있나요)

저는 미용실에서 일하는 헤어디자이너로 4대 보험에 가입하지 않았고 위탁계약서를 작성했습니다. 하지만 매일 아침 9시에 출근해서 저녁 8시까지 근무해야 하고, 일하는 동안 자유롭게 외출할 수도 없습니다. 게다가 원장이 정한 할인율 안에서만 시술 할인이 가능합니다. 최근에 미용실 원장이 저를 해고했는데, 원장은 제가 사업소득세를 내는 개인사업자라서 근로자가 아니라고 합니다. 저는 근로자가 아니라서 부당해고 구제신청을 할 수 없는 건가요?

프리랜서의 부당해고 구제신청 가능 여부

일반적인 근로자들은 4대 보험에 가입하고 일하는 동안 회사의 업무 지시를 받습니다. 하지만 위 사례처럼 헤어디자이너는 시술하는 동안 미용실 원장의 지시를 받지 않고 개인사업자로 되어 있어서 사업소득세(세율 3.3%)를 내곤 합니다. 게다가 근로계약서 대신 위촉·위탁 계약서를 작성하는데요. 그렇다면 헤어디자이너는 근로자가 아닐까요?

헤어디자이너는 프리랜서의 대표적인 예입니다. 프리랜서란 회사와 근로관계를 맺지 않고 독립적으로 일하는 사람을 말하며, 주로 특정 작업이나 프로젝트 단위로 계약해서 일을 합니다(프리랜서 계약에 대해서는 1번 사례를 참고해 주세요). 프리랜서는 원칙적으로 근로자가 아니기에 부당해고 구제신청을 할 수 없습니다.

프리랜서가 근로자에 해당하는지 판단하는 방법

—

그러나 헤어디자이너는 실제로 어떻게 근무하는지에 따라 근로자로 인정받을 수 있으며 이때 예외적으로 부당해고 구제신청이 가능합니다. 예를 들어 ① 헤어디자이너가 시술할 때 원장의 감독을 받는지, ② 근무 시간과 근무 장소가 정해져 있는지, ③ 미용실이 염색약 같은 비품을 제공하는지, ④ 헤어디자이너 마음대로 시술 금액을 할인할 수 있는지 등을 살펴보는 겁니다. 그 밖에 헤어디자이너가 원장으로부터 기본급 등을 받는지도 중요합니다. 이처럼 법원은 회사와 체결한 계약의 형식보다는 실질을 기준으로 헤어디자이너가 근로자에 해당하는지 판단합니다.

그럼 다시 사례로 돌아가 볼까요. 위 사례의 헤어디자이너는 4대 보험에 가입하지 않았고, 사업소득세를 내며, 위탁계약서를 썼습니다. 하지만 정해진 출퇴근 시간, 외출의 제약, 원장이 정한 할인율 같은 사정을 보면 헤어디자이너는 일반적인 근로자와 다를 게 없습니다. 따라서 실질적으로 헤어디자이너는 미용실에 근무하는 근로자이므로 부당해고 구제신청을 할 수 있습니다. 참고로 법원은 프리랜서가 위 기준 중 몇 개에 해당하지 않는다고 해서 곧바로 근로자가 아니라고 하지 않으며 전체적인 사정을 보고 판단합니다.

정리하면

—

프리랜서는 원칙적으로 근로자가 아니지만 예외적으로 회사의 지휘·감독 여부, 정해진 출퇴근 시간 등에 따라 근로자로 인정받을 수 있습니다.

따라서 (1) 회사는 프리랜서와 위촉·위탁계약을 체결한다면 프리랜서에게 상세한 업무 지시 등을 하지 않도록 유의해야 하고, (2) 근로자는 형식만 프리랜서이지 일하는 동안 회사의 제약을 많이 받는다면 실질적으로 근로자라고 주장할 수 있습니다.

관련 법률

근로기준법 제2조(정의)
① 이 법에서 사용하는 용어의 뜻은 다음과 같다.
　　1. "근로자"란 직업의 종류와 관계없이 임금을 목적으로 사업이나 사업장에 근로를 제공하는 사람을 말한다.

참고사례 ❶

일용근로자는 부당해고 구제신청이 가능할까?

　일용근로자는 흔히 '일용직'이라고 불리고 있는데, 주로 건설 현장에서 1일 단위로 근로계약을 하는 근로자를 말합니다. 근로계약에 따라 일용근로자는 당일 일하는 시간이 끝나면 그 이후로는 회사의 근로자가 아닙니다. 즉 따로 해고 절차를 거치지 않고 자동으로 근로관계가 종료됩니다. 이처럼 1일 단위로 근로계약을 한 일용근로자는 당일 근로가 끝나면 부당해고 구제신청이 불가능합니다. 그러나 건설사는 통상 일용근로자와 건물 공사를 마칠 때까지를 암묵적인 계약 기간으로 정하는 경우가 많습니다. 따라서 일용근로자가 매일 같은 공사 현장에 출근하고 일을 했다면 사실상 기간제 근로자와 동일하므로 부당해고 구제신청이 가능합니다. 또한 당일 근로 시간 중에도 갑자기 회사가 일용근로자를 해고한다면 정당한 사유가 있어야 할 것입니다.

참고사례 ❷

채용내정자는 부당해고 구제신청이 가능할까?

채용내정자란 채용 공고를 보고 지원한 회사로부터 최종 합격 통지를 받고 출근을 기다리는 자를 말합니다. 바로 이 채용내정자가 출근 직전에 갑자기 회사로부터 채용이 취소됐다는 연락을 받으면 어떻게 해야 할까요? 회사가 채용 절차를 거친 후에 지원자에게 최종합격 통지를 하면 회사와 지원자 간에 근로관계가 성립합니다. 그러나 이후 회사가 채용을 취소한다면 근로자를 해고한 것과 같습니다(대법원 2002.12.10, 2000다25910). 따라서 회사가 정당한 이유 없이 채용을 취소했다면 채용내정자는 부당해고 구제신청이 가능합니다. 예를 들어 회사가 채용내정자가 제출한 서류가 거짓이라고 일방적으로 주장하면서 채용을 취소했다면 채용 취소에 정당한 이유가 없다고 볼 수 있습니다.

참고사례 ❸

회사의 이사는 부당해고 구제신청이 가능할까?

회사의 이사는 임원이라서 무조건 근로자가 아닐까요? 회사의 이사도 명칭만 이사일 뿐 대표이사의 지시에 따라 일하면서 월급을 받으며, 업무용 차량을 지원받는 등의 사정이 없다면 근로자에 해당합니다. 이때 회사의 이사가 법인 등기부등본에 기재된 임원(등기 임원)인지 여부를 함께 고려하는데 통상 비등기 임원일 경우에는 근로자로 인정받을 가능성이 큽니다. 따라서 이사, 사장, 전무 등 회사의 임원이더라도 대표이사 등의 아래에서 근로하면서 월급을 받는다면 근로자에 해당하고, 부당해고 구제신청을 할 수 있습니다(대법원 2005.5.27, 2005두524).

#프리랜서 #근로자성 #헤어디자이너 #일용근로자 #일용직 #부당해고 #부당해고구제신청 #채용내정자 #최종합격자 #채용취소 #임원 #이사 #비등기임원

공통 표준계약서(프리랜서, 플랫폼종사자 등 적용 가능)

공통 표준계약서

공통 표준계약서는 업무를 위탁하는 자와 업무를 수탁받는 자가 동등한 지위에서 계약조건에 관한 최소한의 기본적인 사항을 정하고, 이를 성실히 준수하고 공정하게 이행할 수 있도록 마련되었습니다. 이번 공통 표준계약서는 계약 체결 시 표준이 되는 기본적이고 원칙적인 사항만을 제시하였으며 실제 계약을 체결하는 계약당사자는 공통 표준계약서의 기본 틀과 내용을 유지하는 범위 내에서 직종별 특성을 반영하여 동 계약서보다 더 상세하고 개별적인 사항을 계약서에 규정할 수 있습니다.

(   )(이하 '위탁자'라 함)과(와) (   )(이하 '수탁자'라 함)은 다음과 같이 계약(이하 '본 계약'이라 함)을 체결한다.

제1조(계약의 목적)
본 계약의 목적은 위탁자가 수탁자에게 (   )업무를 위탁함에 있어 상호간의 권리·의무 및 기타 제반 사항을 규정함에 있다.

제2조(기본원칙)
위탁자와 수탁자는 상호 대등한 입장에서 신의성실의 원칙에 따라 자신의 권리를 행사하며 의무를 이행한다.

제3조(용어 정의)
본 계약에서 사용하는 용어의 정의는 다음과 같다.
1. (   )
2. (   )
3. (   )
4. (   )

제4조(위탁업무의 내용 및 수행)
① 위탁자는 수탁자에게 다음과 같은 업무를 위탁한다.
1. (   )
2. (   )
② 수탁자는 자신의 책임과 계산으로 위탁업무의 목적, 시한 등의 달성에 필요한 합법적이고 합리적인 수단을 동원하여 업무를 수행하여야 한다.
③ 수탁자는 제1항에서 정한 업무를 수행한 경우 그 결과를 위탁자가 지정한 방법으로 통지하여야 한다.

제5조(계약기간)
① 본 계약의 유효기간은 (.   .   )부터 (.   .   )까지로 한다.
② 계약기간 만료 (   )일 전까지 위탁자 또는 수탁자가 계약 종료의 의사를 표시하지 아니하는 한 동일 조건으로 (예시: 주, 월, 연 단위)로 계약이 자동 갱신된 것으로 본다.

67 (해고기간 임금상당액) **부당해고로 복직하려는 근로자가 있습니다. 해고기간 동안 지급해야 하는 임금상당액은 어떻게 계산하나요?**

2024.2.1. 근로자를 근무태만으로 징계해고를 했는데, 근로자가 서울지방노동위원회에 부당해고 구제 신청을 하여 인용되었습니다. 2024.7.20. 회사가 서울지방노동위원회로부터 받은 판정문에는 '이 사건 사용자는 이 판정서를 송달받은 날로부터 30일 이내에 이 사건 근로자를 원직에 복직시키고, 해고 기간 정상적으로 근로하였다면 받을 수 있었던 임금상당액을 지급하라'고 기재되어 있습니다. 2024. 8.1. 근로자를 복직시키면 얼마의 임금상당액을 지급해야 하나요?

※ 근로자의 월 급여(기본급＋식대): 3,000,000원

근로자에 대한 해고가 부당해고로 인정되면

—

근로자가 회사로부터 부당하게 해고를 당한 경우, 노동위원회에 부당해고가 있었던 날로부터 3개월 이내에 구제신청을 할 수 있습니다(근로기준법 제28조). 이때, 근로자의 부당해고 구제 신청이 인용되어 해고처분이 무효로 판정되면, 근로자는 원직에 복직할 수 있을 뿐만 아니라, 해고기간(해고된 날~복직 전날) 동안 계속 일을 했다면 받을 수 있는 임금 전부를 회사로부터 받을 수 있습니다(민법 제538조 제1항).

임금상당액이란

이렇게 부당해고를 당한 근로자가 정상적으로 일을 했다면 당연히 받을 수 있었던 임금 전액을 '임금상당액'이라고 합니다. 여기서 '임금'은 회사가 근로자에게 근로의 대가로 지급하는 모든 금원으로서 근로자에게 계속, 정기적으로 지급되고 단체협약, 취업규칙, 근로계약 등에 의해 회사가 근로자에게 지급해야 할 의무가 있다면 그 명칭 여하를 불문하고 모두 포함됩니다.

임금상당액 계산방법

임금상당액: 1일 평균임금* × 해고기간일수

* 평균임금: 사유발생일 이전 3개월간의 임금총액/사유발생일 이전 3개월간의 총일수

위 사례에서 부당해고로 복직할 근로자에게 얼마의 임금을 지급해야 할까요? 우선, 근로자의 1일 평균임금을 구해야 합니다. 2024.2.1. 이전 3개월간 임금총액은 9,000,000원이고, 해고를 당한 날 이전의 3개월간의 총 일수는 92일입니다. 따라서 1일 평균임금은 97,826.08원(9,000,000원÷92일)이 됩니다. 여기에 해고기간일수인 182일을 곱하면 임금상당액은 17,804,346원(※원 단위 미만 절사)이 됩니다. 즉, 회사는 근로자에게 17,804,346원을 지급하여야 합니다. 이때 4대 보험료 및 소득세를 공제하고 지급할 수 있습니다.

임금상당액을 지급하지 않거나 적게 지급한다면

회사는 부당해고한 근로자에게 임금상당액 전액을 이행기한까지 지급해야 합니다(노동위원회규칙 제79조). 따라서 근로자에게 임금상당액을 전혀 지급하지 않거나 지급해야 할 금액보다 적게 지급하는 것은 구제명령을 이행하지 않은 것입니다.

노동위원회는 구제명령을 이행기한까지 이행하지 않은 회사에 3천만 원 이하의 이행강제금을 부과할 수 있습니다(근로기준법 제33조 제1항). 이는 구제명령의 실효성을 담보하기 위한 제도인데요. 판정일을 기준으로 매년 2회의 범위에서 구제명령이 이행될 때까지 반복해 최대 2년간 이행강제금을 부과·징수할 수 있습니다(근로기준법 제33조 제5항).

관련 법률

노동위원회규칙 제79조(구제명령의 이행기준)

부당해고 등 구제명령의 이행 여부는 다음 각 호의 기준에 따라 판단한다. 다만, 당사자가 부당해고등 구제명령과 다른 내용으로 합의한 경우에는 그 구제명령을 이행한 것으로 본다.
1. 원직복직의 이행은 당해 근로자에게 해고등을 할 당시와 같은 직급과 같은 종류의 직무를 부여하였거나 당해 근로자의 동의를 얻어 다른 직무를 부여하였는지 여부. 다만, 같은 직급이나 직무가 없는 등 불가피한 사유가 발생한 때에는 유사한 직급이나 직무를 부여하였는지 여부
2. 임금상당액 지급의무 이행은 구제명령의 이행기한까지 지급하였는지 여부
3. 금전보상을 내용으로 하는 구제명령은 주문에 기재된 금액을 전액 지급하였는지 여부
4. 그 밖의 구제명령의 이행은 그 주문에 기재된 대로 이행하였는지 여부

참고사례 ❶

> ## 근로자가 부당해고기간 동안 다른 회사에서 근무하여 임금을 받은 경우, 회사는 근로자에게 임금상당액 전액을 지급해야 하는지

이 경우, 근로자는 기존에 다니던 회사에서 일을 했다면 받을 수 있는 임금상당액과 새롭게 다닌 회사에서 임금을 받으므로 이중으로 임금을 받게 됩니다. 그리하여 민법 제538조제2항에서는 기존에 다니던 회사에서 근로자에게 지급해야 하는 임금상당액 중 새롭게 다닌 회사에 얻은 이른바 중간수입금액을 공제할 수 있도록 하고 있습니다. 다만, 근로자가 지급받을 수 있었던 해고 기간의 임금액 중 근로기준법 제46조 제1항에서 정한 휴업수당 한도 내의 금액은 중간수입으로 공제할 수 없고, 그 한도를 초과하는 금액만을 중간수입으로 공제할 수 있습니다(대법원 2022.8.19, 2021다279903).

<예시 1> 중간수입금액이 휴업수당 초과금액보다 많은 경우

- 해고기간 중 임금상당액: 300만 원
- 근로자의 중간수입금액: 100만 원
- 휴업수당: 210만 원(해고기간 중 임금상당액 × 70%), 휴업수당 초과금액: 90만 원

해고기간 중 임금상당액에서 공제할 수 있는 중간수입의 한도는 휴업수당 초과금액으로 최대 90만 원까지 공제할 수 있습니다. 즉, 회사는 근로자에게 지급할 300만 원에서 중간수입금액인 100만 원을 전부 공제할 수 없고, 90만 원만 공제할 수 있습니다. 따라서, 사용자는 210만 원을 지급해야 합니다.

<예시 2> 중간수입금액이 휴업수당 초과금액보다 적은 경우

- 해고기간 중 임금상당액: 300만 원
- 중간수입금액: 50만 원
- 휴업수당: 210만 원(해고기간 중 임금상당액 × 70%) / 휴업수당 초과금액: 90만 원

회사는 휴업수당 초과금액까지 공제할 수 있으므로, 중간수입금액(50만 원)이 휴업수당 초과금액(90만 원)보다 적은 경우에는 중간수입금액 전액을 공제할 수 있습니다. 즉, 회사는 근로자에게 지급할 300만 원에서 중간수입금액 전액인 50만 원을 공제할 수 있습니다. 따라서 사용자는 250만 원을 지급해야 합니다.

참고사례 ❷

부당해고 구제신청 중 정년에 이르거나 계약기간이 만료되는 경우, 임금상당액을 받을 구제이익이 유지되는지

부당해고 구제명령제도에 관한 근로기준법의 규정 내용과 목적 및 취지, 임금 상당액 구제명령의 의의 및 법적 효과 등을 종합적으로 고려하면, 근로자가 부당해고 구제신청을 하여 해고의 효력을 다투던 중 정년에 이르거나 근로계약기간이 만료하는 등의 사유로 원직에 복직하는 것이 불가능하게 된 경우에도 해고기간 중의 임금 상당액을 지급받을 필요가 있다면 임금 상당액 지급의 구제명령을 받을 이익이 유지됩니다(대법원 전원합의체 2020.2.20, 2019두52386).

참고사례 ❸

부당해고기간 중 근로자가 구속된 경우

해고가 무효라고 하더라도 부당해고 기간 중 근로자가 징역형을 선고받아 근로를 제공하지 못했다면 구속기간 동안의 임금을 청구할 수 없습니다(대법원 1995.1. 24, 94다40987).

#부당해고 #원직복직 #임금상당액 #중간수입공제

68. (노동쟁의 조정) 임금교섭이 결렬되어 노동위원회에 조정을 신청하려고 합니다. 노동위원회에서
    어떻게 조정을 해 주나요?

69. (부당노동행위) 몇 년 전에 있었던 일을 가지고 이제 와서 징계한다고 합니다. 제가 노동조합에 가입
    해서 그런 것 같습니다.

70. (복수노조 교섭절차) 회사와 노동조합 간 단체교섭은 어떻게 진행하나요?

집단적 노사관계

CHAPTER

08

집단적 노사관계

68 (노동쟁의 조정) **임금교섭이 결렬되어 노동위원회에 조정을 신청하려고 합니다. 노동위원회에서는 어떻게 조정을 해 주나요?**

사내 노동조합의 간부를 맡고 있습니다. 최근 회사와 올해 임금인상률을 결정하기 위해 임금교섭을 진행했습니다. 회사에서는 2%의 임금인상률을 제시했지만, 노동조합에서는 5.5%의 임금인상률을 제시했습니다. 현재까지 8차례의 교섭을 했는데도 여전히 이견을 좁히지 못하고 있습니다. 그리하여 노동위원회에 조정을 신청하려고 합니다. 조정은 어떻게 이루어지나요?

교섭이 결렬되면

근로자는 헌법 제33조 제1항에 근거하여 단결권, 단체교섭권 및 단체행동권을 가집니다. 그래서 노동조합은 회사와 근로조건의 결정에 관한 사항으로 교섭할 수 있습니다.

사례와 같이 회사와 노동조합 간에 임금인상률에 관한 주장이 달라 단체교섭이 결렬되었다면, 노동조합은 곧바로 파업할 수 있을까요? 그렇지 않습니다. 파업을 하려면 먼저 조정절차를 거쳐야 합니다(노동조합법 제45조 제2항 본문).

조정이란

조정이란 회사와 노동조합 사이에 임금 등 근로조건에 관한 의견이 달라 분쟁이 발생했을 때, 제3자인 노동위원회가 공정한 입장에서 조정안을 제시하여 수락할 것을 권고하는 절차입니다. 조정이 성립된다면 회사와 노동조합 간 분쟁을 공정하고 신속하게 해결할 수 있습니다.

노동위원회의 조정은 어떻게 이루어지나

조정절차는 일반적으로 아래의 5단계로 이루어지며, 일반사업의 경우에는 10일, 공익사업의 경우에는 15일 이내에 종료되어야 합니다(노동조합법 제54조 제1항). 단, 당사자의 합의로 각각 10일, 15일 이내에서 연장할 수 있습니다(노동조합법 제54조 제2항).

(1) 회사 또는 노동조합의 조정신청: 회사 또는 노동조합이 관할 노동위원회에 '사업장 개요', '단체교섭 경위', '당사자간 의견의 불일치 사항 및 이에 대한 당사자의 주장내용' 등을 적은 노동쟁의조정신청서를 노동위원회에 제출해야 합니다(노동조합법 시행규칙 제14조 제1항).

(2) 사전 조사: 노동위원회 조사관이 조정회의 개최 전에 회사와 노동조합에

조정받고자 하는 분쟁 사항 등을 확인하는 절차입니다. 이 과정에서 조사관은 신청인에게는 조정신청에 대한 이유서를, 상대방에게는 이에 대한 답변서 등 분쟁 사항과 관련된 자료를 요청할 수 있습니다.

(3) 조정위원회 구성: 일반사업은 근로자위원·사용자위원·공익위원 3인으로 조정위원회를 구성하고(노동조합법 제55조 제1항 내지 제3항), 공익사업은 공익위원 3인으로 특별조정위원회를 구성(노동조합법 제72조)합니다.

(4) 조정회의: 조정회의는 ① 참석자를 확인하고 조정위원을 소개한 후, ② 조사관이 조정신청 경위와 주요 쟁점에 대해 보고를 하면 ③ 조정위원이 회사와 노동조합 각각에 질의하고 응답하는 방식으로 진행됩니다.

(5) 조정사건의 처리: 조정사건은 크게 3가지 유형으로 처리됩니다.

① 조정안 제시: 대부분 노동위원회에서는 양 당사자에게 조정안을 제시하여 원만하게 해결할 수 있도록 시도합니다. 조정안에 양 당사자가 수락하면 조정이 성립되며, 수락된 조정안은 단체협약과 동일한 효력을 가집니다. 한편, 일방 또는 쌍방이 거부하면 조정이 성립될 수 없습니다.

② 조정안 미제시(조정 중지): 당사자 간 입장 차이가 너무 크다거나 조정안을 제시하는 것이 오히려 협상을 하는 데 있어 걸림돌이 될 수 있다면 조정안을 제시하지 않고 종료합니다. 이때는 조정단계를 거쳤으므로, 파업절차로 진행할 수 있습니다.

③ 행정지도: 분쟁사항이 근로조건의 결정과 관련 없는 인사·경영권의 본질적인 내용을 침해하거나, 교섭방법·절차에 관한 이견으로 근로조건에 대해 교섭을 하지 않은 경우 등 분쟁사항에 대해 회사와 노동조합 간 주장이 불일치한 상황이 발생하지 않아 조정의 대상이 되지 않을 때는 다른 해결방법으로 안내합니다.

노사간 분쟁 해결에는 노동위원회의 '공정 노사 솔루션'을 활용하자

노동위원회는 집단적 노동분쟁과 갈등의 신속한 해결을 위해 회사, 노동조합, 노동위원회(해당 사업장의 사건 관할 노동위원회, 필요시 중앙노동위원회와 지방노동위원회의 공동협약 가능) 3자간 협약을 체결하여 지원하는 '공정 노사 솔루션' 제도를 도입하여 운영하고 있습니다.

'공정 노사 솔루션 협약'이 체결되면, 노동위원회는 협약에 근거하여 노사 요청에 따라 '사전조정(노동조합법 제53조 제2항)', '사후조정(노동조합법 제61조의2 제1항)' 서비스를 지원합니다. 노사가 사전조정을 신청한 경우, 노동위원회는 준상근조정위원(조정경험이 풍부한 전문가 중 위촉)과 담당 조사관을 지정하여 현장을 방문해 노·사와 소통하고, 노·사간 교섭을 주선하며 노·사의 의견을 반영한 권고안을 제시하는 등의 역할을 합니다. 그리고 노사가 사후조정을 신청한 경우에는 조정회의를 통해 자율적 교섭이 타결되도록 지원하고 있습니다.

노동분쟁이 빈번하고 다양하게 나타나는 노동환경에서 회사와 노동조합은 이러한 서비스를 적극 활용하여 분쟁을 예방하고 갈등을 신속하게 해결할 수 있을 것입니다.

관련 법률

노동조합법 제53조(조정의 개시)
① 노동위원회는 관계 당사자의 일방이 노동쟁의의 조정을 신청한 때에는 지체없이 조정을 개시하여야 하며 관계 당사자 쌍방은 이에 성실히 임하여야 한다.
② 노동위원회는 제1항의 규정에 따른 조정신청 전이라도 원활한 조정을 위하여 교섭을 주선하는 등 관계 당사자의 자주적인 분쟁 해결을 지원할 수 있다.

노동조합법 제54조(조정기간)

① 조정은 제53조의 규정에 의한 조정의 신청이 있은 날부터 일반사업에 있어서는 10일, 공익사업에 있어서는 15일 이내에 종료하여야 한다.
② 제1항의 규정에 의한 조정기간은 관계 당사자간의 합의로 일반사업에 있어서는 10일, 공익사업에 있어서는 15일 이내에서 연장할 수 있다.

노동조합법 제55조(조정위원회의 구성)

① 노동쟁의의 조정을 위하여 노동위원회에 조정위원회를 둔다.
② 제1항의 규정에 의한 조정위원회는 조정위원 3인으로 구성한다.
③ 제2항의 규정에 의한 조정위원은 당해 노동위원회의 위원중에서 사용자를 대표하는 자, 근로자를 대표하는 자 및 공익을 대표하는 자 각 1인을 그 노동위원회의 위원장이 지명하되, 근로자를 대표하는 조정위원은 사용자가, 사용자를 대표하는 조정위원은 노동조합이 각각 추천하는 노동위원회의 위원중에서 지명하여야 한다. 다만, 조정위원회의 회의 3일전까지 관계 당사자가 추천하는 위원의 명단제출이 없을 때에는 당해 위원을 위원장이 따로 지명할 수 있다.
④ 노동위원회의 위원장은 근로자를 대표하는 위원 또는 사용자를 대표하는 위원의 불참 등으로 인하여 제3항의 규정에 따른 조정위원회의 구성이 어려운 경우 노동위원회의 공익을 대표하는 위원 중에서 3인을 조정위원으로 지명할 수 있다. 다만, 관계 당사자 쌍방의 합의로 선정한 노동위원회의 위원이 있는 경우에는 그 위원을 조정위원으로 지명한다.

노동조합법 제61조의2(조정종료 결정 후의 조정)

① 노동위원회는 제60조제2항의 규정에 따른 조정의 종료가 결정된 후에도 노동쟁의의 해결을 위하여 조정을 할 수 있다.

참고사례 ❶

노동위원회의 조정 성공사례 1

파업 발생시 사회적 파급효과가 큰 공익사업장(대학병원)임에도 불구하고 장기간 조정중지와 파업을 반복해 오던 분쟁사업장이 조정 대상이 된 사례입니다.

조정에 앞서 해당 사업장 담당 ○○지방노동위원회 준상근조정위원은 노사가 함께 ○○대학 노사관계전문가 과정을 수강하도록 권유하여, 2년간 교섭장이 아닌 자유로운 공간에서 자연스러운 접촉을 하면서 노사 간 신뢰관계가 형성되었습니다.

그리고 ○○지방노동위원회는 해당 사업장을 중점지원사업장으로 지정하여, 2023.3.경 1차 현장활동, 2023.6.경 2차 현장활동을 통해 노사의 의견을 수렴하였고, 이에 대한 ○○지방노동위원회의 의견을 피드백하면서 서로 간의 기본 입장을 확인하였습니다.

임금협상과 관련하여 노동조합은 경제성장률, 물가상승률, 노동소득 분배, 타 사립대 병원과의 임금격차 해소 등을 이유로 임금 총액의 10%가 넘는 인상을 요구하였으나, 회사에서는 교섭안을 제시하지 않고 있었습니다. 이후 2023.5.부터~6.까지 6차례의 교섭이 진행되었음에도 불구하고 결렬되자, 노동조합은 총파업 일정에 따라 2023.6. 말경 조정을 신청하게 되었습니다. 당시 사업주는 총파업 영향으로 예년에 비해 조정이 빨리 접수되어 임금인상 수준에 대한 검토가 아직 이루어지지 않았고, 다른 병원의 타결안 등 기준이 없어 임금 인상 수준을 정하는 것은 어렵다는 입장이었습니다.

노동위원회는 1차 조정회의(2023.07.05. 16:00~18:00)에서 노사의 자율교섭 실시를 지도하고 회사에서 반드시 교섭안을 제시할 것을 요청하였습니다. 2차 조정회의(2023.07.12. 16:00~2023.07.13. 00:30)에서 노동위원회는 노사합의가 이루어지면 노사가 화합하는 안정적인 사업장임을 홍보할 수 있는 기회가 될 수 있다고 강조하며, 자정이 넘는 시간까지 노사를 설득하여 드디어 5%가 넘는 인상률(2020년 이후 최대 인상률)의 합의를 이끌어 내었습니다. 3차 조정회의(2023.07.14. 17:00~21:00)에서 조정위원회는 노사가 제공한 자료를 바탕으로 임금인상분의 상세 구성 항목을 포함한 최종 조정안을 작성하여 제시하였고, 노사가 수락하여 조정이 성립되었습니다.

이는 2023년 민주노총 보건의료노조 조정신청 사건 중 의료기관으로는 전국에서 유일하게 조정이 성립된 사례였습니다.

참고사례 ❷

노동위원회의 조정 성공사례 2

파업을 하면 버스 운행에 차질을 끼쳐 교통 대란을 일으키고 시민들의 극심한 불편이 야기될 수 있었으나, ○○지방노동위원회의 적극적인 사전조정(조정전지원)을 통해 임금 및 단체협약 체결이 이루어진 사안입니다.

임금 및 단체협약 체결을 위한 교섭과정에서, 노동조합은 기본급 7%대 인상을, 회사는 기본급 1%대 인상을 주장하였고, 노동조합은 최고호봉(9호봉→11호봉) 신설 및 복지기금 5년 연장을 주장하였으나, 회사는 이에 대해 수용할 수 없다고 하여 2022. 12.경부터 2023. 3.경까지 9차에 걸쳐 교섭을 진행하였음에도 합의가 이루어지지 않았습니다.

이에 ○○지방노동위원회가 조정 전 지원을 신청할 것을 권고하였고, 2023. 3. 21. 노사 쌍방이 조정 전 지원을 신청하여 조정 전 지원이 개시되었습니다. 조정 전 지원을 신청하게 된 전 과정을 살펴보면 아래와 같습니다.

• 2023.1. 중순 중앙노동위원회 위원장 노사 방문 및 애로사항 청취
• 2023.2. 초 분쟁해결지원팀(ADR 전담팀: 조정과 및 교대과) 구성
• 2023.2. 중순 서울지방노동위원회 위원장, 노동조합 위원장 및 간부 간담회
• 2023.2. 말 분쟁해결지원팀 사측 방문 및 교섭지원
• 2023.3. 초 분쟁해결지원팀 노측 방문 및 교섭지원
• 2023.3. 초 분쟁해결지원팀 노사 제6차 교섭참관
• 2023.3. 중순 분쟁해결지원팀 노사 제7차 교섭참관
• 2023.3. 말 분쟁해결지원팀 노사 제8차 교섭참관 및 조정 전 지원 신청 권고

○○지방노동위원회는 해당 사건과 동일한 사건에 대해 10년 이상 조정을 해왔던 공익위원을 조정위원으로 선정하여 1차 조정회의(2023.03.24. 15:00~17:40)에서 노사의 입장을 파악하고 임금 및 근로조건의 결정권한이 있는 ○○시와 협의하여야 하는 상황임을 파악하였고,

2차 조정회의(2023.03.28.~03.29. 15:00~1:30)에서는 상호 간 이견 사항을 확인 후 ○○시에 최대한 지원을 요청하고 임금 인상 및 복지기금에 대하여 조정할 것을 권고하면서 조정 기법을 발휘하여 수차례 노사 및 ○○시 면담 후 조정안을 작성하여 제시한 결과, 임금 3.5% 인상 및 복지기금 5년 연장안에 대한 조정안을 노사가 수락하여 타결되었습니다.

기존의 교섭과정을 보면, 노조가 거의 매년 조정신청을 하였고, 파업권 확보를 위한 대결을 하면서 노조의 파업 직전까지 갔다가 극적으로 협약이 타결되는 등 아슬아슬한 상황이 지속되어 왔으나, 해당 사안에서 처음으로 극단적인 대결 없이 ○○지방노동위원회의 사전조정을 통해 원만하게 해결될 수 있었습니다.

#단체교섭 #노동쟁의 #조정 #노동위원회 #조정회의 #특별조정회의 #공정노사솔루션 #사전조정제도 #사후조정제도

69 (부당노동행위) 몇 년 전에 있었던 일을 가지고 이제 와서 징계한다고 합니다. 제가 노동조합에 가입해서 그런 것 같습니다.

노동조합에 가입한 후 집회에 자주 참여하고 피켓도 만들어서 들었는데 갑자기 회사로부터 저에 대한 징계위원회가 열린다고 통보받았습니다. 회사는 3년 전에 제가 근태가 안 좋았다는 걸 징계사유로 주장하고 있는데 정작 그 당시에는 회사가 이를 지적하지 않았습니다. 게다가 징계대상자는 저뿐이라고 합니다. 아무래도 제가 노동조합의 간부로 활동하고 있어서 회사가 일부러 저를 징계하려고 한다는 생각이 듭니다.

부당노동행위란

회사와 노동조합은 서로 협력하기도 갈등하기도 하는 사이입니다. 이 과정에서 회사가 노동조합에서 열심히 활동하는 근로자를 의도적으로 괴롭히는 상황도 발생할 수 있습니다. 노동조합 간부인 근로자가 징계 등을 받는다면 노동조합의 영향력이 약해질 수 있기 때문이죠.

'부당노동행위'란 근로자의 노동조합 조직과 가입, 노조 활동, 단체교섭 등에 대한 사용자의 반조합적인 부당한 행위를 말합니다. 부당노동행위제도는 헌법상 보장된 노동3권에 대한 사용자의 부당한 간섭이나 압박으로부터 근로자 또는 노동조합을 보호함으로써, 공정한 노사관계를 유지하려고 하는 구제제도입니다.

부당노동행위의 유형

노동조합법에서는 부당노동행위 유형을 5개로 나누어 규정하고 있습니다(노동조합법 제81조 제1항).

첫 번째, 근로자가 노동조합에 가입 또는 가입하려고 하였거나 노동조합을 조직하려고 하였거나 기타 노동조합의 업무를 위한 정당한 행위를 한 것을 이유로 그 근로자를 해고하거나 그 근로자에게 불이익을 주는 행위입니다(노동조합법 제81조 제1항 제1호). 즉 회사가 정당하게 노동조합 활동을 한 것을 이유로 근로자를 해고하는 등 불이익한 처분을 하는 것입니다.

두 번째, 근로자가 어느 노동조합에 가입하지 아니할 것 또는 탈퇴할 것을 고용조건으로 하거나 특정한 노동조합의 조합원이 될 것을 고용조건으로 하는 행위입니다(노동조합법 제81조 제1항 제2호). 회사가 근로자에게 노동조합에 가입하지 않으면 고용하겠다는 식으로 노동조합 활동을 하지 못하게 미리 막는 것입니다.

세 번째, 노동조합의 대표자 또는 노동조합으로부터 위임을 받은 자와의 단체협약체결 기타의 단체교섭을 정당한 이유없이 거부하거나 해태하는 행위입니다(노동조합법 제81조 제1항 제3호). 회사는 노동조합과 신의에 따라 성실하게 교섭해야 하고, 정당한 이유 없이 교섭을 거부한다면 부당노동행위에 해당합니다.

네 번째, 근로자가 노동조합을 조직 또는 운영하는 것을 지배하거나 이에 개입하는 행위와 근로시간 면제한도를 초과하여 급여를 지급하거나 노동조합의 운영비를 원조하는 행위입니다(노동조합법 제81조 제1항 제4호). 이는 회사의 간섭행위를 금지하는 것으로, 회사가 지배·개입하는 행위 자체만으로 부당노동행위가 성립되며 구체적인 결과 또는 손해가 반드시 발생할 필요는 없습니다.

다섯 번째, 근로자가 정당한 단체행위에 참가한 것을 이유로 하거나 또는 노동위원회에 대하여 사용자가 이 조의 규정에 위반한 것을 신고하거나 그에 관한 증언을 하거나 기타 행정관청에 증거를 제출한 것을 이유로 그 근로자를 해고하거나 그 근로자에게 불이익을 주는 행위입니다(노동조합법 제81조 제1항 제5호). 이는 회사가 근로자에게 보복하는 의미로 불이익한 처분을 하지 못하도록 하는 데 목적이 있습니다.

회사의 부당노동행위로 인하여 권리를 침해당한 근로자 또는 노동조합은 노동위원회에 구제 신청이 가능합니다. 회사가 위 법을 위반하고 부당노동행위를 했다면 형사처벌(2년 이하의 징역 또는 2천만 원 이하의 벌금)을 받을 수 있습니다.

근로자에 대한 불이익 취급

—

사례에서 회사는 노동조합의 간부인 근로자에게만 이전까지 문제 삼지 않았던 사유를 들어 징계를 주려고 합니다. 표면적인 징계사유는 3년 전 근태 문제라지만, 실실적으로는 근로자가 노농조합의 간부인 점일 가능성이 큽니다.

이때 부당노동행위 유형 중 첫 번째 유형인 '근로자가 노동조합의 업무를 위한 정당한 행위를 한 것을 이유로 그 근로자를 해고하거나 그 근로자에게 불이익을 주는 행위'에 해당할 것입니다.

그러면 '불이익을 주는 행위'는 구체적으로 어떤 의미일까요? '불이익을 주는 행위'란 해고 이외에 그 근로자에게 휴직·전직·배치전환·감봉 등 법률적·경제적으로 불이익한 대우를 하는 것을 의미하며, 현실적인 행위나 조치로 나타나야 합니다. 단순히 회사가 근로자에게 불이익한 대우를 하겠다고 말만 했다면 불이익을 주는 행위라고 보기 어렵습니다(대법원 2004.8.30, 2004도3891).

따라서 회사는 근로자가 노동조합의 업무를 위한 정당한 행위를 한다면 어떠한 불이익을 주어서는 안 됩니다. 노동조합을 위한 행위로는 단체교섭, 쟁의행위

등 외에도 조합의 운영에 필요한 총회, 노동조합 교육 등이 포함됩니다. 그러나 근로자가 법령이나 단체협약, 취업규칙에 위반된 행위를 하였다면 노동조합의 업무를 위한 정당한 행위라고 볼 수 없을 것입니다.

회사의 부당노동행위에 대한 의사

부당노동행위에 대한 증명책임, 즉 회사가 부당노동행위를 할 의사가 있었다는 점은 근로자나 노동조합이 증명해야 합니다. 회사에게 부당노동행위 의사가 존재했는지 불분명해서 확정할 수 없다면, 그로 인한 위험이나 불이익은 주장하는 근로자 또는 노동조합이 부담해야 합니다(대법원 2007.11.15, 2005두4120). 회사가 근로자에게 징계나 해고 등 기타 불이익한 처분을 하였지만 그에 관하여 심리한 결과 그 처분을 할 만한 정당한 사유가 있는 것으로 밝혀졌다면, 회사의 불이익한 처분이 부당노동행위 의사에 기인하여 이루어진 것이라고 섣불리 단정할 수는 없습니다.

회사가 표면상 이유와 달리 노동조합 활동을 이유로 해고했는지를 판단하려면 사용자측이 내세우는 해고사유와 근로자가 한 노동조합의 업무를 위한 정당한 행위의 내용, 징계해고를 한 시기, 사용자와 노동조합과의 관계, 기타 부당노동행위 의사의 존재를 추정할 수 있는 제반사정을 비교·검토하여 종합적으로 판단합니다(대법원 1991.4.23, 90누7685). 이에 따라 근로자는 종래의 관행이나 징계 시기, 비조합원과의 차별적인 대우, 사용자가 노동조합에 적대적인 의사를 드러내는 녹취록 등을 근거로 회사에게 부당노동행위 의사가 있다고 주장할 수 있을 것입니다. 아래의 참고사례 1과 같이, 회사가 노동조합의 조합원에게만 불리한 인사고과를 하여 상여금을 적게 지급하는 행위는 부당노동행위라고 인정한 사례가 있습니다(대법원 2018.12.27, 2017두47311).

정리하면

―

회사가 근로자에게 형식적으로 취업규칙 위반 등 사유로 징계하더라도 실질적으로 근로자의 노동조합 활동이 징계사유라고 볼 수 있다면 불이익을 주는 행위로서 부당노동행위에 해당합니다.

다만, 회사가 근로자에게 부당노동행위를 할 의사로 징계 등 불이익한 처분을 했다는 점은 근로자(또는 노동조합)이 증명해야 합니다.

관련 법률

> **노동조합법 제81조(부당노동행위)**
>
> ① 사용자는 다음 각 호의 어느 하나에 해당하는 행위(이하 "不當勞動行爲"라 한다)를 할 수 없다.
>
> 1. 근로자가 노동조합에 가입 또는 가입하려고 하였거나 노동조합을 조직하려고 하였거나 기타 노동조합의 업무를 위한 정당한 행위를 한 것을 이유로 그 근로자를 해고하거나 그 근로자에게 불이익을 주는 행위
> 2. 근로자가 어느 노동조합에 가입하지 아니할 것 또는 탈퇴할 것을 고용조건으로 하거나 특정한 노동조합의 조합원이 될 것을 고용조건으로 하는 행위. 다만, 노동조합이 당해 사업장에 종사하는 근로자의 3분의 2 이상을 대표하고 있을 때에는 근로자가 그 노동조합의 조합원이 될 것을 고용조건으로 하는 단체협약의 체결은 예외로 하며, 이 경우 사용자는 근로자가 그 노동조합에서 제명된 것 또는 그 노동조합을 탈퇴하여 새로 노동조합을 조직하거나 다른 노동조합에 가입한 것을 이유로 근로자에게 신분상 불이익한 행위를 할 수 없다.
> 3. 노동조합의 대표자 또는 노동조합으로부터 위임을 받은 자와의 단체협약체결 기타의 단체교섭을 정당한 이유없이 거부하거나 해태하는 행위
> 4. 근로자가 노동조합을 조직 또는 운영하는 것을 지배하거나 이에 개입하는 행위와 근로시간 면제한도를 초과하여 급여를 지급하거나 노동조합의 운영비를 원조하는 행위. 다만, 근로자가 근로시간 중에 제24조제2항에 따른 활동을 하는 것을 사용자가 허용함은 무방하며, 또한 근로자의 후생자금 또는 경제상의 불행

그 밖에 재해의 방지와 구제 등을 위한 기금의 기부와 최소한의 규모의 노동조합사무소의 제공 및 그 밖에 이에 준하여 노동조합의 자주적인 운영 또는 활동을 침해할 위험이 없는 범위에서의 운영비 원조행위는 예외로 한다.

5. 근로자가 정당한 단체행위에 참가한 것을 이유로 하거나 또는 노동위원회에 대하여 사용자가 이 조의 규정에 위반한 것을 신고하거나 그에 관한 증언을 하거나 기타 행정관청에 증거를 제출한 것을 이유로 그 근로자를 해고하거나 그 근로자에게 불이익을 주는 행위

노동조합법 제90조(벌칙)

제44조 제2항, 제69조 제4항, 제77조 또는 제81조 제1항의 규정에 위반한 자는 2년 이하의 징역 또는 2천만 원 이하의 벌금에 처한다.

참고사례 ❶

노동조합의 조합원에 대한 불리한 인사고과도 부당노동행위인지

근로자에 대한 인사고과가 상여금의 지급기준이 되는 사업장에서 사용자가 특정 노동조합의 조합원이라는 이유로 다른 노동조합의 조합원 또는 비조합원보다 불리하게 인사고과를 하여 상여금을 적게 지급하는 불이익을 주었다면 그러한 사용자의 행위도 부당노동행위에 해당할 수 있습니다. 이 경우 사용자의 행위가 부당노동행위에 해당하는지 여부는, 특정 노동조합의 조합원 집단과 다른 노동조합의 조합원 또는 비조합원 집단을 전체적으로 비교하여 양 집단이 서로 동질의 균등한 근로자 집단임에도 불구하고 인사고과에 양 집단 사이에 통계적으로 유의미한 격차가 있었는지, 인사고과의 그러한 격차가 특정 노동조합의 조합원임을 이유로 불이익 취급을 하려는 사용자의 반조합적 의사에 기인한다고 볼 수 있는 객관적인 사정이 있었는지, 인사고과에서의 그러한 차별이 없었더라도 동등한 수준의 상여금이 지급되었을 것은 아닌지 등을 심리하여 판단하여야 합니다(대법원 2018.12.27, 2017두47311).

참고사례 ❷

회사의 부당노동행위로 인해 해고를 당했는데 손해배상을 청구할 수 있는지

사용자가 강행규정인 노동조합법 제39조 소정의 불이익취급금지규정을 위반하여 근로자를 부당하게 해고하거나 불이익처분을 함으로써 당해 해고 등이 무효인 경우에 있어서 사용자가 그러한 불이익처분을 함에 있어서 내세우는 사유가 표면상의 사유에 불과하고 실질적으로는 근로자가 정당한 노동조합 활동을 한 것을 이유로 근로자를 사업장에서 배제하려는 의도 하에 일부러 어떤 표면상의 해고사유 등을 내세워 징계라는 수단을 동원하여 해고 등의 불이익처분이 이루어진 경우처럼 그러한 징계권의 남용이 우리의 건전한 사회통념이나 사회상규상 도저히 용인될 수 없음이 분명한 경우에 있어서는 그 해고 등 불이익 처분의 효력이 부정되는 데 그치는 것이 아니라 위법하게 상대방에게 정신적 고통을 가하는 것이 되어 근로자에 대한 관계에서 불법행위를 구성할 수 있습니다(대법원 1993.12.21, 93다11463). 따라서 근로자는 회사를 상대로 해고 등 불이익처분에 대한 손해배상 청구도 가능합니다.

#부당노동행위 #불이익취급 #불이익 #노동조합 #노조 #해고 #징계 #부당노동행위구제신청 #구제신청 #노조활동

70 (복수노조 교섭절차) 회사와 노동조합 간 단체교섭은 어떻게 진행하나요?

회사에는 노동조합이 총 2개가 있는데, 두 노동조합 모두 회사와 개별적으로 교섭하겠다고 주장하고 있습니다. 회사 내 노동조합이 2개가 있는 경우 회사는 단체교섭을 어떻게 진행하면 되나요?

교섭창구 단일화 절차

회사 내부에는 노동조합이 하나가 있을 수도 있지만 여럿이 있기도 합니다. 이처럼 하나의 사업장 내 노동조합이 2개 이상인 경우에는 단체교섭을 어떻게 진행해야 할까요?

첫째, 개별교섭을 진행할 수 있습니다. 교섭창구를 단일화하는 기간 중에 사용자가 동의하는 경우 개별교섭이 가능합니다(노동조합법 제29조의2 제2항).

둘째, 교섭단위를 분리하는 것입니다. 노동조합이나 사용자가 교섭단위 분리를 신청하는 경우 노동위원회는 현격한 근로조건의 차이, 고용형태, 교섭관행 등을 종합적으로 고려하여 교섭단위 분리 여부를 결정하게 됩니다(노동조합법 제29조의3 제2항).

마지막으로 교섭창구를 하나로 단일화하는 것입니다.

교섭창구 단일화 진행 과정은 아래와 같이 크게 3단계로 나누어 볼 수 있습니다.

첫 번째, 노동조합들은 자율적으로 회사와 교섭할 노동조합(교섭대표노동조합)을 결정하여 교섭을 요구할 수 있으며, 이를 '교섭창구 단일화 절차'라고 합니다(노동조합법 제29조의2). 한편 노동조합들이 교섭대표노동조합을 자율적으로 결정하는 기한 내(대통령령으로 정함)에 회사가 교섭창구 단일화 절차를 거치지 않기로 동의한다면 노동조합들은 개별적으로 회사와 교섭할 수 있습니다(노동조합법 시행령 제14조의6). 따라서 회사와 노동조합은 반드시 교섭창구 단일화 절차를 거쳐야 하는 것이 아니라 협의하여 개별 교섭을 할 수 있습니다.

두 번째, 노동조합들이 자율적으로 교섭대표노동조합을 정해야 하는 기한까지 교섭대표노동조합을 정하지 못하고 개별 교섭에 대한 회사의 동의도 얻지 못했다면 노동조합의 조합원 규모에 따라 결정하게 됩니다. 즉 교섭창구 단일화 절차에 참여한 노동조합의 전체 조합원 과반수로 조직된 노동조합이 교섭대표노동조합이 됩니다(노동조합법 제29조의2 제4항). 유의할 점은 이때 과반수는 해당 사업장 전체 근로자의 과반수로 조직된 노동조합을 가리키는 게 아니라는 겁니다.

세 번째, 과반수로 조직된 노동조합이 없다면 교섭창구 단일화 절차에 참여한 모든 노동조합은 공동으로 교섭대표단(공동교섭대표단)을 구성하여 사용자와 교섭해야 합니다(노동조합법 제29조의2 제5항). 공동교섭대표단은 노동조합들이 먼저 자율적으로 구성하되 합의가 되지 않으면 노동위원회의 결정에 따라 구성합니다.

교섭창구 단일화의 취지

이처럼 교섭창구 단일화의 취지는 복수 노동조합이 독자적인 단체교섭권을 행사할 경우 발생할 수도 있는 노동조합 간 혹은 노동조합과 사용자 간 반목·갈등, 단체교섭의 효율성 저하 및 비용 증가 등의 문제점을 효과적으로 해결함으로써 효율적이고 안정적인 단체교섭 체계를 구축하는 데 있습니다(대법원 2019. 10.31, 2017두37772).

사례에서는 회사에 두 개의 노동조합이 있으므로 두 노동조합이 협의해서 자율적으로 하나의 교섭대표노동조합을 결정하거나 교섭창구 단일화 절차를 거쳐 교섭대표노동조합을 결정할 수 있습니다. 또는 회사가 교섭창구 단일화 절차를 거치지 않겠다고 동의한 뒤 두 노동조합과 개별적으로 교섭할 수도 있겠습니다.

공정대표의무란

한편, 수적으로 열세해서 교섭대표노동조합이 되지 못한 노동조합은 요구사항이 회사와 교섭대표노동조합으로부터 외면당할까 걱정될 수 있습니다. 바로 이러한 문제를 예방하기 위하여 '공정대표의무'가 존재합니다. '공정대표의무'란 교섭대표노동조합과 사용자는 교섭창구 단일화 절차에 참여한 노동조합 또는 그 조합원 간에 합리적 이유 없이 차별해서는 안 된다고 규정한 의무를 말합니다(노동조합법 제29조의4 제1항). 또한, 사용자는 교섭을 요구한 모든 노동조합과 성실히 교섭해야 하고, 차별적으로 대우해서는 안됩니다(중립의무)(노동조합법 제29조의2 제2항).

예를 들어, 회사가 단체협약 등에 따라 교섭대표노동조합에게만 상시적으로 사용할 수 있는 노동조합 사무실을 제공하고, 교섭창구 단일화 절차에 참여한 다른 노동조합에게는 사무실을 전혀 제공하지 않거나 일시적으로 회사 시설을 사용할 수 있는 기회만을 부여했다면 공정대표의무 위반에 해당합니다(대법원 2018.9.13, 2017두40655).

공정대표의무 위반 시 구제방법

———

　공정대표의무는 단체교섭의 과정이나 그 결과물인 단체협약의 내용뿐만 아니라 단체협약의 이행과정에서도 준수되어야 합니다. 만약 교섭대표노동조합과 회사가 공정대표의무를 위반하여 차별했다면, 차별을 당한 조합원 또는 노동조합은 그 행위가 있은 날부터 3개월 이내에 노동위원회에 그 시정을 요청할 수 있습니다. 이에 반박하여 교섭대표노동조합이나 회사는 차별에 합리적인 이유가 있다고 주장할 것입니다.

　교섭대표노동조합이 합리적 이유 없이 교섭창구 단일화 절차에 참여한 다른 노동조합을 차별했다면, 이는 단체교섭과 관련한 노동조합의 절차적 권리를 침해하는 불법행위에 해당하여 교섭대표노동조합이 위자료를 배상해야 할 수도 있습니다(대법원 2020.10.29, 2019다262582).

정리하면

———

　회사는 회사 내에 2개 이상의 노동조합이 있다면, 개별적으로 각 노동조합과 교섭할지 또는 교섭창구 단일화 절차를 거쳐 하나의 교섭대표노동조합과 교섭할지를 정할 수 있습니다.

　교섭창구 단일화 절차를 통하여 교섭대표노동조합과 회사가 교섭하게 된다면, 교섭창구 단일화 절차에 참여한 다른 노동조합 또는 그 조합원에 대한 공정대표의무를 준수하도록 각별히 유의해야 합니다.

관련 법률

노동조합법 제29조의2(교섭창구 단일화 절차)

① 하나의 사업 또는 사업장에서 조직형태에 관계없이 근로자가 설립하거나 가입한 노동조합이 2개 이상인 경우 노동조합은 교섭대표노동조합(2개 이상의 노동조합 조합원을 구성원으로 하는 교섭대표기구를 포함한다. 이하 같다)을 정하여 교섭을 요구하여야 한다. 다만, 제3항에 따라 교섭대표노동조합을 자율적으로 결정하는 기한 내에 사용자가 이 조에서 정하는 교섭창구 단일화 절차를 거치지 아니하기로 동의한 경우에는 그러하지 아니하다.

② 제1항 단서에 해당하는 경우 사용자는 교섭을 요구한 모든 노동조합과 성실히 교섭하여야 하고, 차별적으로 대우해서는 아니 된다.

③ 교섭대표노동조합 결정 절차(이하 "교섭창구 단일화 절차"라 한다)에 참여한 모든 노동조합은 대통령령으로 정하는 기한 내에 자율적으로 교섭대표노동조합을 정한다.

④ 제3항에 따른 기한까지 교섭대표노동조합을 정하지 못하고 제1항 단서에 따른 사용자의 동의를 얻지 못한 경우에는 교섭창구 단일화 절차에 참여한 노동조합의 전체 조합원 과반수로 조직된 노동조합(2개 이상의 노동조합이 위임 또는 연합 등의 방법으로 교섭창구 단일화 절차에 참여한 노동조합 전체 조합원의 과반수가 되는 경우를 포함한다)이 교섭대표노동조합이 된다.

⑤ 제3항 및 제4항에 따라 교섭대표노동조합을 결정하지 못한 경우에는 교섭창구 단일화 절차에 참여한 모든 노동조합은 공동으로 교섭대표단(이하 이 조에서 "공동교섭대표단"이라 한다)을 구성하여 사용자와 교섭하여야 한다. 이 때 공동교섭대표단에 참여할 수 있는 노동조합은 그 조합원 수가 교섭창구 단일화 절차에 참여한 노동조합의 전체 조합원 100분의 10 이상인 노동조합으로 한다.

⑥ 제5항에 따른 공동교섭대표단의 구성에 합의하지 못할 경우에 노동위원회는 해당 노동조합의 신청에 따라 조합원 비율을 고려하여 이를 결정할 수 있다.

⑦ 제1항 및 제3항부터 제5항까지에 따른 교섭대표노동조합을 결정함에 있어 교섭요구 사실, 조합원 수 등에 대한 이의가 있는 때에는 노동위원회는 대통령령으로 정하는 바에 따라 노동조합의 신청을 받아 그 이의에 대한 결정을 할 수 있다.

⑧ 제6항 및 제7항에 따른 노동위원회의 결정에 대한 불복절차 및 효력은 제69조와 제70조 제2항을 준용한다.

⑨ 노동조합의 교섭요구·참여 방법, 교섭대표노동조합 결정을 위한 조합원 수 산정 기준 등 교섭창구 단일화 절차와 교섭비용 증가 방지 등에 관하여 필요한 사항은 대통령령으로 정한다.

⑩ 제4항부터 제7항까지 및 제9항의 조합원 수 산정은 종사근로자인 조합원을 기준으로 한다.

노동조합법 제29조의4(공정대표의무 등)

① 교섭대표노동조합과 사용자는 교섭창구 단일화 절차에 참여한 노동조합 또는 그 조합원 간에 합리적 이유 없이 차별을 하여서는 아니 된다.

② 노동조합은 교섭대표노동조합과 사용자가 제1항을 위반하여 차별한 경우에는 그 행위가 있은 날(단체협약의 내용의 일부 또는 전부가 제1항에 위반되는 경우에는 단체협약 체결일을 말한다)부터 3개월 이내에 대통령령으로 정하는 방법과 절차에 따라 노동위원회에 그 시정을 요청할 수 있다.

③ 노동위원회는 제2항에 따른 신청에 대하여 합리적 이유 없이 차별하였다고 인정한 때에는 그 시정에 필요한 명령을 하여야 한다.

④ 제3항에 따른 노동위원회의 명령 또는 결정에 대한 불복절차 등에 관하여는 제85조 및 제86조를 준용한다.

참고자료 ❶

교섭대표노동조합의 지위유지기간

교섭대표노동조합은 그 결정이 있은 후 사용자와 체결한 첫 번째 단체협약의 효력이 발생한 날을 기준으로 2년이 되는 날까지 그 교섭대표노동조합의 지위를 유지하되, 새로운 교섭대표노동조합이 결정된 경우에는 그 결정된 때까지 교섭대표노동조합의 지위를 유지합니다(노동조합법 시행령 제14조의10).

예를 들어, 2024.6.1. 교섭대표노동조합으로 결정이 됐고, 2024.8.1.부터 2026.7.31.까지 유효기간인 단체협약을 체결했다면, 교섭대표노동조합의 지위는 2024.6.1.부터 2026.7.31.까지 유효합니다.

만약, 교섭대표노동조합의 지위 유지기간이 만료되었음에도 불구하고 새로운 교섭대표노동조합이 결정되지 못할 경우 기존 교섭대표노동조합은 새로운 교섭대표노동조합이 결정될 때까지 기존 단체협약의 이행과 관련해서는 교섭대표노동조합의 지위를 유지합니다.

참고자료 ❷

교섭단위 분리·통합

교섭단위란 교섭대표노동조합을 결정해야 하는 단위를 의미하며, 노동조합법에 따라 교섭단위는 하나의 사업 또는 사업장으로 합니다. 이에 따라 하나의 사업, 사업장을 하나의 교섭단위로 보고 교섭대표노동조합을 결정하지만 예외적으로 교섭단위를 분리 또는 분리되어 있는 교섭단위를 통합하는 경우가 있습니다.

하나의 사업 또는 사업장에서 현격한 근로조건의 차이, 고용형태, 교섭 관행 등을 고려하여 교섭단위를 분리하거나 분리된 교섭단위를 통합할 필요가 있다고 인정되는 경우라면 노동위원회는 노동관계 당사자의 양쪽 또는 어느 한쪽의 신청을 받아 교섭단위를 분리하거나 분리된 교섭단위를 통합하는 결정을 할 수 있습니다 (노동조합법 제29조의3).

참고사례 ❶

**교섭대표노동조합은 반드시 단체교섭의 모든 단계에서
교섭창구 단일화 절차에 참여한 다른 노동조합의 의견을 수렴해야 하는지**

교섭대표노동조합이 단체교섭 과정의 모든 단계에서 소수노동조합에 대하여 일체의 정보제공 및 의견수렴 절차를 거치지 아니하였다고 하여 절차적 공정대표의무를 위반하였다고 단정할 것은 아니고, 단체교섭의 전 과정을 전체적·종합적으로 살필 때 소수노동조합에 기본적이고 중요한 사항에 대한 정보제공 및 의견수렴 절차를 충분히 거치지 않았다고 인정되는 경우와 같이 교섭대표노동조합이 가지는 재량권의 범위를 일탈하여 소수노동조합을 합리적 이유 없이 차별하였다고 평가할 수 있는 때에 절차적 공정대표의무 위반을 인정할 수 있습니다(대법원 2020.10.29, 2019다262582).

참고사례 ❷

대법원은 이 사건 사용자들과 교섭대표노동조합인 피고보조참가인이 이 사건 단체협약 제45조를 이행하면서 교섭창구 단일화 절차에 참여한 다른 노동조합인 원고를 배제한 채 피고보조참가인에게만 근로시간 면제를 인정한 것은 합리적 이유 없이 교섭대표노동조합과 다른 노동조합을 차별한 것으로서 공정대표의무 위반에 해당한다고 판단했습니다(대법원 2018.12.27, 2016두41224).

참고사례 ❸

법원은 단체교섭을 요구하지 아니하여 교섭창구 단일화 절차에 참여하지 않은 노동조합은 회사와 교섭대표노동조합에 대하여 공정대표의무 위반을 주장하면서 노동위원회에 그 시정을 요청할 수 있는 당사자 적격이 없다고 판단하고 있으므로(서울행정법원 2021.1.14, 2019구합84697), 공정대표의무 위반을 주장하기 위해서는 교섭창구 단일화 절차에 참여한 노동조합이어야 합니다.

참고사례 ④

공정대표의무 위반 여부는 누가 입증책임을 지는 것인지

대법원은 교섭대표노동조합이나 사용자가 교섭창구 단일화 절차에 참여한 다른 노동조합 또는 그 조합원을 차별한 것으로 인정되는 경우에 그와 같은 차별에 합리적인 이유가 있다는 점은 교섭대표노동조합이나 사용자에게 그 주장·증명책임이 있다고 판단하였으므로(대법원 2018.8.30, 2017다218642), 차별의 존재에 대해서는 공정대표의무 위반을 주장하는 노동조합이 입증하고, 그러한 차별에 합리적인 이유가 있다는 점에 대해서는 사용자나 교섭대표노동조합이 입증해야 합니다. 따라서 차별이 존재하지만 차별에 합리적인 이유가 있다고 볼 수 없으면 공정대표의무 위반이 인정될 것입니다.

#교섭창구단일화 #교섭대표노동조합 #소수노동조합 #교섭대표노조 #소수노조 #단체교섭 #공정대표의무 #노동조합 #노조 #타임오프 #교섭단위 #교섭단위분리 #타임오프

주요 집필진 약력

최영우(koreacko777@gmail.com)

인사노무교육기관인 중앙경제HR교육원 원장, 경기지방노동위원회 심판담당 공익위원(전 서울지노위 공익위원), 아주대 경영대학원 MBA과정 교수, 한국인사관리학회 이사, 행정안전부 공무원노사문화우수기관 심사위원 등으로 활동 중이며, EBS 노동법 강사, 한국고용노동교육원 교수를 역임하였다. 실무 노동법 베스트셀러인 「개별 노동법 실무」(중앙경제, 개정13판, 2024), 「집단 노동법 실무」(중앙경제, 개정9판, 2024)의 저자이며, 「ADR, 대체적 분쟁해결제도」(박영사, 2024), 「고용노사관계론」(공저)(한경사, 개정3판, 2022), 「도급과 근로자 파견 실무」(중앙경제, 2021) 외 다수의 저서가 있다. 2022년 고용노동부 노동분야 최우수 강사로 선정된 바 있다.

한용현(lawyer_han@naver.com)

대한변협 등록 노동법 전문 변호사이다. 법무법인 아이앤에스에서 노동사건 실무를 처리하며 전문성을 키웠고, 현재 서울 서초동에서 법률사무소를 운영하며 다년간 노동, 형사, 민사, 기업사건 등 다양한 법률분쟁을 처리하고 있다. KBS, 대한적십자사, 금호타이어 사무직노조, 교사노조연맹 등 공공기관과 민간기업(노조) 노동사건(개별, 집단)을 자문하고 있다. 현재 대한변협 노무변호사회 이사, 대법원 노동법 실무연구회 회원으로도 참여하고 있다. 이를 토대로 주간경향에서 『한용현의 노동법 새겨보기』 칼럼을 40회 이상 연재하며, 노동법에 관한 다양한 주제를 다루고 있다. 연세대 법학과를 졸업하고 고려대 노동대학원에서 노동법 석사학위를 취득하였고, 경기지방노동위원회 공익위원으로 활동하고 있다.

안진수(anno@unhr.co.kr)

노무법인 유앤(U&)에서 파트너 공인노무사로, 인천지방노동위원회에서 공익위원으로 활동하고 있다. 연세대학교 행정학과를 졸업하고 중앙노동위원회 전문위원, 롯데백화점 인사팀, 한화그룹 경영기획실을 거쳐 제조현장에서 신설노조, M&A와 연계한 단체교섭 등을 직접 수행해왔고, 행복한 일 노무법인에서 부대표로 일한 바 있다. 집단적 노사관계, 직장 내 성희롱/괴롭힘, M&A나 구조조정 등 고용노사 이슈 상황에서 ADR의 관점을 적용하여 분쟁예방적, 협력적으로 대안을 마련하고 지원하는 일을 주로 해오고 있다.

생활노동법률 연구모임

주요 집필진

최영우

중앙경제HR교육원 원장, 개별 노동법 실무(중앙경제, 개정13판, 2024),
집단 노동법 실무(중앙경제, 개정9판, 2024)

한용현

법률사무소 해내 변호사

안진수

노무법인 유앤 공인노무사

연구진

김태기 중앙노동위원회 위원장
김지현 법률사무소 해내 변호사
전예송 법률사무소 해내 변호사
김예슬 노무법인 유앤 공인노무사
류경희 중앙노동위원회 사무처장
김은철 중앙노동위원회 상임위원
박윤경 중앙노동위원회 법무지원과장(변호사)
김재훈 중앙노동위원회 법무지원과 사무관(변호사)
변재연 중앙노동위원회 교섭대표결정과 조사관(변호사)
주미진 충남지방위원회 심판과 조사관
박지숙 중앙노동위원회 법무지원과 송무관

감수위원

이 정 한국외국어대학교 법학전문대학원 명예교수
김희성 강원대학교 법학전문대학원 교수
권 혁 부산대학교 법학전문대학원 교수
김기선 충남대학교 법학전문대학원 교수
이준희 광운대학교 정책법학대학 법학부 교수

국민검증단

이세희(50세, 자영업자)   주승기(45세, 부당해고구제신청자)
임보승(38세, 생산직)   정문식(54세, 건설일용직)
박수진(44세, 파견직)   정재연(23세, 아르바이트생)
김영주(40세, 프리랜서)   김민영(26세, 사무직)
최지훈(27세, 취업준비생)   명은희(32세, 육아휴직자)

사장님과 직장인이 꼭 알아야 할

노동법 상식 70선

초판발행	2025년 1월 1일
초판2쇄발행	2025년 2월 14일
지은이	중앙노동위원회 생활노동법률 연구모임
펴낸이	안종만 · 안상준
편 집	한두희
기획/마케팅	정연환
표지디자인	이영경
제 작	고철민 · 김원표
펴낸곳	(주) 박영사
	서울특별시 금천구 가산디지털2로 53, 210호(가산동, 한라시그마밸리)
	등록 1959. 3. 11. 제300-1959-1호(倫)
전 화	02)733-6771
f a x	02)736-4818
e-mail	pys@pybook.co.kr
homepage	www.pybook.co.kr
ISBN	979-11-303-4871-1 93360

정 가	20,000원